Le livre du Wi-Fi

Le livre du Wi-Fi

Installer, configurer, utiliser un réseau sans fil 802.11b

John Ross

NO STARCH PRESS

FIRST Interactive

Le livre du Wi-Fi

The Book Of Wi-Fi
ISBN 1-886411-45-X

No Starch Press, Inc.
555 De Haro Street, Suite 250
San Francisco, CA 94107
USA

Édition française publiée en accord avec No Starch Press, Inc. par :

Éditions First Interactive © 2003
27, rue Cassette
75006 Paris – France
Tél. 01 45 49 60 00
Fax 01 45 49 60 01
E-mail : firstinfo@efirst.com
Internet : www.efirst.com

ISBN : 2-84427-487-0
Dépôt légal : 3ème trimestre 2003

Imprimé en France

VUE D'ENSEMBLE

TABLE DES MATIÈRES

Introduction

CHAPITRE 1 - Fonctionnement de Wi-Fi

CHAPITRE 2 - Équipements pour réseaux sans fil

CHAPITRE 3 - Installation et configuration des points d'accès

CHAPITRE 4 - Installation et configuration des cartes réseau

CHAPITRE 5 - Wi-Fi pour Windows

CHAPITRE 6 - Wi-Fi pour Macintosh

CHAPITRE 7 - Wi-Fi pour Linux

CHAPITRE 8 - Wi-Fi pour Unix

CHAPITRE 9 - Wi-Fi pour PDA et autres matériels de poche

CHAPITRE 10 - Extension du réseau au-delà de vos murs

CHAPITRE 11 - Liaisons point-à-point et répéteurs

CHAPITRE 12 - Réseaux publics et réseaux de communauté

CHAPITRE 13 - Guérilla du réseau

CHAPITRE 14 - Sécurité des réseaux sans fil

CHAPITRE 15 - Réseaux privés virtuels

CHAPITRE 16 - Astuces et résolution des problèmes

INTRODUCTION

Les liaisons sans fil entre ordinateurs locaux et les accès sans fil à Internet représentent une étape supplémentaire vers l'établissement du royaume du dieu Internet sur terre. L'existence de connexions aériennes permanentes depuis tous les endroits d'un bâtiment, d'une Zac ou d'un campus vous évitant de courir après une prise, voilà qui simplifie l'utilisation du réseau et des outils connectés au réseau. Et la possibilité d'accéder à Internet depuis une cafétéria, un hall de gare ou un centre de congrès peut changer la façon dont vous travaillez et jouez en ligne pendant vos déplacements.

Cet ouvrage vous aide à comprendre la catégorie la plus répandue de réseaux Ethernet sans fil, à savoir la norme 802.11b alias Wi-Fi. Ce livre vous aide également à choisir et à installer les cartes réseau, les stations de base et les antennes constituant la structure matérielle d'un réseau sans fil, qu'il soit domestique, de bureau ou d'espace public. Vous allez apprendre, entre autres, à utiliser un réseau Wi-Fi avec des ordinateurs Windows, Macintosh, Linux et Unix, et à connecter à un même réseau des machines tournant sous des systèmes d'exploitation divers et variés. Vous apprendrez aussi quelques concepts fondamentaux concernant la façon d'optimiser l'utilisation du réseau sans fil après son installation, notamment pour le sécuriser.

Je vous suggère de garder à l'esprit deux choses importantes quand vous lirez ce livre : premièrement, le réseau sans fil idéal doit être absolument invisible (une fois qu'il est installé, on doit l'oublier) ; le but de la manœuvre est d'échanger des messages ou d'afficher des pages Web, et non de tripoter l'antenne ou de modifier la clé de chiffrement. Un réseau sans fil, comme d'ailleurs n'importe quel ordinateur ou réseau, doit être un outil et non une fin en soi. Ce qui compte, c'est de savoir si Toulouse a gagné contre Lautrec, de télécharger « Le bon roy Dagobert » depuis Publibook (la lecture de ce chef-d'œuvre méconnu me permet de supporter les émissions télévisuelles prétendument « culturelles »), de retrouver vos copains de classe sur Passado ou d'écouter le tout, tout, tout dernier tube du très sérieux Pierre Perret. L'accès sans fil à Internet est le moyen qui permet d'atteindre l'objectif, mais ce n'est pas l'objectif ultime.

Deuxièmement, n'installez pas de réseau sans fil si un autre type de connexion peut faire l'affaire. Peu importe que vous utilisiez une connexion câblée, une connexion sans fil ou un pigeon voyageur, du moment que vos messages arrivent à bon port.

Chose tout aussi importante : c'est vous qui commandez. C'est à l'ordinateur et au réseau de s'adapter à vous, pas le contraire. Si vous avez du mal à faire fonctionner « correctement » votre réseau Wi-Fi, c'est presque toujours la faute de la machine ou des concepteurs du matériel ou du logiciel. La machine est votre esclave, vous êtes son maître.

Les réseaux sans fil étant encore une technologie émergente, les informations données dans ce livre représentent un instantané des connaissances : d'ici un an ou deux, certains des fabricants ou des fournisseurs de services cités ici auront fusionné ou mis la clé sous la porte, alors que d'autres auront ouvert des milliers de hot spots à Pigalle ou ailleurs. Des stations de base et des cartes sans fil 802.11a transféreront les données avec un débit plus élevé, et de nouvelles normes de sécurité rendront les réseaux sans fil plus difficiles à casser. Mais les principes généraux n'auront pas changé : vous devrez toujours comprendre comment configurer votre ordinateur pour émettre et recevoir sur un réseau sans fil et comment faire passer votre ordinateur d'un réseau sans fil à un autre. Les meilleures places pour découvrir les nouveautés en matière de réseau sans fil sont la documentation commerciale et les sites Web des fabricants, ainsi que des sites tierce partie comme 802.11b Networking News (`http://802.11b.webloggers.com/`).

J'aimerais croire que ce livre deviendra une bible pour tous les utilisateurs de Wi-Fi ; mais, même si c'était le cas, il manquera toujours quelque chose. J'ai essayé de donner ici toutes les informations nécessaires pour installer et utiliser un réseau, lequel doit ensuite se faire oublier. Il suffit d'allumer l'ordinateur, puis d'aller communiquer sur le réseau. Lorsque vous aurez lu ce livre (au moins en partie), vous aurez une meilleure idée du fonctionnement de Wi-Fi que la majorité des utilisateurs de réseau sans fil et vous saurez comment l'utiliser au mieux de vos intérêts. L'un dans l'autre, tout cela devrait largement compenser le temps et l'argent que vous aurez investis dans ce livre.

John Ross

CHAPITRE 1

Fonctionnement de Wi-Fi

Jusqu'à un certain point, il est tout à fait possible de considérer un réseau sans fil comme un **ensemble** de boîtes noires que l'on allume et que l'on utilise sans connaître grand-chose à leur fonctionnement interne. C'est ainsi que la plupart des gens se positionnent par rapport à toutes les technologies abordées ici : quel besoin de connaître la norme 802.11b pour connecter son portable à un réseau ? Dans un monde idéal (hum !), il suffirait d'allumer la machine pour que tout fonctionne parfaitement.

Toutefois, les technologies Ethernet sans fil ressemblent aujourd'hui à peu de choses près à ce qu'était la radiodiffusion en 1923. La technologie existait, mais les gens consacraient beaucoup de temps à régler le matériel. Et ceux qui comprenaient ce qui se passait derrière le panneau de bakélite obtenaient de meilleures performances de leurs postes de radio que ceux qui se contentaient d'allumer l'appareil puis d'écouter.

Pour pouvoir utiliser au mieux les technologies de réseau sans fil, il reste préférable de comprendre ce qui se passe à l'intérieur de la boîte (ou ici, à l'intérieur de chacune des boîtes qui constituent le réseau). Ce chapitre va décrire les normes et spécifications qui régulent les réseaux sans fil, et aussi expliquer comment les données transitent entre les ordinateurs.

Quand le réseau fonctionne correctement, en principe, vous l'utilisez sans vous soucier de la plomberie interne : vous cliquez sur quelques icônes, et vous voilà connecté. En revanche, quand vous concevez et construisez un nouveau réseau, ou quand vous voulez optimiser le fonctionnement d'un réseau existant, alors il peut se révéler vital de savoir comment les données sont censées circuler d'un endroit à un autre. Et quand le réseau se comporte de manière imprévue, il faut un minimum de compétences technologiques pour faire quelque dépannage utile que ce soit.

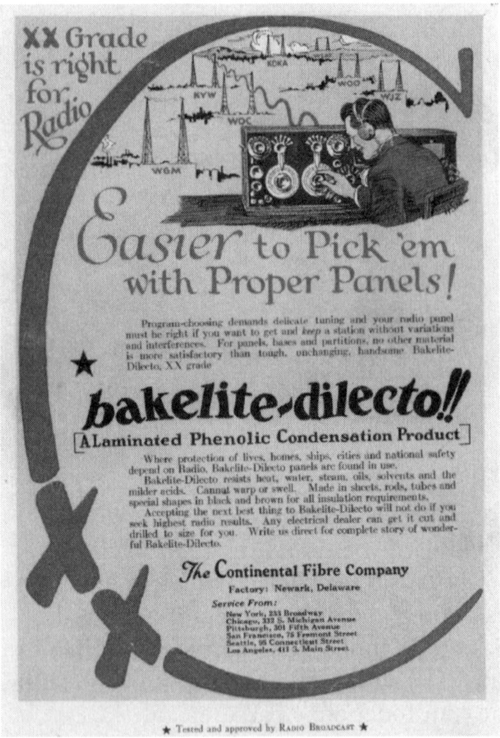

Figure 1-1 Toute technologie nouvelle implique une phase de bricolage

La circulation des données sur un réseau sans fil implique trois éléments distincts : les signaux radio, le format des données et la structure du réseau. Chacun de ces éléments est indépendant des deux autres, de sorte qu'il faut les définir tous les trois pour bâtir un nouveau réseau. En termes du bon vieux modèle de référence OSI *(Open Systems Interconnection)*, le signal radio opère au niveau de la couche Physique alors que le format des données régit plusieurs des couches plus hautes. La structure du réseau inclut les cartes et les stations de base qui émettent et reçoivent les signaux radio.

Dans un réseau sans fil, les cartes réseau de chaque ordinateur convertissent les données numériques en signaux radio qu'elles transmettent aux autres équipements du réseau ; en sens inverse, elles convertissent en données numériques les signaux radio provenant d'autres éléments du réseau. L'IEEE *(Institute of Electrical and Electronics Engineers)* a créé un ensemble de normes et spécifications pour réseaux sans fil, regroupées sous l'appellation « IEEE 802.11 », qui définissent le format et la structure de ces signaux.

La norme 802.11 originelle (sans « b » à la fin) date de 1997. Elle recouvre plusieurs types distincts de supports sans fil : deux sortes de transmission radio (expliquées plus loin dans ce chapitre), ainsi que des réseaux fondés sur l'infrarouge. La norme plus récente 802.11b apporte des spécifications supplémentaires pour réseaux Ethernet sans fil. Un document apparenté, IEEE 802.11a, décrit des réseaux sans fil qui fonctionnent à des vitesses plus élevées sur différentes fréquences radio. Il existe d'autres normes 802.11 pour réseaux radio, dotées d'autres lettres, qui sont en cours de publication.

Note. Les réseaux sans fil décrits dans ce livre suivent la norme 802.11b, sachant que bon nombre des informations qui seront présentées ici s'appliquent aux autres types de réseaux 802.11.

La spécification la plus employée actuellement est 802.11b. C'est la norme de facto qu'utilise la quasi-totalité des réseaux locaux Ethernet sans fil que vous rencontrerez dans les entreprises, dans les lieux publics et dans la plupart des installations domestiques. Il est bon de garder un œil sur la progression des autres normes ; mais, pour le moment, 802.11b est la norme à utiliser, surtout si vous pensez vous connecter à des réseaux dont vous ne décidez pas vous-même des choix matériels.

Il faut connaître deux autres appellations dans la terminologie des réseaux locaux sans fil : WECA et Wi-Fi. WECA *(Wireless Ethernet Compatibility Alliance)* est un consortium qui regroupe tous les grands fabricants de matériels 802.11b. Leurs deux missions fondamentales sont de certifier que les matériels sans fil de toutes les entreprises membres peuvent interopérer au sein d'un même réseau et de promouvoir 802.11 comme la norme mondiale pour réseaux locaux sans fil. Les petits génies du service marketing chez WECA ont adopté le terme plus « convivial » de Wi-Fi *(Wireless Fidelity)* pour les spécifications 802.11 et rebaptisé leur propre nom pour en faire Wi-Fi Alliance.

Une ou deux fois par an, l'alliance conduit une « enquête d'interopérabilité » au cours de laquelle les ingénieurs de maints fabricants confirment que leurs équipements communiqueront sans problème avec les équipements des fabricants concurrents. Un matériel réseau qui porte le logo Wi-Fi a été certifié comme satisfaisant aux normes et comme ayant passé ces tests d'interopérabilité. La figure 1-2 montre les logos Wi-Fi sur des cartes réseau provenant de deux fabricants différents.

Figure 1-2 Cartes réseau avec logo Wi-Fi

Signaux radio

Les réseaux 802.11b opèrent sur une bande spéciale de fréquences, situées vers 2,4 GHz et qui ont été réservées un peu partout dans le monde aux services radio à spectre étalé, point à point et sans licence.

Sans licence signifie que quiconque utilisant du matériel conforme aux spécifications peut émettre et recevoir des signaux radio sur ces fréquences sans être obligé de demander une licence de station de radio. Contrairement à la plupart des services radio qui exigent des licences accordant l'utilisation exclusive d'une fréquence à un utilisateur ou groupe d'utilisateurs bien spécifié et qui restreignent l'emploi de cette fréquence à un type de service bien défini, un service sans licence est une foire d'empoigne où tout le monde a les mêmes droits sur la même portion du spectre. En théorie, la technologie de la radio à spectre étalé permet de coexister avec les autres usagers (jusqu'à un certain point) sans interférences significatives.

Un service radio *point à point* met en œuvre un canal de communication qui achemine des données depuis un émetteur vers un unique récepteur. Le contraire de point à point est un service de *diffusion (broadcast)*, du genre station de radio ou de TV, qui envoie simultanément le même signal à de nombreux récepteurs.

Le terme *spectre étalé* recouvre une famille de méthodes concernant la transmission d'un signal radio sur un segment relativement large du spectre. Les réseaux Ethernet sans fil emploient deux systèmes différents de transmission radio à spectre étalé, appelés FHSS *(Frequency-Hopping Spread Spectrum)* et DSSS *(Direct-Sequence Spread Spectrum)*. Certains réseaux 8021.11 un peu anciens utilisent le système FHSS qui est plus lent, alors que la nouvelle génération de réseaux Ethernet 802.11b et 802.11a s'appuie sur DSSS.

La radio à spectre étalé offre des atouts importants par rapport aux signaux radio qui emploient un canal unique et étroit. Le spectre étalé étant extrêmement efficace, les émetteurs peuvent fonctionner avec très peu de puissance. Comme ils opèrent sur une plage de fréquences relativement large, ils sont moins sensibles aux interférences dues aux autres signaux radio et au bruit électrique ; cela signifie que les signaux peuvent souvent passer dans des environnements où il serait impossible de recevoir et comprendre un signal classique à bande étroite. En outre, comme un signal radio à spectre étalé et à changement de fréquence commute entre de multiples canaux, il peut se révéler extrêmement difficile pour une personne non habilitée d'intercepter et de déchiffrer le contenu du signal.

L'histoire de la technologie à spectre étalé est pittoresque. Elle fut inventée par la vamp hollywoodienne Hedy Lamarr et par le compositeur américain d'avant-garde George Antheil dans le cadre d'un « système de communications secret » permettant de guider par radio les torpilles sans risques d'interception ennemie. Avant d'atterrir à Hollywood, Lamarr avait été mariée à un marchand d'armes en Autriche ; au cours de dîners avec les clients de son mari, elle avait eu l'occasion de se familiariser avec les problèmes de guidage de torpille. Bien plus tard, lors de la Seconde Guerre mondiale, elle imagina un système permettant de sauter entre plusieurs fréquences radio pour éviter les interférences.

Antheil se révéla être la personne idéale pour concrétiser cette idée. Sa composition la plus célèbre était un « truc » du nom de *Ballet Mechanique*, écrit pour 16 pianos mécaniques, deux moteurs d'avion, quatre xylophones, quatre grosses caisses et une sirène. Pour changer de fréquence radio dans une transmission à spectre étalé, il employa le même genre de mécanisme que celui utilisé pour synchroniser les pianos mécaniques. Le système à bande perforée originel avait 88 canaux radio distincts, un pour chacune des 88 touches d'un piano.

En théorie, la même méthode pouvait servir non seulement à guider les torpilles mais aussi à transmettre voix et données ; mais en ces temps de tubes à vide, de bandes perforées et de synchronisation mécanique, l'ensemble du processus était trop complexe pour pouvoir être réellement mis en œuvre. En 1962, l'électronique à état solide ayant remplacé tubes à vide et bandes perforées, cette technologie fut employée sur les navires de guerre américains lors de l'affaire des missiles de Cuba pour protéger les communications. De nos jours, le système de communications satellitaire Milstar de l'US Air Force Space Command utilise des radios à spectre étalé ; il en est de même des téléphones cellulaires numériques et des réseaux de données sans fil.

FHSS *(Frequency-Hopping Spread Spectrum)*

Le concept initial de Lamarr et Antheil, concernant la radio à étalement de spectre, s'appuyait sur un système à sauts de fréquence. Comme son nom l'implique, la technologie FHSS de spectre étalé à saut de fréquence divise un signal radio en petits segments puis « saute » d'une fréquence à une autre moult fois par seconde pendant la transmission des segments. L'émetteur et le récepteur définissent un schéma synchronisé de changement de fréquence qui décrit l'ordre dans lequel ils utiliseront les divers sous-canaux.

Les systèmes FHSS évitent les interférences dues aux autres usagers en employant un signal transporteur étroit qui change de fréquence un grand nombre de fois par seconde. Des paires d'émetteur-récepteur supplémentaires peuvent employer simultanément différents schémas de saut sur le même jeu de sous-canaux. À un instant t quelconque, comme chaque transmission utilise probablement un sous-canal différent, il n'y a pas d'interférences entre les signaux. En cas de conflit, le système réémet le même paquet jusqu'à ce que le récepteur obtienne un exemplaire propre et envoie une confirmation à la station émettrice.

Pour les services de données sans fil, la bande 2,4 GHz sans licence est divisée en 75 sous-canaux de 1 MHz chacun. Comme chaque saut de fréquence accroît la charge du flot de données, les transmissions FHSS sont relativement lentes.

DSSS *(Direct-Sequence Spread Spectrum)*

La technologie DSSS utilise une méthode baptisée séquence de Barker à 11 chips pour étaler le signal radio sur un même canal de 22 MHz sans changement de fréquence. Chaque liaison DSSS n'emploie qu'un seul canal, sans qu'il y ait de saut d'une fréquence à une autre. Comme le montre la figure 1-3, une transmission DSSS consomme plus de largeur de bande mais moins de puissance qu'un signal classique. Le signal numérique de gauche est une transmission classique, dans laquelle la puissance est concentrée dans une plage restreinte de la bande. Le signal DSSS de droite utilise la même puissance, mais la répartit sur une bande plus large de fréquences radio. De toute évidence, le canal DSSS à 22 MHz est beaucoup plus large que les canaux à 1 MHz des systèmes FHSS.

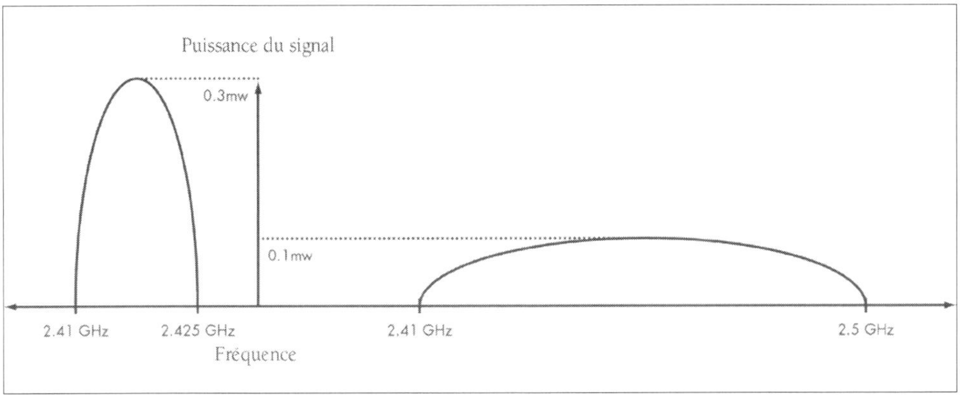

Figure 1-3 Signal radio classique et signal DSSS

Un émetteur DSSS découpe chaque bit du flot de données originel en une série de combinaisons redondantes de bits, dites chips, puis les transmet à un récepteur qui ré-assemble les chips pour créer un flot de données identique à l'original. Comme la plupart des interférences occupent en principe une bande plus étroite qu'un signal DSSS et que chaque bit est divisé en plusieurs chips, le récepteur peut généralement identifier le bruit et le rejeter avant de décoder le signal.

À l'instar d'autres protocoles réseau, une liaison sans fil DSSS échange des messages de *négociation (handshaking)* contenus dans chaque paquet de données pour confirmer que le récepteur peut comprendre chaque paquet. Le débit standard d'un réseau DSSS 802.11b est de 11 Mb/s ; mais quand la qualité du signal ne permet pas cette vitesse, l'émetteur et le récepteur utilisent un processus dit *décalage dynamique de débit* pour faire tomber la vitesse à 5,5 Mb/s. La vitesse peut se dégrader en raison de la proximité d'une source de bruit électrique par rapport au récepteur, ou parce que l'émetteur et le récepteur sont trop éloignés pour permettre un fonctionnement à pleine vitesse. Si 5,5 Mb/s est encore trop rapide pour la liaison, alors la vitesse chute derechef pour atteindre 2 Mb/s voire 1 Mb/s.

Allocations de fréquence

Selon des accords internationaux, une fenêtre du spectre radio proche des 2,4 GHz est en principe réservée aux services industriels, scientifiques et médicaux sans licence ; ces services comprennent les réseaux de données sans fil à spectre étalé. Cependant, les allocations exactes de fréquences diffèrent légèrement d'une partie du monde à une autre ; les gouvernements des différents pays ont assigné des bandes de fréquences légèrement différentes.

Le tableau 1-1 donne les assignations de fréquences dans quelques régions.

Région	**Bande de fréquences**
Amérique du Nord	2,4000 à 2,4835 GHz
Europe	2,4000 à 2,4835 GHz
France	2,4465 à 2,4835 GHz
Espagne	2,445 à 2,475 GHz
Japon	2,471 à 2,497 GHz

Tableau 1-1 Assignations de fréquences radio 2,4 GHz sans licence et à spectre étalé

Presque tous les autres pays emploient l'une de ces bandes. Ces différences mineures au niveau des allocations de fréquences ne sont pas très importantes (sauf si vous voulez transmettre entre la France et l'Espagne ou faire autre chose du même tonneau), vu qu'un réseau est généralement situé sur un seul pays ou une seule région et que la portée des signaux n'est généralement que de quelques dizaines de mètres. En outre, il y a suffisamment de chevauchement entre les diverses normes nationales pour que le même équipement puisse fonctionner en toute légalité partout dans le monde. Vous serez peut-être obligé de régler votre carte réseau sur un autre numéro de canal quand vous irez à l'étranger, mais il y a presque toujours moyen de se connecter pour peu qu'il existe un réseau à portée de votre carte.

En Amérique du Nord, les matériels Wi-Fi utilisent 11 canaux. Maints autres pays permettent d'utiliser 13 canaux, sachant que le Japon en autorise 14 et la France seulement 4. Fort heureusement, c'est le même jeu de numéros de canal qui sert partout dans le monde ; ainsi, le canal 9 à New York emploie exactement la même fréquence que le canal 9 à Tokyo ou à Paris. Le tableau 1-2 donne les canaux utilisés dans différents pays et régions. Le Canada et certains autres pays emploient les mêmes affectations de canal que les États-Unis.

Canal	Fréquence (MHz) et emplacement
1	2412 (USA, Europe et Japon)
2	2417 (USA, Europe et Japon)
3	2422 (USA, Europe et Japon)
4	2427 (USA, Europe et Japon)
5	2432 (USA, Europe et Japon)
6	2437 (USA, Europe et Japon)
7	2442 (USA, Europe et Japon)
8	2447 (USA, Europe et Japon)
9	2452 (USA, Europe et Japon)
10	2457 (USA, Europe, France et Japon)
11	2462 (USA, Europe, France et Japon)
12	2467 (Europe, France et Japon)
13	2472 (Europe, France et Japon)
14	2484 (Japon uniquement)

Tableau 1-2 Assignations de canal Ethernet sans fil

Si vous avez des doutes concernant les canaux à utiliser dans un autre pays, renseignez-vous auprès des administrations locales pour plus de détails. Ou alors, prenez les canaux 10 et 11 qui sont autorisés partout.

Notez que la fréquence spécifiée pour chacun de ces canaux est en fait la fréquence médiane d'un canal de 22 MHz. Par conséquent, chaque canal recoupe plusieurs autres canaux de numéro supérieur et inférieur. L'ensemble de la bande 2,4 GHz n'a d'espace que pour trois canaux complètement distincts ; de sorte que si votre réseau fonctionne sur le canal 4, par exemple, et que votre voisin se sert du canal 5 ou 6, chaque réseau détectera les signaux de l'autre réseau comme étant des interférences. Les deux réseaux fonctionneront, mais les performances (telles que reflétées par la vitesse de transfert des données) ne seront pas aussi bonnes que si les canaux étaient plus largement séparés l'un de l'autre.

Pour minimiser ce genre d'interférences, essayez de vous entendre avec les administrateurs des réseaux voisins pour coordonner l'utilisation des canaux. L'idéal serait que chaque réseau emploie des canaux distants d'au moins 25 MHz (ou de six numéros de canal). Pour essayez de supprimer les interférences entre deux réseaux, prenez un numéro de canal élevé et un numéro faible. Pour trois canaux, les choix optimaux sont 1, 6 et 11 comme indiqué figure 1-4. Avec quatre réseaux ou plus, vous devrez vous accommoder d'un certain degré d'interférences mais vous pouvez le minimiser en assignant un nouveau canal au milieu d'une paire existante.

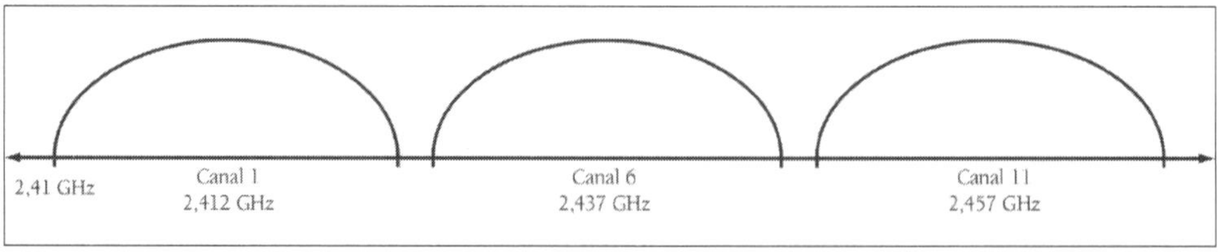

Figure 1-4 Les canaux 1, 6 et 11 n'interfèrent pas les uns sur les autres

Tout cela paraît plus grave qu'il n'y est en réalité. Dans la pratique, vous pouvez optimiser les performances de votre réseau en vous tenant à l'écart d'un canal utilisé par quelqu'un d'autre ; mais même si vous et votre voisin êtes sur des canaux adjacents, vos réseaux fonctionneront probablement tout aussi bien. Vous risquez davantage d'avoir des problèmes avec des interférences provenant d'autres équipements utilisant la bande 2,4 GHz, tels les téléphones sans fil et les fours à micro-onde.

Les spécifications 802.11 et les diverses administrations nationales (telle la *Federal Communication Commission* aux États-Unis) imposent aussi des limites à la quantité de puissance émettrice et de gain d'antenne que peut utiliser un matériel Ethernet sans fil. Cette restriction vise à limiter la distance d'une liaison réseau, et donc à permettre à plus de réseaux de fonctionner sur les mêmes canaux sans interférences. Plus loin dans ce livre, nous verrons des méthodes qui permettent de contourner ces limitations de puissance et d'étendre la portée d'un réseau sans fil sans enfreindre la loi.

Transfert des données

Nous avons donc un groupe d'émetteurs et de récepteurs radio qui fonctionnent tous sur les mêmes fréquences et utilisent tous le même type de modulation (par modulation, on entend la technique employée par une radio pour ajouter un certain contenu, par exemple, des données vocales ou numériques, à une onde radio). L'étape suivante consiste à transférer des données réseau entre ces radios.

Pour commencer, récapitulons rapidement la structure générale des données informatiques et les méthodes qu'utilisent les réseaux pour acheminer ces données. C'est un rappel d'informations très élémentaires que vous connaissez peut-être déjà, mais permettez-moi d'y consacrer quelques pages. Cela vous aidera à mieux comprendre le fonctionnement d'un réseau sans fil.

Bits et octets

Comme vous le savez sans doute déjà, l'unité centrale d'un ordinateur ne reconnaît que deux états informationnels : la présence ou l'absence d'un signal à l'entrée du processeur. Ces deux conditions sont généralement représentées sous la forme 1 et 0, ou on et off, *etc*. Chaque instance d'un 1 ou d'un 0 est un bit.

Pris individuellement, les bits ne sont pas d'un grand intérêt ; mais quand on les regroupe par blocs de 8 (*octets*), alors on obtient 256 combinaisons différentes. Cela suffit à représenter toutes les lettres de l'alphabet (majuscules et minuscules), les dix chiffres de 0 à 9, les espaces entre les mots, plus d'autres signes, tels les signes de ponctuation et certaines lettres employées par des alphabets étranger. Un ordinateur moderne traite simultanément plusieurs octets de 8 bits. Une fois terminé le traitement, l'ordinateur utilise le même codage de bit pour la sortie. La sortie peut être reliée à une imprimante, à un écran, à un canal de communication de données, voire à un usage très spécifique tels les feux clignotants.

Les entrées et sorties qui nous préoccupent ici sont celles qui forment un circuit de communication. À l'instar du processeur de l'ordinateur, un canal de données reconnaît un seul bit à la fois. Soit il y a un signal sur la ligne, soit il n'y en a pas.

Sur de courtes distances, on peut envoyer les données sur un câble qui transporte 8 (ou un certain multiple de 8) signaux *en parallèle* sur des fils séparés. Manifestement, une connexion parallèle peut être huit fois plus rapide que l'émission d'un seul bit sur un seul fil, mais ces huit fils coûtent huit fois plus qu'un fil unique. Quand vous voulez envoyer les données sur une longue distance, ce surcoût risque d'être prohibitif. Et quand vous employez des circuits existants, par exemple des lignes téléphoniques, vous n'avez pas le choix ; vous devez trouver un moyen d'envoyer les 8 bits sur le même fil (ou un autre support).

La solution consiste à transmettre un bit à la fois, avec des bits et des pauses supplémentaires pour marquer le début de chaque octet. On parle ici de canal de communications *sériel*, car vous envoyez les bits l'un après l'autre. À ce stade, peu importe le support employé pour transmettre les bits (il pourrait s'agir d'impulsions électriques sur un fil, de deux tonalités audio différentes, d'une batterie de feux clignotants ou même de courriers transportés par des pigeons voyageurs), mais il faut avoir une méthode pour convertir la sortie de l'ordinateur en signaux utilisables par le support de transmission et procéder à la conversion inverse à l'autre extrémité de la communication.

Contrôle d'erreur

Dans un circuit de transmission idéal, le signal qui entre à une extrémité est absolument identique à celui qui sort à l'autre extrémité. Mais, dans la réalité, il y a presque toujours du bruit susceptible d'interférer avec le signal pur d'origine. Par bruit on entend tout ce qui s'ajoute au signal initial ; cela peut venir d'un coup de foudre, d'interférences dues à un autre canal de communications, de saleté sur un contact électrique quelque part sur le circuit (dans le cas de pigeons voyageurs, il s'agirait de l'attaque d'un rapace). Quelle qu'en soit la source, du bruit dans le canal risque d'interrompre le flot de données. Dans un système de communications moderne, ces bits transitent sur le circuit de manière très rapide (à raison de millions par seconde), de sorte que même un bruit qui ne dure qu'une fraction de seconde peut altérer suffisamment de bits pour faire de vos données un charabia numérique.

Il faut donc inclure dans votre flot de données un processus baptisé *contrôle d'erreur.* Le contrôle d'erreur se fait en ajoutant un certain type d'informations standard, dites *somme de contrôle,* à chaque octet ; si le récepteur s'aperçoit que la somme de contrôle n'est pas celle prévue, il demande à l'émetteur de réexpédier l'octet concerné.

Négociation *(handshaking)*

Bien évidemment, l'ordinateur à l'origine d'un message ou d'un flot de données ne se contente pas d'arriver sur le réseau puis d'envoyer des données sans autre forme de procès. Il doit commencer par signaler au matériel situé à l'autre extrémité qu'il est paré à émettre et vérifier que le destinataire prévu est prêt à recevoir des données. Pour cela, les données proprement dites sont englobées dans une série de demandes et de réponses de *négociation*.

La séquence de demandes ressemble à ceci :

Origine : « Ohé la destination !
J'ai des données pour toi. »

Destination : « OK, l'origine, vas-y.
Je suis prêt. »

Origine : « Voici les données. »

Origine : données données données données...

Origine : « Message terminé.
Tu l'as eu ? »

Destination : « J'ai eu quelque chose,
mais ça m'a l'air endommagé. »

Origine : « Le revoici. »

Origine : données données données données...

Origine : « Et cette fois, tu l'as eu ? »

Destination : « Ouais, je l'ai eu.
Je suis prêt pour la suite. »

Recherche de la destination

Une communication via connexion physique directe entre l'origine et la destination n'a pas besoin d'inclure dans le message quelques données d'adressage ou de routage que ce soit. Vous serez peut-être obligé de commencer par établir la connexion (en plaçant un appel téléphonique ou en branchant des câbles sur un panneau de commutation) mais, une fois que vous êtes connecté, la liaison reste en place jusqu'à ce que vous ordonniez à la machine de se déconnecter. Ce type de connexion est efficace pour la voix et pour des liaisons de données simples ; mais il n'est pas des plus efficaces pour les données numériques d'un réseau complexe desservant moult origines et destinations, car il accapare le circuit en permanence même quand il n'y a pas de données circulant sur le canal.

La solution de remplacement consiste à envoyer votre message à un centre de commutation qui le conservera jusqu'à ce qu'une liaison vers la destination devienne disponible. On parle ici de système à *acheminement différé (store and forward)*. Si le réseau a été bien conçu pour le type de données et le volume de trafic du système, alors le délai d'attente est insignifiant. Si le réseau de communications s'étale sur un vaste territoire, vous pouvez acheminer le message vers un ou plusieurs centres de commutation intermédiaires avant qu'il arrive à destination. Le gros avantage de cette philosophie est que de nombreux messages peuvent se partager les mêmes circuits en fonction des disponibilités.

Pour rendre le réseau encore plus efficace, vous pouvez diviser les messages dépassant une certaine taille en plusieurs morceaux appelés paquets. Des paquets provenant de plusieurs messages peuvent circuler ensemble sur le même circuit, se combiner avec des paquets contenant d'autres messages à mesure qu'ils transitent entre les centres de commutation et se s'assembler à destination pour reformer les messages originels. Chaque paquet de données doit contenir des informations supplémentaires : l'adresse de la destination du paquet, l'ordre séquentiel du paquet par rapport aux autres paquets de la transmission originale, *etc*. Certaines de ces informations indiquent aux centres de commutation où acheminer chaque paquet, alors que d'autres informations signalent au récepteur comment assembler les données du paquet pour reconstituer le message d'origine.

Ce même mécanisme de répète pour chaque nouvelle couche d'activité que vous ajoutez à un système de communications. Chaque couche peut attacher des informations complémentaires au message original, puis supprimer ces informations après avoir effectué ce qu'elles lui disaient de faire. Quand un message part d'un ordinateur portable d'un réseau sans fil, transite par un réseau local de bureau et une passerelle Internet, pour finalement atteindre un ordinateur distant connecté à un autre réseau local, il faudra peut-être ajouter puis supprimer une dizaine ou plus d'attachements d'informations complémentaires avant que le destinataire lise le texte initial. Un paquet de données qui contient des informations d'adressage et de contrôle devant les bits formant le contenu du message, le tout suivi par une séquence de contrôle d'erreur, s'appelle une trame. Tant les réseaux avec fil que les réseaux sans fil divisent le flot de données en trames qui contiennent diverses formes d'informations de négociation en plus des données initiales.

Pour bien comprendre tout cela, il peut être utile de considérer bits, octets, paquets et trames comme la version numérique d'une lettre que vous expédiez *via* un système d'acheminement complexe :

1. Vous écrivez une lettre que vous placez dans une enveloppe. L'adresse du destinataire est inscrite sur l'enveloppe.

2. Vous emportez la lettre au service d'expédition de courrier de votre entreprise, où un employé place votre enveloppe dans une grosse enveloppe du genre Chronopost. La grosse enveloppe porte le nom et l'adresse de l'entreprise où travaille le destinataire.

3. L'employé porte la grosse enveloppe au bureau de poste, où un fonctionnaire la place dans un sac postal. Le bureau de poste attache une étiquette au sac, indiquant l'emplacement du bureau de poste qui dessert l'entreprise où travaille le destinataire.

4. Le sac postal va en camion à l'aéroport, où il est chargé dans un conteneur en compagnie d'autres sacs destinés à la même ville. Sur le conteneur figure une affiche indiquant aux employés du fret qu'il contient du courrier.

5. Les employés du fret placent le conteneur dans un avion.
6. À ce stade, la lettre est dans votre enveloppe, elle-même placée dans l'enveloppe Chronopost ou autre, elle-même placée dans un sac postal, lui-même placé dans un conteneur, lui-même chargé dans un avion. L'avion atterrit sur un autre aéroport, proche de la ville de destination.
7. À l'aéroport de destination, le personnel au sol décharge le conteneur de l'avion.
8. Les employés du fret sortent le sac du conteneur et le chargent sur un camion.
9. Le camion emporte le sac vers un bureau de poste proche de l'entreprise où travaille le destinataire.
10. Au bureau de poste, un fonctionnaire sort l'enveloppe Chronopost du sac et la confie à un facteur.
11. Le facteur apporte l'enveloppe Chronopost à l'entreprise où travaille le destinataire.
12. La réceptionniste sort votre enveloppe du Chronopost et la passe au destinataire final.
13. Le destinataire ouvre votre enveloppe et lit la lettre.

À chaque niveau, les informations inscrites sur l'extérieur de l'emballage indiquent au personnel concerné comment traiter le paquet ; mais ce personnel ne se préoccupe pas de ce qu'il y a dans l'emballage. Ni vous ni la personne qui lira votre lettre ne verront l'enveloppe Chronopost, le sac postal, le camion, le conteneur ou l'avion ; et pourtant, chacun de ces emballages joue un rôle important pour l'acheminement de votre lettre.

Au lieu d'enveloppes, de sacs et de conteneurs, un message électronique emploie des chaînes de données pour indiquer au système comment et où traiter votre message ; mais le résultat final est à peu près le même. Dans le modèle réseau OSI, chaque mode de transport correspond à une couche distincte.

Heureusement, le logiciel réseau ajoute et supprime automatiquement tous les préambules, adresses, sommes de contrôle et autres informations, de sorte que ni vous ni le destinataire du message ne les verrez jamais. Cependant, chaque élément ajouté aux données initiales accroît la taille du paquet, de la trame ou de tout autre emballage, et partant accroît le délai de transmission des données sur le réseau. Comme le débit théorique inclut toutes les données complémentaires en plus des données « proprement dites », le débit réel sur un réseau sans fil est beaucoup plus lent. En d'autres termes, même si votre réseau se connecte à 11 Mb/s, votre vitesse réelle de transfert de fichiers pourrait n'être que d'environ 6 ou 7 Mb/s.

Contrôles des réseaux sans fil 802.11b

Les spécifications 802.11b définissent la façon dont les données circulent sur la couche Physique (liaison radio), ainsi qu'une couche MAC *(Media Access Control)* qui gère l'interface entre la couche Physique et le reste de la structure du réseau.

Couche Physique

Dans un réseau 802.11b, l'émetteur radio ajoute à chaque paquet un préambule de 144 bits parmi lesquels il y a 128 bits que le récepteur utilise pour se synchroniser avec l'émetteur plus un champ début de trame de 16 bits. Vient ensuite un en-tête de 48 bits qui contient des informations sur le débit, la longueur des données du paquet et une séquence de contrôle d'erreur. Cet en-tête s'appelle *préambule PHY,* car il contrôle la couche Physique de la communication.

Comme l'en-tête spécifie la vitesse de données placées après lui, le préambule et l'en-tête sont toujours transmis à 1 Mb/s. De ce fait, même si une liaison réseau fonctionne à 11 Mb/s plein pot, le débit réel est nettement plus lent. En pratique, vous pouvez vous attendre au mieux à 85 % du débit théorique. Et, bien sûr, les autres types de surcharge ajoutés aux paquets de données diminuent d'autant la vitesse réelle.

Ce préambule de 144 bits est une relique des vieux et lents systèmes DSSS ; il a été conservé dans les spécifications pour assurer la compatibilité des matériels 802.11b avec les anciennes normes, mais il ne fait rien d'utile. Voilà pourquoi il existe une option de remplacement qui emploie un préambule de 72 bits. Dans un préambule court, le champ de synchronisation a 56 bits auxquels s'ajoutent le même champ 16 bits de début de trame. Le préambule à 72 bits n'est pas compatible avec les vieux matériels 802.11, mais peu importe du moment que tous les nœuds du réseau reconnaissent le format de préambule court. À tous autres égards, un préambule court fonctionne tout aussi bien qu'un long.

Il faut au réseau un maximum de 192 ms pour traiter un préambule long, contre 96 ms pour un préambule court. Autrement dit, le préambule court divise par deux la surcharge de chaque paquet. Cela donne une différence significative au niveau du débit réel, surtout pour les informations en flot audio-vidéo continu ou service vocal sur Internet.

Certains fabricants utilisent par défaut le préambule long, alors que d'autres se servent du préambule court. Vous pouvez généralement modifier la longueur de préambule dans le logiciel de configuration des cartes réseau et des points d'accès.

Pour la plupart des utilisateurs, la longueur de préambule fait partie de ces détails techniques que l'on peut ignorer du moment qu'elle est la même partout sur le réseau. Il y a dix ans, quand les modems commutés étaient la méthode courante pour relier deux ordinateurs, tout le monde devait se pencher sur la définition des « bits de données » et des « bits d'arrêt » chaque fois que l'on passait un appel *via* le modem. Peu de gens savaient ce qu'est exactement un bit d'arrêt (c'est le délai qu'il fallait à un vieux Télétype mécanique pour revenir à l'état inactif après avoir émis ou reçu chaque octet), mais tout le monde savait qu'il fallait qu'il soit le même aux deux extrémités. La longueur de préambule est le même genre de paramètre obscur : il faut qu'il soit le même pour tous les nœuds du réseau, mais personne ne sait, ni de se soucie de savoir, de quoi il s'agit précisément.

Couche MAC

La couche MAC contrôle le trafic qui circule sur le réseau radio. Elle empêche les collisions de données et les conflits à l'aide d'un ensemble de règles appelé CSMA/CA *(Carrier Sense Multiple Access with Collision Avoidance)* ; en outre, elle assure les fonctions de sécurité spécifiées dans la norme 802.11b. Quand le réseau contient plus d'un point d'accès, la couche MAC associe chaque client réseau au point d'accès fournissant la meilleure qualité de signal.

Quand deux nœuds ou plus du réseau essaient d'émettre en même temps, CSMA/CA dit à tous les nœuds en conflit sauf un de se retirer pour essayer plus tard et permet au survivant d'émettre son paquet. CSMA/CA fonctionne ainsi : quand un nœud est prêt à envoyer un paquet, il commence par écouter le réseau pour voir s'il y a d'autres signaux. S'il n'entend rien, il attend pendant une courte période de temps aléatoire puis écoute à nouveau. S'il ne détecte toujours pas de signal, alors il transmet le paquet. Le récepteur évalue le paquet et, si celui-ci est intact, envoie un acquittement. Si l'émetteur ne reçoit pas d'accusé, il suppose qu'il y a eu collision avec un autre paquet ; auquel cas, il attend pendant un autre intervalle aléatoire puis essaie encore.

CSMA/CA dispose aussi d'une fonctionnalité optionnelle qui configure un point d'accès (pont entre le réseau sans fil et le réseau dorsal) pour en faire un coordonnateur de points pouvant accorder une priorité à un nœud qui voudrait émettre des types de données temporellement critiques, tels que la voix ou des flots continus.

La couche MAC peut gérer deux types d'authentification pour confirmer qu'un nœud est autorisé à rejoindre le réseau : *authentification ouverte* et *authentification par clé partagée*. Quand vous configurez votre réseau, tous les nœuds doivent employer le même type d'authentification.

Le réseau assure toutes ces fonctions de gestion domestique inhérentes à la couche MAC en échangeant (ou en essayant d'échanger) une série de trames de contrôle avant de permettre aux couches supérieures d'envoyer des données. Il gère aussi plusieurs paramètres de la carte réseau :

- **Mode d'alimentation** La carte reconnaît deux modes : mode continu *(Continuous Aware Mode)* et mode économie d'énergie *(Power Save Polling Mode)*. En mode continu, le récepteur radio est allumé et consomme du courant en permanence. En mode économie, la radio est inactive le plus souvent ; elle interroge périodiquement le point d'accès pour savoir s'il y a des messages. Le mode économie diminue la charge pesant sur la batterie des équipements portables (ordinateurs, PDA, *etc.*).
- **Contrôle des accès** La carte réseau intègre le contrôle des accès, qui écarte du réseau les personnes non habilitées. Un réseau 802.11b peut employer deux formes de contrôle d'accès : le SSID (le nom du réseau) et l'adresse MAC (chaîne de caractères qui identifie sans ambiguïté chaque nœud du réseau). Chaque nœud doit avoir le SSID programmé en lui, autrement le point d'accès ne s'associera pas au nœud. Une table facultative d'adresses MAC peut limiter l'accès aux radios dont les adresses sont sur la liste.
- **Chiffrement WEP** La carte réseau contrôle les fonctionnalités de chiffrement WEP *(Wired Equivalent Privacy)*. Le réseau peut utiliser une clé de chiffrement à 64 ou 128 bits pour chiffrer et déchiffrer les données quand elles transitent sur la liaison radio.

Autres couches de contrôle

Toutes les activités spécifiées dans la norme 802.11 ont lieu au niveau des couches Physique et MAC. Les couches supérieures contrôlent des fonctionnalités telles que l'adressage et le routage, l'intégrité des données, la syntaxe, le format des données contenues dans chaque paquet. Peu importe à ces couches qu'elles envoient les paquets sur des câbles, des liaisons à fibre optique ou des ondes radio. Vous pouvez donc employer un réseau 802.11b avec n'importe quel type de réseau local ou de protocole réseau. Les mêmes radios peuvent gérer TCP/IP, Novell NetWare, plus tous les autres protocoles réseau incorporés à Windows, Unix, Mac OS, *etc*.

Matériel réseau

Une fois définis les liaisons radio et le format des données, l'étape suivante consiste à créer une structure de réseau. Comment les ordinateurs utilisent-ils les radios et le format pour échanger des données ?

Les réseaux 802.11b comprennent deux catégories de radio : les *stations* et les *points d'accès*. Une station est un ordinateur, ou tout autre équipement (par exemple, une imprimante), qui est relié à un réseau sans fil *via* une carte réseau sans fil interne ou externe.

Un point d'accès sert de station de base pour un réseau sans fil et de pont entre le réseau sans fil et un réseau filaire classique.

Cartes réseau

Les cartes réseau des stations peuvent prendre plusieurs formes physiques :

- **PC Card enfichables, pouvant rentrer dans les connecteurs PCMCIA de la plupart des ordinateurs portables** Pour contourner le blindage interne de la plupart des ordinateurs, les antennes et les témoins lumineux de la plupart des cartes sans fil PC Card dépassent d'environ un pouce de l'ouverture du connecteur. D'autres cartes PC Card disposent de connecteurs pour antennes externes.
- **Cartes réseau internes placées sur des cartes PCI enfichables dans un ordinateur de bureau** La plupart des cartes PCI sont en fait des connecteurs PCMCIA qui permettent d'insérer une PC Card à l'arrière de l'ordinateur, mais quelques-unes se placent directement sur des cartes d'extension PCI. À la place d'un connecteur placé à l'arrière de l'ordinateur, on peut avoir un connecteur PCMCIA séparé qui s'adapte sur le panneau avant de l'ordinateur (disponible chez Actiontec et plusieurs autres fabricants).
- **Cartes USB externes** Les cartes USB sont souvent préférables aux PC Card, car il est généralement plus facile de déplacer une carte située à la fin d'un câble pour la mettre à un endroit qui optimise le chemin de signal vers le point d'accès le plus proche.
- **Cartes sans fil internes intégrées aux ordinateurs portables** Les cartes internes sont des modules enfichables sur la carte mère. Pour le système

d'exploitation, ils équivalent à des PC Card externes. Les antennes des radios intégrées sont généralement dissimulées dans l'écran repliable de l'ordinateur.

- **Cartes enfichables pour PDA et autres matériels de poche.**
- **Cartes réseau internes intégrées à d'autres équipements, tels que téléphone compatible Internet, matériel de bureau ou appareil domestique.**

Une carte réseau doit fonctionner avec n'importe quel système d'exploitation, pour peu qu'il existe un pilote idoine. En pratique, vous trouverez des pilotes Windows pour presque tous les matériels mais vous aurez moins de possibilités sous Mac OS, Linux ou Unix. Plus loin dans ce livre, dans les chapitres consacrés à Linux et Unix, vous trouverez des références vers des sources de pilotes pour ces systèmes d'exploitation.

Points d'accès

Les points d'accès sont souvent combinés à d'autres fonctionnalités réseau. Il est tout à fait possible de trouver un point d'accès autonome qui se raccorde à un réseau local filaire par un simple câble de données, mais il existe une foule d'autres possibilités. Voici les configurations courantes en matière de point d'accès :

- Station de base simple avec un pont vers un port Ethernet pour connexion à un réseau local.
- Station de base comprenant un commutateur, concentrateur ou routeur avec un ou plusieurs ports Ethernet filaires, en plus du point d'accès sans fil.
- Routeur large bande fournissant un pont entre un modem câble ou port DSL et le point d'accès sans fil.
- Point d'accès logiciel utilisant l'une des cartes réseau sans fil comme station de base.
- Passerelle résidentielle gérant un nombre limité de canaux opérationnels.

Comme le montre la figure 1-5, l'aspect physique du point d'accès varie d'un fabricant à l'autre. Tel point d'accès a l'allure d'un équipement industriel destiné à être invisible au sol ou contre un mur, tel autre avec ses formes « aérodynamiques » design paraît plutôt destiné à orner un bureau de P-DG. Certains points d'accès ont des antennes internes, d'autres ont de courtes antennes verticales attachées en permanence, d'autres encore ont des connecteurs pour antennes externes (fournies ou non avec le point d'accès). Indépendamment de sa taille et de sa forme, un point d'accès contient une radio qui émet et reçoit des données circulant entre des stations réseau et un port Ethernet relié à un réseau filaire.

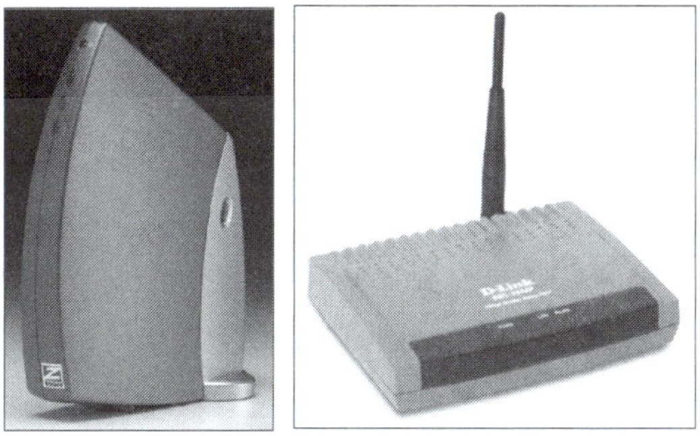

Figure 1-5 Points d'accès de Zoom et de D-Link

Modes de fonctionnement

Les réseaux 802.11b fonctionnent en deux modes : réseaux *ad hoc* et réseaux à *infrastructure*. Comme le nom l'indique, un réseau ad hoc est le plus souvent temporaire. Un réseau ad hoc est un groupe indépendant de stations qui n'a pas de connexions vers un réseau local plus grand, ni vers Internet. Il contient deux ou plusieurs stations sans fil, sans point d'accès ni connexion vers le reste du monde. Les réseaux ad hoc portent aussi le nom de réseau d'égal à égal et de IBSS (*Independent Basic Service Set*). La figure 1-6 montre un réseau ad hoc simple.

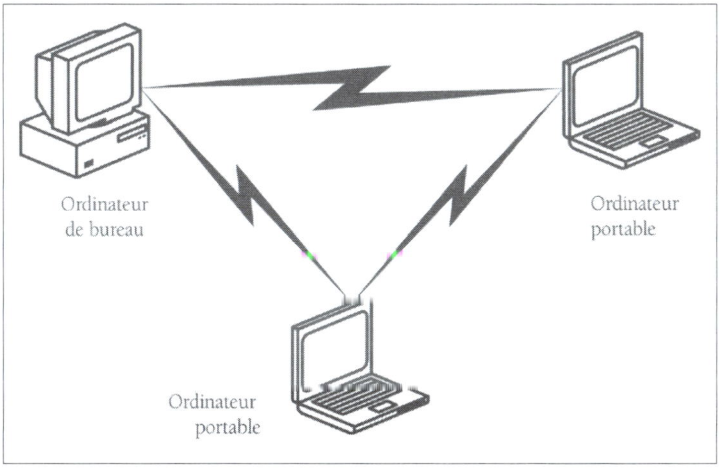

Figure 1-6 Réseau sans fil ad hoc avec trois stations

Un réseau à infrastructure a un ou plusieurs points d'accès, généralement reliés à un réseau filaire. Chaque station sans fil échange des messages et des données avec le point d'accès, qui les relaie vers d'autres nœuds du réseau sans fil ou du réseau filaire. Tout réseau exigeant une connexion câblée *via* un point d'accès vers une imprimante, un serveur de fichiers ou une passerelle Internet est un réseau à infrastructure. La figure 1-7 montre un réseau à infrastructure.

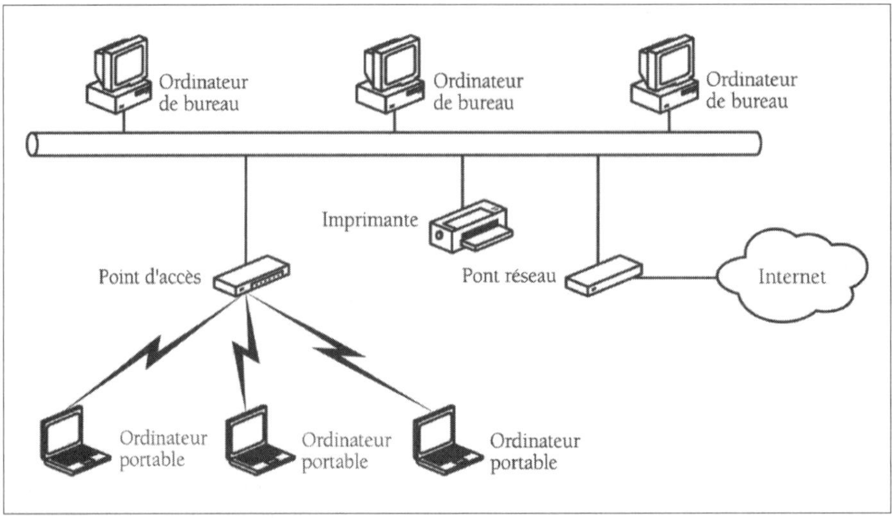

Figure 1-7 Exemple simple de réseau à infrastructure

Un réseau à infrastructure n'ayant qu'une seule station de base s'appelle aussi un BSS *(Basic Service Set)*. Quand le réseau sans fil utilise deux ou plusieurs points d'accès, alors on parle de ESS *(Extended Service Set)*. Nous avons vu en amont que le nom technique d'un ID de réseau est SSID. Vous pourrez donc trouver le sigle BSSID pour un réseau à point d'accès unique et le sigle ESSID pour un réseau à points d'accès multiples.

Un réseau à points d'accès multiples (ESS) apporte plusieurs complications. *Primo*, le réseau doit inclure un moyen pour que chaque station ne soit desservie que par une seule station de base même si la station est à portée de plusieurs stations de base. Et si la station change de place pendant une session réseau, ou si le point d'accès initial est perturbé par des interférences locales, le réseau doit pouvoir transmettre la connexion à un autre point d'accès. Un réseau 802.11b gère ce problème en associant une station à un seul point d'accès à un instant t et en ignorant les signaux des stations non associées. Quand le signal devient trop faible au niveau d'un point d'accès et s'améliore à un autre, ou quand le volume de trafic force le réseau à rééquilibrer la charge, alors le réseau associe la station à un autre point d'accès susceptible d'offrir des services acceptables. Si vous pensez que cela ressemble beaucoup à la façon dont un système de téléphonie cellulaire gère les déplacements, vous êtes dans le mille. La terminologie est d'ailleurs la même : on parle d'*itinérance (roaming)*.

Pour résumer

La liaison radio, la structure des données et l'architecture du réseau sont les trois éléments essentiels qui forment la plomberie interne d'un réseau Ethernet sans fil 802.11b. À l'instar des composants de la plupart des autres réseaux (et de la plupart des systèmes de plomberie, d'ailleurs), ces éléments doivent rester totalement transparents pour les usagers du réseau ; du moment que l'utilisateur peut émettre et recevoir des messages, lire des fichiers et effectuer d'autres tâches sur le réseau, il n'a jamais à se soucier de ces détails de bas niveau.

Bien évidemment, cela suppose que tout fonctionne exactement comme prévu et que l'usager n'appelle jamais de service d'assistance réseau pour demander pourquoi il n'arrive pas à lire ses messages. Maintenant que vous avez lu ce chapitre, vous en savez plus sur la façon dont votre réseau local sans fil transfère les messages que 95 % des utilisateurs de réseaux Wi-Fi. Et vous avez de bonnes chances de comprendre le technicien d'assistance qui vous dit de vérifier que vous utilisez le canal 11 ou que vous devez modifier votre longueur de préambule ou que votre carte fonctionne en mode infrastructure.

CHAPITRE 2

Équipements pour réseaux sans fil

Un réseau local sans fil exige des composants matériels quelque peu différents d'un réseau filaire classique. La différence majeure est, visiblement, l'absence de câbles entre le serveur réseau et les équipements (ordinateurs client ou autres matériels) constituant le réseau, mais ce n'est pas la seule différence. Un réseau Wi-Fi doit aussi employer des émetteurs et récepteurs radio pour l'interface avec le réseau, ainsi que pour la communication entre les parties filaire et sans fil du réseau.

Ce chapitre va définir les composants d'un réseau sans fil, et aussi donner des conseils qui vous aideront à décider quel est le composant qui convient le mieux à vos besoins propres. Quand vous lirez les descriptions des diverses caractéristiques et fonctions des points d'accès, cartes réseau et autres antennes, n'oubliez pas que le marché des équipements pour réseau sans fil est extrêmement compétitif et évolutif. Dès qu'un fabricant propose un point d'accès ou une carte réseau dotée d'une fonctionnalité révolutionnaire, la concurrence s'empresse de reprendre cette innovation à son compte. Voilà pourquoi ce chapitre ne cite ni marques ni gammes précises ; ce genre d'indication risquerait d'être dépassé au moment de la lecture de ces lignes.

Tout le monde parle le même langage ou presque

Avant de parler de caractéristiques et fonctions spécifiques, il est bon de rappeler les règles (et les réalités) concernant l'utilisation dans le même réseau sans fil de matériels 802.11b provenant de multiples fabricants. C'est faisable, mais c'est loin d'être aussi simple que les gens de Wi-Fi Alliance voudraient le faire croire.

Il existe des dizaines de sociétés qui fabriquent des matériels compatibles avec la certification Wi-Fi. Pour obtenir cette certification, chaque matériel doit subir des tests d'interopérabilité effectués par un laboratoire indépendant qui appartient à Wi-Fi Alliance. Si un point d'accès ou une carte réseau porte le logo Wi-Fi, c'est qu'il a passé une série intensive de tests d'interopérabilité avec des équipements déjà certifiés provenant de plusieurs autres fabricants.

Les points d'accès et les cartes réseau des différents fabricants peuvent ne pas avoir le même aspect extérieur, et chaque constructeur fournit son propre logiciel de configuration, mais les circuits radio internes sont très semblables les uns aux autres. Il existe une foule de marques pour les cartes réseau mais, en fait, la fabrication des cartes est sous-traitée à d'autres entreprises et presque tout un chacun utilise l'un des quelques jeux de puces standard existants.

En d'autres termes, il est possible d'employer sur le même réseau n'importe quel mélange de cartes et points d'accès certifiés Wi-Fi. Le mot critique dans la phrase qui précède est *possible*. Dans une batterie de tests soigneusement exécutée, dans des conditions de laboratoire rigoureusement contrôlées, un groupe de spécialistes connaissant très bien les mécanismes internes des réseaux 802.11b peut arriver à faire fonctionner correctement un réseau dont les équipements proviennent de plusieurs fabricants.

Est-ce pour autant que l'utilisateur domestique ou l'informaticien d'une petite structure n'ayant jamais installé de réseau sans fil peut arriver à faire fonctionner le même cocktail de produits ? Sans doute que oui, mais pas du premier coup. Il faudra peut-être une bonne dose de temps et de patience pour trouver les bonnes valeurs de tous les paramètres de configuration. Vous pouvez parier, sans trop de risque de vous tromper, que le matériel de chaque fabricant aura des paramètres par défaut différents. Ainsi, certains systèmes emploient par défaut des préambules courts et d'autres, des préambules longs ; certaines configurations exigent des caractères ASCII pour les clés WEP, alors que d'autres veulent des chiffres hexa. Arriver à harmoniser tout cela risque de ne pas être une tâche de tout repos.

En règle générale, il est beaucoup plus simple d'équiper tout le réseau avec les matériels d'un seul et même fabricant ; mais cela n'est pas toujours possible, ni même souhaitable. Vous pouvez choisir les marques des points d'accès de votre réseau, et vous pouvez acheter la même marque de carte réseau pour vos ordinateurs de bureau, mais vous aurez toujours un utilisateur de votre réseau qui viendra vous voir avec une carte Wi-Fi provenant d'un obscur fabricant et qui voudra se connecter au réseau avec cette carte. Peut-être que la carte provient d'une braderie de quartier, qu'elle était livrée avec un portable flambant neuf, ou que c'est celle que recommande l'école de votre fille. Toujours est-il que vous serez obligé, au final, d'intégrer sur le même réseau des matériels et logiciels provenant de plus d'un fabricant.

Les informations fournies dans ce livre vous aideront à comprendre très précisément ce qu'il faut faire pour que tout fonctionne avec tout. Cependant, quand vous assemblerez pour la première fois différents matériels, prenez plutôt des équipements provenant d'une même source ; vous vous éviterez bien des tracas.

Cartes réseau

Une *carte réseau* est l'interface entre un ordinateur et un réseau. Dans un réseau sans fil, la carte contient un émetteur radio qui envoie des données de l'ordinateur vers le réseau, et un récepteur qui détecte les signaux radio contenant des données du réseau et les transmet à l'ordinateur. Une carte sans fil est vue par le système d'exploitation de l'ordinateur comme n'importe quelle autre interface réseau.

Le choix d'une carte réseau dépend de plusieurs facteurs : la forme physique, le type d'antenne (interne ou externe ?), la compatibilité avec les points d'accès et les autres nœuds du réseau, la compatibilité avec le système d'exploitation de l'ordinateur. Plus, bien sûr, les facteurs standard qui s'appliquent à tous les composants matériels ou logiciels : facilité d'utilisation, qualité de l'assistance technique, avis d'autres utilisateurs concernant le produit et la compagnie.

Type de carte

Le plus souvent, la carte sans fil s'insère dans l'un des ports d'E/S haut débit de l'ordinateur : connecteur interne pour carte d'extension, connecteur PCMCIA ou port USB. Font exception certains portables récents qui incluent des interfaces optionnelles internes 802.11b utilisant des connecteurs d'extension internes du genre mini-PCI ou Apple AirPort, ou se greffant sur la carte mère. Les cartes réseau des PDA se placent généralement dans des connecteurs CompactFlash.

Chaque type de carte a ses avantages et ses inconvénients. Votre choix dépend de l'ordinateur où vous allez la mettre et de la façon dont vous allez vous en servir. Par exemple, pour connecter un ordinateur portable au réseau, une PC Card est souvent le meilleur choix vu qu'elle est facile à installer, qu'elle ne prend pas beaucoup de place et que vous n'êtes pas obligé de vous munir d'un câble spécial. Mais avec un ordinateur de bureau, mieux vaut généralement prendre une carte interne ou une carte USB.

Cartes PC Card

Les cartes réseau sur PC Card sont les plus populaires, car l'utilisation la plus courante d'un réseau Ethernet sans fil consiste à ajouter des portables à des réseaux locaux existants. Presque tous les fabricants de matériels 802.11b proposent au moins un modèle de carte PC Card.

Les cartes sans fil PC Card sont compactes et n'augmentent guère le poids du portable, deux facteurs qui ont leur importance. Cependant, il est vital d'ôter la carte de l'ordinateur quand on n'a pas besoin de liaison réseau. Autrement la carte continue à émettre des signaux, ce qui pourrait permettre à un intrus d'entrer sur votre machine sans que vous vous en aperceviez. La plupart des cartes PC Card disposent de fonctionnalités d'économie d'énergie ; mais même quand elles sont inactives, elles tirent, faiblement, mais inutilement, sur la batterie du portable.

Il est très important d'ôter la carte sans fil du portable quand vous prenez l'avion. Comme pour les téléphones cellulaires et autres radios, les compagnies aériennes ne tolèrent pas de réseaux sans fil dans les appareils en raison des risques d'interférences avec les systèmes de navigation embarqués. Les cartes PC Card se ressemblent toutes plus ou moins, vu qu'elles sont faites pour s'insérer dans un connecteur PCMCIA. Comme le montre la figure 2-1, elles ont à peu près la taille d'une carte de crédit avec un connecteur à une extrémité et à l'autre extrémité une protection en plastique pour l'antenne interne, ou un connecteur pour antenne externe.

Figure 2-1 Carte Ethernet sans fil Xircom avec antenne interne

La plupart des cartes PC Card ont un ou deux témoins lumineux sur la portion qui dépasse du connecteur PCMCIA. L'un de ces témoins clignote quand la carte reçoit du courant de l'ordinateur, l'autre s'allume quand la carte détecte une liaison radio active provenant d'un point d'accès ou d'un autre nœud d'un réseau ad hoc.

Maintes cartes PC Card contiennent deux antennes internes, avec un système de diversité qui compare en permanence la qualité des signaux provenant de chaque antenne et sélectionne automatiquement le plus fort. Même si les deux antennes intégrées à une PC Card sont distantes de quelques centimètres à peine, l'amélioration par rapport à une antenne unique peut être significative.

Les cartes réseau sur PC Card disposent généralement d'antennes à diversité omnidirectionnelle intégrées, encore que certains fabricants proposent aussi des versions avec connecteurs pour antennes externes. Le choix entre antenne interne et antenne externe est toujours affaire de compromis. Le plus souvent, l'antenne interne est beaucoup plus facile à utiliser avec un portable : vous ne devez pas transporter d'antenne et de câble séparés. Mais, toutefois, il est bien plus facile d'ajuster l'emplacement d'une antenne située à l'extrémité d'un câble que de placer le côté ou le dos de l'ordinateur de façon que la réception soit bonne et que vous puissiez en même temps lire l'écran et manipuler le clavier sans trop de problèmes. Si vous voulez vous connecter à un point d'accès depuis les limites de la zone de couverture du réseau, ou si vous êtes dans un endroit plein d'interférences, une antenne directionnelle séparée à gain élevé peut donner des performances réseau meilleures et plus fiables que les antennes intégrées de la plupart des PC Card.

Adaptateurs USB

Si votre ordinateur possède un port USB *(Universal Serial Bus)*, ce qui est le cas de la plupart des ordinateurs postérieurs à 1999, un adaptateur USB sans fil pourrait être la meilleure solution pour connecter la machine à un réseau 802.11b. Comme l'adaptateur se branche sur l'ordinateur via un câble, on arrive toujours à le positionner (avec son antenne intégrée) de façon qu'il donne des performances réseau optimales. Que l'emplacement optimal se situe en haut d'une armoire ou sous un bureau, cela n'est pas gênant pour travailler sur l'ordinateur. Il est plus simple d'installer un adaptateur USB que d'insérer une carte dans un connecteur d'extension interne, car point n'est besoin d'ouvrir l'ordinateur.

Les adaptateurs USB se présentent sous toutes sortes de formes et de tailles, selon la philosophie de conception des fabricants. La plupart ont des antennes captives, souvent montées sur des pivots qui permettent de les positionner très finement. Comme les antennes des adaptateurs USB sont généralement plus grosses et plus faciles à manipuler que les antennes des cartes PC Card, elles donnent en principe une qualité de signal un peu plus élevée (sachant que vous ne remarquerez pas d'amélioration par rapport au seuil d'une connexion à pleine vitesse).

La figure 2-2 montre un adaptateur USB sans fil de chez D-Link. À l'instar des cartes sur PC Card, la plupart des adaptateurs USB sont alimentés en courant par l'ordinateur de sorte qu'ils ne nécessitent ni batterie séparée ni alimentation externe.

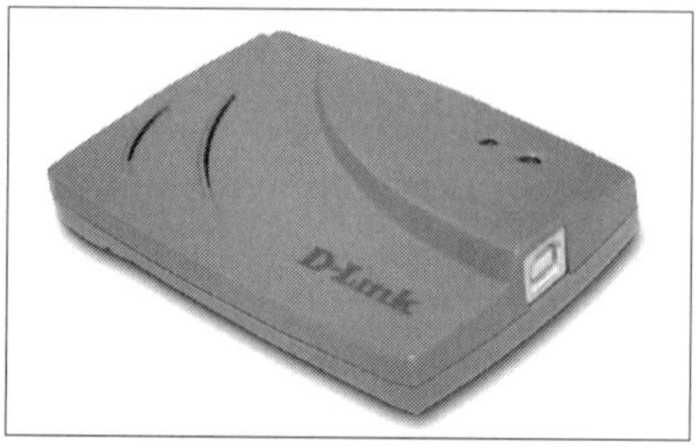

Figure 2-2 Un adaptateur sans fil USB est un dispositif autonome, relié par un câble à l'ordinateur

Cartes d'extension internes

Les cartes sans fil internes les plus répandues sont, en fait, des PC Card montées sur des prises PCMCIA qui se placent dans un connecteur d'extension PCI ou ISA. La carte entre dans l'une des fentes disponibles à l'arrière de l'ordinateur. Ce mécanisme offre plusieurs avantages aux fabricants : ils peuvent utiliser la même PC Card que celle vendue séparément aux utilisateurs de portables, combinée avec une prise adaptatrice que leur fournit une partie tierce et, en outre, l'enveloppe métallique externe de la PC Card fournit un blindage efficace qui éloigne les signaux radio de l'intérieur de l'ordinateur.

Mais il n'y pas de pire endroit pour l'antenne d'une carte sans fil que l'intérieur d'un ordinateur. Si la carte possède une antenne intégrée, il n'est pas facile de la déplacer vers une autre position pour améliorer la qualité du signal. La carte sortant à l'arrière de l'ordinateur, vous ne voyez pas les témoins lumineux. L'arrière d'un ordinateur de bureau est généralement un capharnaüm de câbles et de connecteurs, susceptible d'affecter le modèle de rayonnement de la radio. Et le panneau arrière métallique de l'ordinateur risque de faire office de barrière ou de source d'interférences multichemin entre la carte et le point d'accès le plus proche.

Bien évidemment, il est tout à fait possible qu'une carte PCI ou ISA fonctionne sans problèmes dès le premier coup ; ne soyez pas défaitiste avant de l'avoir essayée sur votre réseau.

Si toutefois vous rencontrez des problèmes, il existe deux façons de les contourner. Si l'ordinateur possède un port USB, alors une carte USB sans fil est le choix qui s'impose. Il se peut qu'il n'y ait pas de port USB à l'extérieur de l'ordinateur, mais qu'il y en ait un sur la carte mère ; auquel cas, vous pouvez utiliser un câble et un support bon marché pour déplacer le port vers l'extérieur du panneau arrière. Pour les vieilles cartes mères qui n'ont pas de ports USB, vous pouvez ajouter des ports USB externes qui sont placés sur des cartes d'extension PCI ou ISA.

S'il est impossible d'utiliser une carte USB, alors essayez une carte interne. Nonobstant les inconvénients, elle fonctionnera sans doute très correctement dans la plupart des endroits.

Si la qualité du signal est un problème, recherchez une carte ayant un connecteur pour antenne externe et non une antenne intégrée. Vous trouverez des cartes dotées de connecteurs pour antenne externe chez Cisco, Orinoco et Zoom, entre autres.

Vous pouvez aussi choisir une carte sur PC Card accompagnée d'un lecteur de carte qui se monte à l'avant de l'ordinateur, à un emplacement prévu pour un disque externe, et non à l'arrière. Cela permet d'atteindre la carte beaucoup plus facilement et évite de devoir la placer dans une jungle de câbles et de connecteurs.

Cartes internes

On commence à trouver plusieurs grandes marques d'ordinateurs portables qui permettent d'insérer une carte réseau 802.11b interne. Ces ordinateurs ont un module carte monté directement sur la carte mère, l'antenne étant cachée dans le « couvercle » contenant l'écran.

L'avantage immédiat d'une carte interne est que l'utilisateur n'a plus à transporter (et éventuellement à oublier ou égarer) un quelconque accessoire en plus du portable. L'inconvénient, s'il y en a un, est qu'il n'est pas commode de transférer la carte sur une autre machine quand il faut réparer ou remplacer la machine d'origine. Si l'unité de secours n'a pas de carte interne (chose très probable, vu qu'elle est sans doute plus ancienne que la machine habituelle), alors l'utilisateur ou l'administrateur réseau doit apporter une carte placée sur une PC Card ou bien se passer d'accès réseau.

Les cartes sans fil internes seront sans doute la règle dans la prochaine génération d'ordinateurs portables. Le coût est à peu près le même que celui d'une PC Card séparée, pour une configuration beaucoup plus commode.

Ne vous croyez pas obligé de remplacer *illico* votre portable par un autre doté de fonctionnalités intégrées d'accès sans fil ; mais quand viendra le temps d'acquérir une nouvelle machine, cela vaudra sans doute le coup d'ajouter cette fonctionnalité.

Si vous utilisez une carte sans fil interne, vérifiez que vous pouvez facilement la désactiver quand vous ne vous en servez pas. Autrement, la radio pompera la batterie de l'ordinateur trop rapidement et produira des signaux susceptibles d'interférer avec d'autres utilisateurs des mêmes fréquences 2,4 GHz sans licence.

Antenne interne ou externe ?

Maints points d'accès, ainsi que la plupart des cartes sans fil, sont fournis avec des antennes omnidirectionnelles intégrées. Pour la majorité des usagers, dans la plupart des situations, ces antennes natives émettent et reçoivent un flot de données fort et propre entre un point d'accès et un ordinateur proche. Mais si des cartes réseau à antennes intégrées ne donnent pas un signal de qualité suffisante, en raison de la distance, d'obstructions ou d'interférences dues à d'autres signaux radio, une antenne externe est peut-être la meilleure solution. De manière empirique, vous pouvez escompter d'une antenne externe qu'elle procure un signal d'au moins 15 % plus fort que l'antenne intégrée à une carte PC Card.

Si vous repérez un point mort dans votre zone de couverture, une carte réseau dotée d'un connecteur pour antenne externe au lieu d'une antenne intégrée peut être le bon choix pour un nœud du réseau qui serait placé à cet endroit, par exemple pour un ordinateur de bureau situé à un emplacement problématique ; mais comme il est beaucoup plus délicat de configurer une antenne séparée pour se connecter au réseau, des PC Card à antennes intégrées sont généralement le meilleur choix pour tout ce qui est portable (ordinateur ou autre matériel).

Retenez qu'il y a deux antennes dans la liaison entre une station de base et une carte sans fil : une à chaque extrémité. Une antenne à gain élevé a le même impact sur la liaison, quelle que soit l'extrémité où vous la placez : point d'accès ou carte réseau. Cependant, comme une antenne directionnelle concentre la majeure partie du signal dans une seule direction, une antenne directionnelle en un point d'accès risque de réduire la qualité des liaisons vers d'autres nœuds du réseau (figure 2-3).

Pour plus de détails sur les antennes externes, reportez-vous à la section intitulée « Antennes externes » plus loin dans ce chapitre.

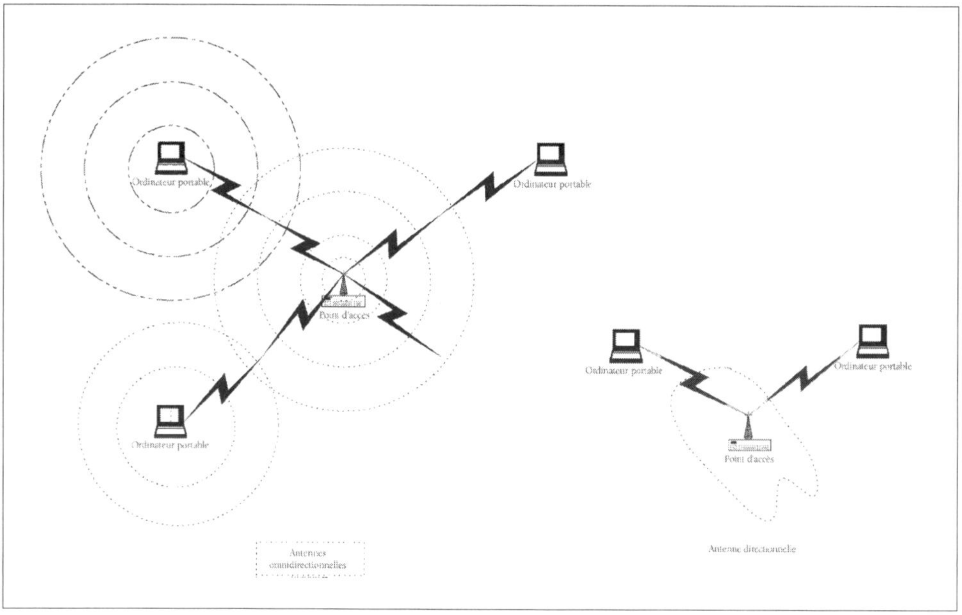

Figure 2.3 Selon vos combinaisons d'antennes directionnelles et non directionnelles, la zone de couverture de votre réseau ne sera pas la même

Interopérabilité

La certification Wi-Fi garantit, en principe, la bonne interopérabilité de cartes réseau et de points d'accès émanant de fabricants différents, sachant qu'il existe quelques fonctionnalités et options de configuration qui compliquent les échanges de données entre certaines combinaisons de matériels. Ainsi, certains équipements réclament des clés de chiffrement à 128 bits alors que d'autres ne reconnaissent que des clés à 64 bits. Si un point d'accès attend 128 bits, il ne fonctionnera pas avec la clé plus courte.

La solution la plus simple, pour prévenir ce genre de problème, est d'acheter tout votre matériel chez le même fabricant et de vérifier que vous n'utilisez pas de modèles incompatibles (tels les deux types de carte réseau Orinoco, avec des clés WEP à 64 bits et 128 bits respectivement). Sinon, vérifiez la compatibilité de chaque nouveau type de composant avec le reste du réseau dès que vous le recevez et assurez-vous que votre fournisseur acceptera un retour en cas d'incompatibilité.

Compatibilité avec le système d'exploitation

À l'instar de tous les autres périphériques, la carte sans fil exige un pilote spécifique contenant le logiciel de contrôle et d'interfaçage qui permet à la carte de communiquer avec l'unité centrale de l'ordinateur. Vous pouvez partir du principe, sans risque de vous tromper, que le disque fourni avec la carte contient un pilote pour Microsoft Windows ; mais cela ne vous servira à rien si vous essayez de connecter à votre réseau une machine Linux ou Unix. Si vous êtes un utilisateur Macintosh, une carte Apple AirPort ou une carte Orinoco plus ou moins identique peut être le choix optimal.

Si vous n'avez pas de pilote idoine pour votre carte réseau, cherchez-en un ailleurs ou bien changez de carte. Le premier endroit où chercher est le site Web de support technique du fabricant, sur lequel vous trouverez en principe une foule de pilotes téléchargeables gratuitement. Si vous ne trouvez rien sur le site, envoyez une demande d'information au centre d'assistance technique dudit fabricant ; peut-être que ce dernier vous donnera les références d'un pilote tierce-partie ou vous invitera à tester un nouveau pilote qui n'a pas encore été diffusé.

Ne laissez pas tomber si le fabricant ne peut pas vous aider. Comme les circuits internes sont souvent très similaires d'une carte à l'autre, vous pourrez éventuellement utiliser un pilote avec une carte d'une autre marque. Ainsi, la carte Xircom CWE1100 emploie le même pilote que des cartes similaires de Cisco. Lisez les chapitres 8 et 9 de ce livre pour connaître d'autres sources de pilotes pour Linux et Unix provenant de groupes d'utilisateurs et d'archives en ligne.

Sans pilote, votre carte est aussi utile qu'un technocrate en pleine tempête. Si vous ne trouvez pas de pilote compatible avec votre système d'exploitation, alors changez de carte.

Facilité d'utilisation

Chaque carte sans fil utilise un utilitaire de configuration qui contrôle le mode de fonctionnement, le numéro de canal, et toutes les autres options qui doivent concorder avec les paramètres des autres nœuds du réseau. Le fabricant fournit généralement cet utilitaire sur un CD ou sur une disquette accompagnant la carte, encore que vous pouvez parfois trouver une version plus récente téléchargeable gratuitement depuis un site Web.

Chaque utilitaire de configuration présente à sa façon les paramètres et les informations d'état. Certains affichent une fenêtre unique qui regroupe toutes les options, alors que d'autres répartissent les paramètres sur plusieurs sections séparées. L'un affiche la puissance et la qualité du signal sous forme de valeurs numériques et tel autre les représente sous forme graphique. Les figures 2-4 et 2-5 montrent deux façons différentes d'afficher les mêmes données.

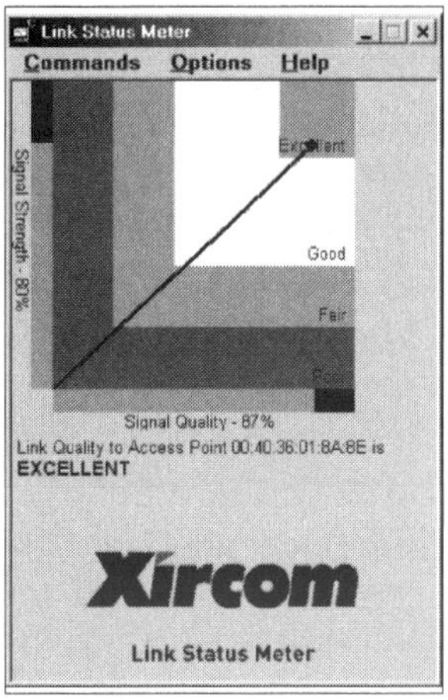

Figure 2-4 L'outil Link Status Meter de Xircom représente la puissance et la qualité du signal sous forme graphique. Cisco emploie un outil similaire.

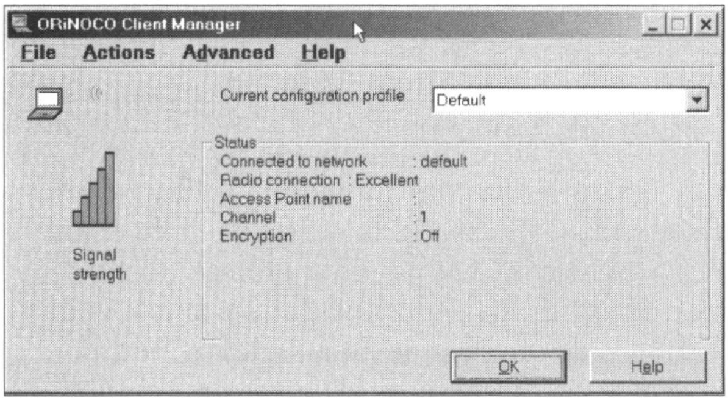

Figure 2-5 L'utilitaire Client Manager d'Orinoco affiche sous forme textuelle l'état courant

Dans des conditions idéales, l'utilisateur basique n'a pas à se servir de l'utilitaire de configuration. Mais quand cet utilisateur veut travailler à un autre emplacement ou se connecter à un autre réseau, alors les paramètres et options de configuration prennent subitement toute leur importance. Malheureusement, configurer une connexion sans fil est presque aussi compliqué que l'était dans le temps la configuration d'une liaison de données à base de modem commuté. Dans ces temps héroïques, il fallait se débrouiller avec des horreurs du genre « bits d'arrêt » et « émulation de terminal » chaque fois que l'on voulait placer un appel. De nos jours, l'utilisateur d'un réseau sans fil doit se casser la tête avec des choses telles que la « longueur de préambule » qui sont tout aussi obscures et tout aussi vitales.

Il faudrait donc que l'utilitaire de configuration et l'affichage des données d'état soient tous les deux faciles à comprendre et à utiliser. Comme ils contiennent tous les mêmes informations et options, le choix est affaire d'évaluation subjective : pouvez-vous, rien qu'en regardant la fenêtre de configuration, comprendre comment on modifie les paramètres ? Est-ce que l'affichage des données d'état vous dit, au premier coup d'œil, si vous avez ou non une liaison utilisable avec le réseau ?

Sécurité

Les spécifications 802.11b incluent un modèle de sécurité appelé WEP (*Wired Equivalence Privacy*) qui emploie une clé de chiffrement à 64 ou 128 bits. Le format de chiffrement 64 bits est une norme commune, alors que les techniques de chiffrement 128 bits varient quelque peu selon le fabricant. Il n'est donc pas toujours possible de faire communiquer des marques différentes de cartes et de points d'accès si l'on active leurs fonctions de sécurité avancées.

Si la sécurité avancée est un point important pour votre réseau, vous serez peut-être obligé de vous focaliser sur un fabricant unique ou sur un groupe de fabricants qui ont le même type de chiffrement 128 bits (par exemple, Cisco et Xircom ou Orinoco et Apple AirPort).

Le chapitre 14 donne plus de détails sur la configuration et l'utilisation des fonctions de sécurité d'un réseau sans fil. Hélas ! la norme de chiffrement WEP étant pleine de lacunes, elle ne convient pas pour protéger réellement le réseau contre les accès non autorisés. Le choix optimal, surtout si votre réseau contient plusieurs marques de cartes et de points d'accès, pourrait être de désactiver le chiffrement WEP et l'employer l'une des autres méthodes de sécurité présentées au chapitre 14.

Documentation et assistance technique

Chaque fabricant ou revendeur de produits Ethernet sans fil offre une assistance technique à ses clients. Cependant, la qualité et l'utilité de ce support varient grandement d'une firme à l'autre. Si un fournisseur ne vous donne pas les informations suffisantes, changez-en.

Une assistance technique convenable doit, au minimum, comprendre un manuel d'utilisation clair et précis, un centre de support qui répond par téléphone et messagerie aux questions spécifiques, un site Web qui répond aux questions courantes, plus un centre de téléchargement qui offre gratuitement les dernières versions de pilotes, d'utilitaires de configuration et de logiciels d'affichage des données d'état.

Chaque carte et point d'accès doit être fourni avec un manuel d'utilisation détaillé qui explique comment installer, configurer et utiliser le matériel, tout cela écrit en bon français et de façon claire. Jetez un œil sur le manuel avant d'acheter le produit ; rien ne saurait excuser qu'un manuel soit confus ou qu'il paraisse avoir été traduit à la va-vite depuis le basque par un traducteur dont la langue maternelle est le breton !

Le meilleur manuel du monde ne peut pas contenir les réponses à toutes les questions possibles et imaginables ; il faut donc que vous puissiez appeler, par téléphone ou messagerie, un service d'assistance. Cela paraît sympathique de pouvoir appeler le service d'assistance via un numéro de téléphone gratuit, mais ce n'est pas fondamental : généralement, ce service « gratuit » est compensé par un surcoût du produit. Vous devez pouvoir contacter un technicien en chair et en os en moins de deux minutes ; et si vous appelez à une heure de pointe, vous devez pouvoir laisser votre numéro de téléphone pour qu'on vous rappelle dans la journée. Rien ne saurait excuser des attentes interminables au téléphone (avec ou sans Vivaldi) ou des menus vocaux incompréhensibles qui n'ont pas les réponses à vos questions spécifiques.

Si vous contactez le service d'assistance par e-mail, vous devez recevoir un accusé de réception dans l'heure qui suit, même si c'est seulement une réponse automatique du genre : « Merci pour votre question. Nous vous répondrons dès que possible. » La réponse à votre question doit arriver, au plus tard, le jour ouvrable suivant.

Naturellement, les gens qui répondent à vos questions doivent fournir des informations capables de résoudre véritablement votre problème. Mieux vaut ne pas avoir de réponse du tout qu'avoir une réponse erronée.

La majorité des fabricants et des éditeurs ont des sites Web d'assistance technique qui contiennent les réponses aux questions les plus courantes. Si vous avez accès au Web quand vous avez besoin d'une réponse rapide, c'est souvent le moyen le plus indolore de la trouver. Le site Web doit aussi inclure un centre de téléchargement où vous trouverez les tout derniers pilotes et autres logiciels associés aux différents produits de ce fournisseur, y compris les produits qui ne sont plus commercialisés.

Réputation

Il est toujours bon d'avoir l'avis d'autrui concernant une carte sans fil (ou tout autre matériel que vous envisagez d'acheter) avant d'ouvrir votre porte-monnaie. Le fabricant et le revendeur seront toujours très loquaces pour ce qui concerne les points forts de leurs produits, mais n'espérez pas d'eux une objectivité parfaite.

Les groupes d'utilisateurs locaux, les comptes-rendus de produit publiés, les forums Internet, voilà des sources d'information très utiles pour ce qui est des matériels Ethernet sans fil. Ne prenez pas pour argent comptant tous les comptes-rendus ni toutes les histoires horribles, mais quand vous lisez une dizaine d'articles sur un pilote qui fait s'effondrer Windows ou sur une PC Card qui surchauffe, vous pouvez raisonnablement penser qu'il n'y a pas de fumée sans feu.

Le site Practically Networked (`http://www.practicallynetworked.com`) est une bonne source de comptes-rendus et d'avis d'utilisateur concernant les équipements Ethernet sans fil.

Il existe au moins un fournisseur majeur de matériels réseau sans fil qui a la réputation d'offrir une assistance technique déplorable : délais interminables pour avoir un technicien au téléphone, délais encore plus longs pour les réponses aux e-mails, plus des réponses souvent inutiles. Sur un marché aussi compétitif que celui de la technologie Ethernet sans fil, ne vous encombrez pas d'un fournisseur qui n'offre pas de support décent.

Cartes pour réseaux ad hoc

Dans un réseau ad hoc, chaque carte échange des données avec tous les autres nœuds via des liaisons directes, sans qu'il y ait de point d'accès faisant office de nœud central. Les réseaux ad hoc conviennent bien aux petits réseaux isolés et au partage direct de fichiers dans un contexte d'égal à égal. Par exemple, quelqu'un utilisant un portable dans ses déplacements et un ordinateur de bureau dans son entreprise peut créer un réseau ad hoc pour transférer des fichiers entre les deux. Autre exemple : deux propriétaires d'ordinateur portable se partagent des fichiers via une connexion ad hoc.

Les réseaux sans fil ad hoc qui relient deux ou plusieurs nœuds sans utiliser de point d'accès sont beaucoup moins courants que les réseaux à infrastructure, mais ils font partie de la norme 802.11b ; de sorte que presque toutes les cartes réseau et presque tous les utilitaires de configuration sans fil offrent une option pour réseau ad hoc.

En général, toute carte réseau ayant le logo Wi-Fi fonctionnera sans problème dans un réseau ad hoc. Il est vital que tous les nœuds du réseau soient configurés pour fonctionner en mode ad hoc et que toutes les autres options de configuration soient les mêmes, mais la connexion directe à un autre ordinateur ne devrait pas poser plus de problème que la connexion à un point d'accès.

Cartes mixtes

Les réseaux Wi-Fi sont devenus incroyablement populaires, mais ce n'est pas la seule technologie existante. Il existe plusieurs autres technologies, dont Bluetooth (qui fournit des connexions à très courte portée aux périphériques et accessoires informatiques, tels les casques et les claviers) et 802.11a (qui emploie une autre plage de fréquences radio pour fournir des liaisons réseau à plus haut débit que 802.11b). Chacune offre des solutions pour une famille différente de problèmes, et chacune a un créneau commercial différent.

Plusieurs fabricants ont annoncé de nouveaux produits qui combinent carte 802.11b et interface vers quelque autre service sans fil. Certains de ces produits peuvent détecter et utiliser tant des réseaux 802.11b (2,4 GHz) que des réseaux 802.11a (5,4 GHz), alors que d'autres mélangent 802.11b et Bluetooth. D'autres pourraient combiner accès aux réseaux locaux Wi-Fi et données cellulaires ou autres services de réseau étendu (WAN). Les avantages d'un point d'accès combiné sautent aux yeux : il est plus commode de porter et d'installer un seul appareil que deux appareils différents, et cela permet d'accéder à plus de réseaux et de services. Sans compter que, le même émetteur-récepteur radio traitant les deux services, le risque d'interférences est diminué d'autant.

Une carte duale idéale détecterait automatiquement les signaux radio provenant de tous les réseaux compatibles situés dans sa portée et permettrait à l'usager de créer une connexion instantanée vers l'un de ces réseaux sans être obligé de se soucier du type de liaison utilisé par le réseau. Le coût de cette carte mixte devrait être à peine plus élevé que celui d'une carte qui ne reconnaît qu'un seul protocole réseau. Ce genre de matériel sans fil va peut-être voir le jour dans les années à venir.

En attendant, on trouve déjà dans le commerce plusieurs produits duaux intéressants. Ainsi, GTRAN Wireless fabrique une carte PC Card qui fonctionne avec les données cellulaires CDMA et avec les réseaux Wi-Fi. Elle utilise le réseau téléphonique cellulaire pour émettre et recevoir des données à vitesse relativement faible presque partout à l'intérieur de la plupart des grandes zones métropolitaines ; quand l'usager passe dans un « hot spot » à portée d'un signal 802.11 beaucoup plus rapide, la carte peut créer une nouvelle connexion beaucoup plus rapide.

D'autres produits duaux emploient la technologie Blue802, introduite par Intersil et Silicon Wave début 2002. Blue802 permet aux connexions Bluetooth et 802.11b d'opérer simultanément sur la même carte, ce qui permet à un ordinateur d'employer des liaisons Bluetooth vers une souris, un clavier, une imprimante ou un autre ordinateur en même temps qu'il est connecté à Internet ou à un réseau local via un réseau Wi-Fi. C'est une belle invention, vu que 802.11b et Bluetooth emploient les mêmes fréquences radio 2,4 GHz et que chaque service crée souvent des interférences pour l'autre. Blue802 coordonne les deux types de transmissions radio pour optimiser les performances des deux.

Maints autres appareils mixtes sont envisageables, même si on ne les trouve pas encore. Pour peu que le marché repère un besoin, vous pourriez voir apparaître une carte réseau combinant connecteur Ethernet RJ-45 et antenne sans fil ou encore une carte sans fil intégrée à un modem 56 K/s.

Le surcoût d'une carte duale peut se justifier si vous savez que vous utiliserez les deux services réseau gérés par la carte. Blue802 est particulièrement séduisant, car une carte mixte donne de meilleures performances avec moins d'interférences que deux matériels séparés. Mais, comme c'est le cas de la plupart des autres équipements électroniques, ces cartes verront leur prix diminuer avec le temps ; nul besoin donc d'en acheter une tout de suite, sauf si vous avez une bonne raison pour le faire maintenant.

Points d'accès

La plupart des cartes sans fil ne font qu'une chose : elles échangent des données entre l'ordinateur et le réseau. Les points d'accès, en comparaison, offrent toutes sortes de fonctionnalités. Ils peuvent exister sous la forme de points d'accès simples, ou au contraire être intégrés à des concentrateurs, commutateurs ou routeurs assurant des connexions filaires vers des ordinateurs ou autres appareils situés à proximité. Il existe une famille de points d'accès sans fil pour réseaux domestiques appelée *passerelles résidentes*.

L'aspect physique du point d'accès est moins important que pour une carte réseau, car un point d'accès n'est pas obligé de s'insérer dans un connecteur de carte ni dans une baie d'extension. Certains points d'accès se présentent sous la forme d'une boîte rectangulaire simple, alors que d'autres ont une allure plus tarabiscotée. L'apparence de l'emballage importe moins que les fonctionnalités internes, surtout si le point d'accès est caché dans une armoire ou dans un faux plafond. Quelle que soit sa forme, un point d'accès offre généralement des plaques de montage, des supports ou tout autre dispositif permettant de l'attacher à un mur ou à une étagère.

Il y a quelques autres caractéristiques générales susceptibles de vous guider dans le choix d'un point d'accès. Si votre étude de site révèle que vous aurez besoin d'antennes à gain élevé, ou si vous voulez placer une antenne en plein air ou dans quelque autre endroit isolé, prenez plutôt un point d'accès avec un connecteur pour antenne externe au lieu d'une antenne montée de façon permanente. Dans un réseau à fort trafic où vous prévoyez d'utiliser plus d'un canal radio en même temps, un point d'accès contenant deux modules radio peut remplacer deux points d'accès séparés. Et si l'emplacement optimal de votre point d'accès n'est pas à côté d'une prise de courant, choisissez un modèle offrant une fonction facultative Power over Ethernet ou Active Ethernet.

La meilleure façon de choisir le type de point d'accès pour votre réseau est de voir quelles sont les connexions dont vous aurez besoin. Est-ce que vous ajoutez de l'accès sans fil à un réseau filaire existant ? Ou est-ce que vous voulez fournir de nouvelles liaisons filaires en plus du service sans fil ? Et-ce que vous allez utiliser le réseau sans fil pour partager des accès Internet ? Les réponses à toutes ces questions vous aideront à choisir le point d'accès idoine pour votre réseau.

Réseaux locaux sans fil purs

Quand tous les nœuds d'un réseau local échangent des données par radio, le point d'accès fait office de concentrateur fournissant le point de contrôle central du réseau (figure 2-6). À strictement parler, le « point d'accès » dans ce genre de réseau ne fournit accès à rien sinon aux autres nœuds sans fil. Ce type de fonctionnement sans fil est l'une des fonctionnalités basiques de tous les points d'accès ; si vous avez un tel réseau, choisissez le modèle de point d'accès le plus simple et le moins onéreux qui soit capable de fournir un signal correct à votre zone de couverture.

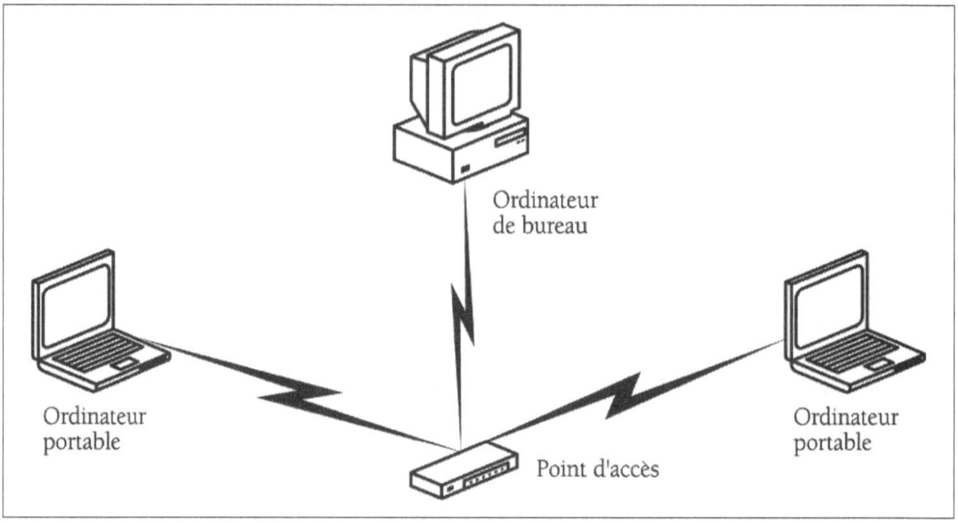

Figure 2-6 Réseau sans fil élémentaire sans aucune connexion externe

Bien que ce genre de réseau sans fil élémentaire soit possible, il n'y a guère d'utilité à employer un point d'accès dans un réseau local entièrement sans fil. Vous pouvez arriver au même résultat avec un réseau ad hoc qui crée des liaisons point-à-point directes, sans être obligé de passer par un concentrateur central. L'unique justification d'un réseau à infrastructure entièrement sans fil (avec point d'accès) serait une possible extension ultérieure du réseau pour y ajouter une connexion Ethernet filaire vers un serveur de fichiers, vers une connexion Internet partagée ou vers des ordinateurs et stations de travail supplémentaires, ou dans le cas où des machines situées aux bords extrêmes du réseau ad hoc n'arriveraient pas à communiquer directement.

Accès sans fil à un réseau filaire

Tout point d'accès peut servir de station de base, ajoutant des liaisons sans fil à un réseau local filaire (figure 2-7). Pour le reste du réseau, le point d'accès ressemble à un concentrateur ou commutateur auxiliaire reliant des nœuds filaires au réseau.

Dans ce genre de réseau local hybride, chaque nœud peut communiquer avec tous les autres nœuds, quelle que soit la façon dont il est connecté. Peu importe que tel ou tel poste soit connecté au réseau local via un câble ou une liaison radio ; le tout forme un seul et même réseau.

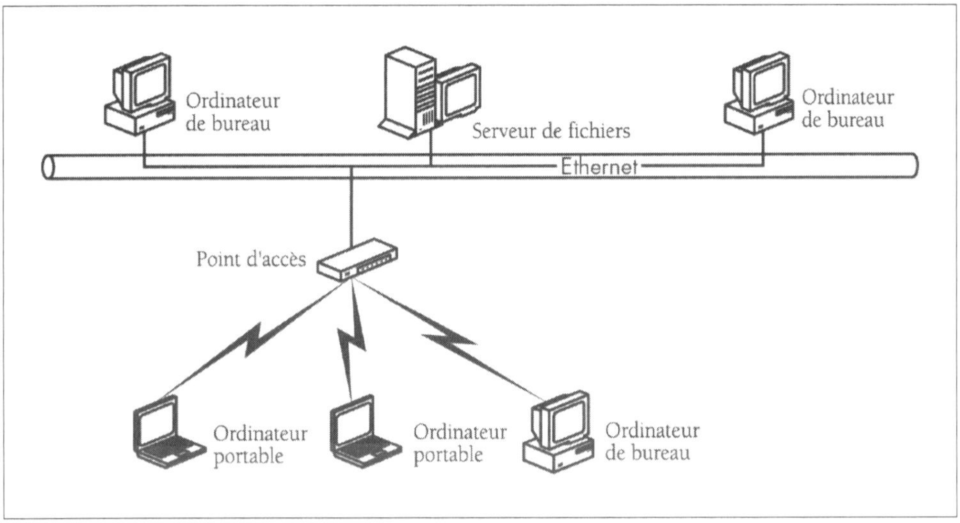

Figure 2-7 Point d'accès sans fil connecté à un réseau filaire Ethernet

Un point d'accès qui fait office de pont entre les portions filaires et sans fil du réseau dispose généralement d'un port Ethernet RJ-45 à 10 ou 100 Mb/s permettant de brancher un câble pour la connexion au réseau filaire. Il y a souvent, en plus, un port série qui sert à brancher un terminal distant permettant à l'administrateur d'exécuter des commandes de configuration et d'afficher des informations d'état.

Point d'accès combiné à un concentrateur filaire

Dans un nouveau réseau local comprenant connexions filaires et liaisons sans fil, la solution optimale serait peut-être de choisir un appareil qui combine les fonctionnalités d'un point d'accès sans fil et celles d'un concentrateur ou commutateur filaire (figure 2-8). On parle ici parfois de routeur large bande.

Un routeur large bande dispose habituellement de trois types de connexions réseau :

- Liaisons radio vers des ordinateurs équipés de cartes Ethernet sans fil.
- Un ou plusieurs ports Ethernet pour des liaisons filaires vers des ordinateurs équipés de cartes réseau classiques.
- Port pour réseau étendu à large bande, permettant de connecter le routeur à la dorsale réseau ou d'empiler le routeur avec d'autres concentrateurs ou commutateurs.

Certains routeurs incluent même un serveur d'impression, capable de passer directement des documents à une imprimante réseau.

Les gros avantages d'un point d'accès et d'un concentrateur combinés sont la commodité et l'économie dans une installation domestique ou dans une petite entreprise où il est facile de tirer des câbles vers certaines machines du réseau. Une unité mixte peut aussi représenter la solution la plus rapide pour étendre un réseau existant vers des nœuds filaires et sans fil situés dans un emplacement distant.

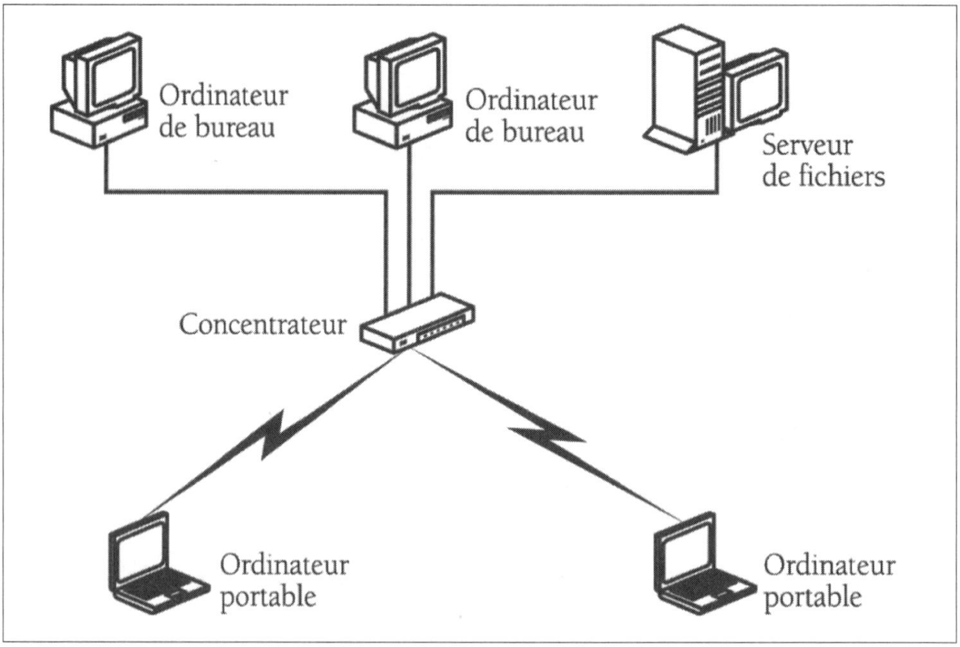

Figure 2-8 Un point d'accès sans fil combiné à un commutateur large bande contrôle les segments sans fil et filaire d'un réseau hybride

Passerelle large bande

Une *passerelle large bande* est un point d'accès contenant un port pour une connexion directe vers un modem DSL ou un modem câble qui fournit des accès à Internet haut débit (figure 2-9). Certaines passerelles incluent même plusieurs ports Ethernet RJ-45 permettant des connexions filaires vers des ordinateurs locaux.

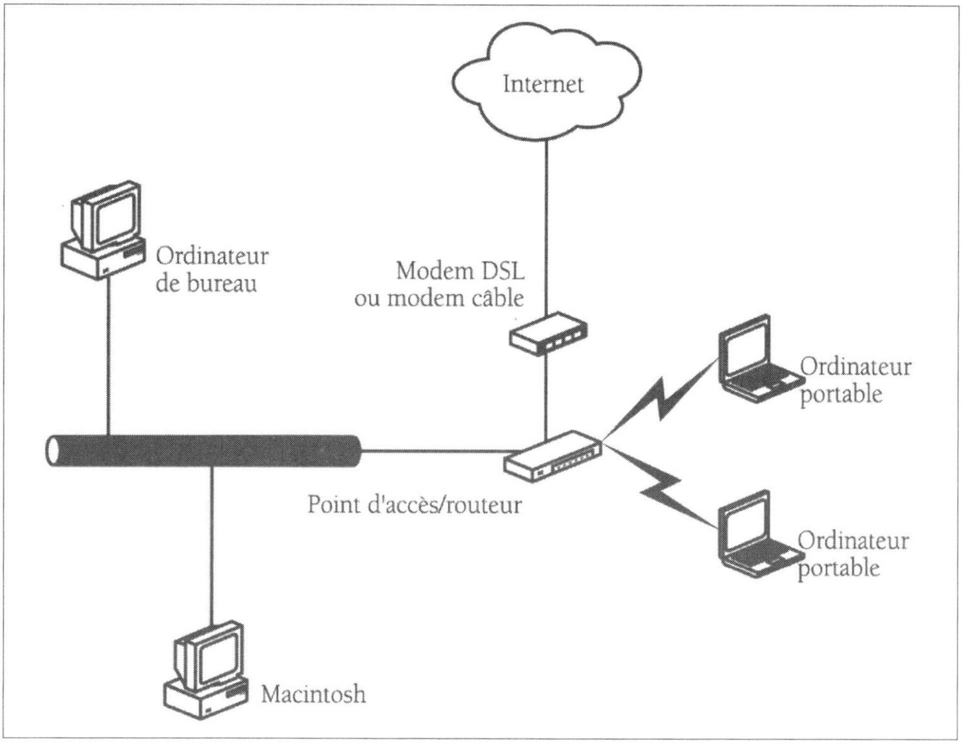

Figure 2-9 Un point d'accès combiné à une passerelle large bande dessert un réseau sans fil avec partage d'une connexion à Internet haut débit

Cette solution est très pratique dans une installation domestique ou dans une petite entreprise où le câblage du service Internet large bande court à travers le bureau, au lieu de s'arrêter au niveau d'une entrée de service ou d'une armoire téléphonique ; en effet, il faut placer le point d'accès à un emplacement optimal pour assurer la couverture du réseau sans fil.

Points d'accès multiples

Un point d'accès unique peut suffire pour un réseau local sans fil qui est situé dans un espace ouvert relativement réduit et dont le trafic n'est pas trop intense. En revanche, quand le réseau doit couvrir une vaste zone (plus de 35 mètres de diamètre environ), ou quand il se trouve dans un espace comprenant des obstacles (murs, mobilier ou autres), ou quand il y a des interférences avec d'autres radios, alors il faudra sans doute ajouter des points d'accès supplémentaires.

La plupart des réseaux domestiques, ainsi que nombre de réseaux de petite entreprise, n'ont besoin que d'un seul point d'accès. Le choix d'un point d'accès qui gère l'*itinérance* ne concerne donc que les administrateurs des réseaux grands et complexes.

La norme 802.11b inclut une fonctionnalité d'itinérance, laquelle déplace automatiquement une liaison réseau d'un point d'accès à un autre dès que la qualité de signal offerte par le nouveau point d'accès surpasse celle de la connexion initiale. Une fois un client réseau associé à un point d'accès, il surveille tous les autres canaux radio pour voir si un autre point d'accès opérant sur un canal différent offre un signal plus fort ou plus propre que le point d'accès couramment employé. Quand le client trouve un canal susceptible d'offrir une liaison plus rapide que la liaison actuelle, il abandonne l'association courante et s'associe *illico* à la source de signal optimale.

Par conséquent, il faut affecter des numéros de canal différents aux points d'accès dont les zones de couverture se recoupent. Pour minimiser les interférences entre deux points d'accès contigus, il faudrait que les numéros de canal qui leur sont affectés soient distants d'au moins cinq canaux.

Le plus souvent, un client réseau ne change d'association que quand il change d'emplacement en cours de liaison radio ou quand le trafic sur le canal courant augmente. En d'autres termes, il peut y avoir substitution de point d'accès quand l'utilisateur transporte un portable ou un PDA d'une endroit à un autre, ou bien quand le réseau se voit dans l'obligation d'équilibrer la charge entre tous les points d'accès disponibles.

Comme le montre la figure 2-10, tous les points d'accès doivent être reliés par un réseau local filaire susceptible de contenir en outre des ordinateurs et des serveurs n'exigeant pas de connexions sans fil.

Le plus souvent, il faut positionner les points d'accès de façon que les zones de couverture de deux points contigus se recoupent d'environ 30 %. Cependant, quand votre réseau sans fil doit desservir un grand nombre d'utilisateurs simultanés, la meilleure façon d'équilibrer la charge pourrait être d'installer deux ou plusieurs points d'accès au même endroit, chaque point étant affecté d'un canal radio différent ne produisant pas d'interférences.

L'itinérance étant gérée par la norme 802.11b, il doit être possible d'employer plusieurs marques de point d'accès sur le même réseau. Théoriquement, ils devraient pouvoir coopérer. Toutefois, comme chaque point d'accès inclut un utilitaire de configuration spécifique et que chacun risque d'avoir sa propre philosophie, un réseau n'ayant qu'une seule marque de point d'accès sera presque toujours plus facile à configurer et à utiliser qu'un réseau hétérogène. La création d'un réseau sans fil étant déjà suffisamment compliquée, mieux vaut éliminer les sources potentielles de complication supplémentaire.

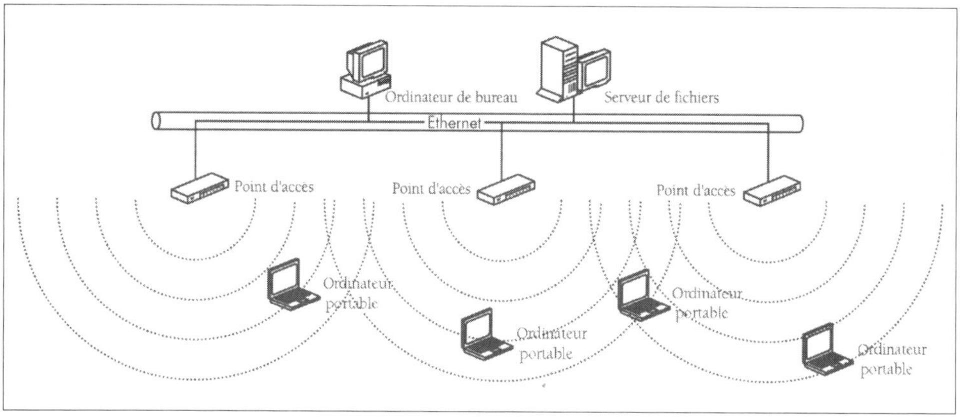

Figure 2-10 La présence de plusieurs points d'accès sur un réseau local filaire permet aux utilisateurs sans fil de se balader sur une zone de couverture plus vaste que celle que desservirait un point d'accès unique

Antennes externes

Si vous arrivez à créer une liaison fiable de données haut débit vers n'importe quel endroit de la zone de couverture de votre réseau à l'aide des antennes intégrées à vos cartes réseau et des antennes captives attachées à vos points d'accès, rien ne justifie que vous gaspilliez temps, argent et énergie pour des antennes externes. Si vous avez atteint la vitesse maximale possible, aucune antenne au monde ne fera circuler les données plus rapidement.

Mais quand les conditions de réception sont rien moins qu'optimales et que vous voulez pousser un signal radio aussi loin que faire se peut, une antenne séparée peut éviter les interférences, accroître le débit des données, étendre la zone de couverture du réseau et créer des liaisons fiables aux endroits où des antennes internes basiques ne donneraient qu'un signal ténu.

De prime abord, il semblerait que la façon la plus simple d'améliorer la qualité d'un signal radio consisterait à gonfler la puissance de l'émetteur. Au lieu des misérables 30 milliwatts produits par la plupart des cartes sans fil, pourquoi ne pas monter à 10 ou 20 watts ou plus ? Est-ce que cela ne donnerait pas un signal plus intense ?

Certes oui, mais nulle part dans le monde, les administrations compétentes ne vous autorisent à faire cela. Des radios plus puissantes produiraient des signaux plus forts qui créeraient une foule d'interférences sur de larges zones, réduisant ainsi le nombre d'usagers susceptibles de se partager la même portion du spectre radio. En comparaison, la station de TV qui utilise le canal 4 à New York émet avec 100 000 de puissance de sortie ; mais la station la plus proche qui emploie le même canal se trouve à Boston, à plus de 300 kilomètres de là. Les radios d'un réseau local sans fil utilisent moins de 1 watt, de sorte que le signal devient inaudible à quelques centaines de mètres.

Puisque vous ne pouvez pas augmenter la puissance des émetteurs radio, la meilleure méthode pour améliorer la qualité du signal consiste à optimiser les performances des antennes.

Il existe deux types d'antenne radio : les antennes omnidirectionnelles, qui émettent et reçoivent avec la même force dans toutes les directions, et les antennes directionnelles, qui concentrent leur énergie et leur sensibilité dans une direction spécifique. Dans un réseau local sans fil, un point d'accès à antenne omnidirectionnelle est très utile quand vous voulez couvrir une vaste zone. Une carte réseau à antenne omnidirectionnelle peut communiquer avec la même qualité avec tous les points d'accès voisins. Si la zone de couverture que vous voulez atteindre avec votre réseau local sans fil dépasse la distance de couverture permise par les antennes internes omnidirectionnelles, vous pouvez espérer augmenter la zone de couverture d'environ 15 % avec une antenne externe.

En d'autres termes, si la qualité de signal de votre liaison commence à se dégrader à une distance d'environ 35 mètres entre un nœud réseau et le point d'accès le plus proche, vous pouvez étendre la portée utile de signal à environ 40 mètres en prenant une antenne externe omnidirectionnelle sur le point d'accès ou sur la carte réseau. Si vous employez des antennes externes des deux côtés, vous pouvez espérer atteindre environ 45 mètres. Bien évidemment, cet exemple n'est qu'un cas d'école. La portée réelle du signal pour une paire d'antennes internes peut être très différente, selon la présence d'obstacles entre les deux équipements et d'interférences avec d'autres signaux radio ; mais les 15 % d'amélioration pour chaque antenne restent à peu près vrais.

La forme de la zone de couverture d'une antenne directionnelle et la valeur du gain (puissance de signal de l'émetteur et sensibilité du récepteur) dépendent du dessin exact de chaque antenne. Certaines antennes directionnelles fournissent une faible valeur de gain sur un modèle large (comme une lumière de projecteur), alors que d'autres concentrent trois ou quatre fois plus de gain sur une zone bien plus étroite (comme une lumière de projecteur à faisceau concentré).

Une antenne directionnelle peut énormément améliorer la qualité de signal sur une zone de couverture très concentrée, et elle peut aussi diminuer les interférences provenant de zones « nulles » situées à l'extérieur de ce modèle de couverture. Elle peut donc servir à plusieurs emplois dans un réseau local sans fil :

- Permettre à un usager situé hors de la zone de couverture « normale » de se connecter au réseau.
- Accroître la zone de couverture effective d'un point d'accès en limitant la couverture à une seule direction.
- Diminuer ou supprimer les effets d'interférences hors axe provenant d'autres signaux radio.
- Diminuer les interférences qu'un réseau local sans fil crée pour d'autres radios.
- Créer des liaisons point-à-point fixes longue distance entre des immeubles.

Caractéristiques des antennes

Il existe toutes sortes de formes et de tailles pour les antennes externes. Pour choisir une antenne, tenez compte de plusieurs éléments dont le modèle de couverture, le gain, la forme et la résistance aux intempéries.

Modèle de couverture

La feuille de spécifications d'une antenne inclut un graphique qui montre la forme du modèle de couverture de l'antenne. En général, le modèle est soit *omnidirectionnel* (antenne émettant ou recevant à qualité égale dans toutes les directions), soit *directionnel* (émission ou réception plus forte dans une direction), ou *en huit* (couverture élevée sur le devant et l'arrière de l'antenne, couverture faible sur les côtés).

Dans les spécifications des antennes directionnelles figure généralement l'angle d'ouverture, appelé aussi largeur de rayonnement ou zone de capture, exprimé en degrés. L'angle d'ouverture est le secteur circulaire qui contient la couverture ou sensibilité maximale de l'antenne. Par exemple, si une antenne a un angle d'ouverture de 45 degrés, alors la couverture ou sensibilité maximale est un secteur circulaire de 45 degrés situé à l'avant de l'antenne.

Comme les antennes directionnelles rayonnent dans toutes les directions, la plupart des fabricants indiquent la largeur de rayonnement dans plusieurs plans. Cette information peut avoir son importance quand vous envisagez de placer une antenne de point d'accès sur un mur, un toit ou une tour, et quand vous voulez communiquer avec des nœuds réseau placés sur le sol.

Gain

Le gain d'une antenne est le taux de la puissance émettrice ou de la sensibilité réceptrice, comparée à celle d'une antenne dipolaire standard (un dipôle est une antenne à demi-longueur d'onde, droite et alimentée au milieu, telle l'antenne à double fil en forme de T qui est fournie avec nombre de radios FM et de tuners). Le gain s'exprime généralement en dBi (*decibels over isotropic*). Plus la valeur dBi est élevée, plus l'antenne a de gain.

Il y a souvent un compromis entre la largeur de rayonnement et le gain d'une antenne. La raison en est qu'une antenne ayant un angle d'ouverture étroit concentre la même puissance (ou sensibilité) sur une zone plus petite.

Aspect physique

L'antenne dipolaire d'une radio 2,4 GHz ne fait que 2,5 cm de long environ, mais les réflecteurs et autres éléments qui ajoutent gain et caractéristiques directionnelles peuvent être beaucoup plus longs. Maintes antennes sont livrées dans une enveloppe protectrice qui n'affecte pas les performances, mais qui évite à la saleté et à l'humidité de se déposer et qui en facilite le montage sur une hampe ou sur un mur.

Les antennes omnidirectionnelles sont presque toujours des tiges verticales, qui ne font pas plus de quelques centimètres de diamètre. Certaines omnidirectionnelles à gain élevé peuvent faire 60 ou 90 cm de longueur. Pour une utilisation intérieure, surtout dans les pièces à faux plafonds, des antennes omnidirectionnelles spéciales pour montage dans les plafonds peuvent représenter un choix excellent pour un réseau sans fil.

Les antennes directionnelles peuvent avoir toutes sortes de formes. On trouve, par exemple, des antennes paraboliques qui contiennent un réflecteur derrière la partie active de l'antenne. On trouve aussi des antennes qui ressemblent, en plus court, aux antennes de télévision placées sur les toits. On trouve également des antennes contenant plusieurs éléments rayonnants ; elles sont généralement placées dans un emballage plat qui ressemble à un détecteur de fumée ou montées sur un pivot qui facilite le positionnement précis de l'antenne.

Résistance aux intempéries

Les antennes extérieures doivent généralement être protégées contre la pluie, la neige et les rayonnements ultraviolets susceptibles d'abîmer les matériaux constituant l'antenne. Nombre de fabricants proposent donc des antennes dont les éléments sont scellés dans des enveloppes qui résistent aux intempéries.

Une gaine de protection contre les intempéries n'est guère utile pour une utilisation intérieure, où il faut que l'antenne soit la moins gênante possible. Certaines antennes sont utilisables à l'intérieur comme à l'extérieur ; mais le seul élément qu'elles apportent à une installation intérieure, c'est d'accroître le coût.

Choix d'une antenne

Il faut retenir que rien ne justifie d'installer une antenne ayant plus de gain que ce que vous pouvez réellement utiliser. Si vous pouvez créer une liaison propre avec une antenne à faible gain, votre réseau ne fonctionnera ni mieux ni plus vite simplement parce que le point d'accès émet et reçoit des signaux plus forts vers et depuis l'antenne. En fait, une meilleure antenne n'améliore pas forcément la qualité du signal, car elle récupère plus de bruit et d'interférences des autres réseaux et des autres appareils 2,4 GHz.

Privilégiez *a priori* les antennes omnidirectionnelles standard, sauf bonne raison contraire. Si vous avez vraiment besoin d'une antenne directionnelle, prenez-en une qui couvre de manière aussi efficace que possible la zone à atteindre. Si vous n'avez pas besoin de couvrir une zone immense, ne gaspillez pas votre argent pour une antenne à gain élevé ; le gain minimal nécessaire pour atteindre tous les nœuds de votre réseau donnera des résultats aussi bons, voire meilleurs, qu'une antenne plus grosse et plus chère qui envoie un signal à des endroits où il n'y aura jamais d'utilisateurs (saut éventuellement des intrus).

C'est toujours une bonne chose que d'acheter vos antennes chez le fournisseur qui vous procure les radios que vous utiliserez avec elles ; autrement, quand quelque chose ne fonctionnera pas, les différents revendeurs essaieront de se rejeter la faute. En revanche, si votre réseau exige une antenne très spéciale que ne fait pas votre fournisseur de radios, n'hésitez pas à vous adresser à un revendeur spécialisé.

Fabrication de votre propre antenne

Certains concepteurs et expérimentateurs de réseau sans fil ont concocté des antennes maison, pour le fonctionnement à 2,4 GHz, faites à partir de matériaux bon marché du genre emballage de chips Pringles. Nous verrons ce genre d'antennes au chapitre 10.

À moins que vous n'ayez déjà un atelier plein d'outils et de matériels de test et que vous soyez friand de chips ou autres cacahuètes, une antenne maison risque de ne rien apporter de plus qu'une antenne du commerce ayant des caractéristiques de performance bien définies. Lorsque vous aurez calculé le coût des matériaux et le temps nécessaire pour assembler et tester une antenne maison (vous serez obligé d'aller chez un quincaillier ou une grande surface de bricolage, où il vous faudra au bas mot quarante-cinq minutes pour chercher des supports de montage idoines), vous verrez que le coût d'une antenne du commerce n'est pas si élevé que cela. Par exemple, vous pouvez acheter chez HyperGain (`http://www.hyperlinktech.com/web/antennas`) pour environ 50 dollars une antenne directionnelle ayant un gain plus élevé que la version Pringles standard.

Emplacement d'une antenne directionnelle

Vous pouvez mettre les antennes directionnelles sur un point d'accès, sur une carte réseau ou sur les deux.

Antenne sur le point d'accès

Une antenne directionnelle placée sur un point d'accès fournit un signal plus fort à tous les nœuds réseau situés dans la zone de couverture du point d'accès. Il est donc possible d'atteindre des usagers qui sont loin du point d'accès et d'améliorer la qualité de signal pour les usagers qui sont près, au détriment des usagers qui ne se trouvent pas à l'intérieur du modèle de couverture de l'antenne.

Dans un réseau exigeant plusieurs points d'accès pour fournir une couverture complète, un point d'accès à antenne directionnelle situé à un bout de la zone de couverture prévue peut se révéler plus efficace qu'une antenne omnidirectionnelle. Comme le montre la figure 2-11, l'antenne directionnelle peut concentrer tous les signaux aux endroits où elle est utilisée, au lieu de se disperser dans toutes les directions. Dans cet exemple, l'angle de couverture de l'antenne directionnelle fait environ 90 degrés, de sorte qu'elle atteint l'intérieur du bâtiment sans toutefois gaspiller trop de puissance pour des signaux allant vers des zones où l'on n'en a pas besoin.

Une antenne directionnelle peut aussi servir à étendre la couverture dans une direction et à diriger des signaux vers des endroits morts et autres emplacements où des points d'accès à antennes omnidirectionnelles ne fournissent pas de signaux adéquats.

Antenne sur la carte réseau

La deuxième possibilité consiste à placer une antenne directionnelle à gain élevé sur une carte sans fil et à pointer l'antenne vers un point d'accès équipé d'une antenne omnidirectionnelle. Cela pourrait être la meilleure façon d'ajouter un nœud à un réseau via un point d'accès desservant d'autres clients réseau plus proches. Pour éviter le surcoût et l'embarras induits par l'installation d'un autre point d'accès ou le tirage d'un câble Ethernet vers un usager isolé, essayez d'employer une antenne directionnelle sur la carte réseau de cet utilisateur.

Antenne sur le point d'accès et sur la carte réseau

Une liaison réseau qui utilise des antennes directionnelles à gain élevé aux deux bouts peut couvrir une vaste zone. Une liaison entre le sommet d'un immeuble et le sommet d'une colline peut couvrir plusieurs kilomètres, pour peu qu'il n'y ait pas d'arbres ou de bâtiments qui fassent obstacle. Régler l'orientation des deux antennes l'une par rapport à l'autre pour maximiser la qualité du signal risque d'être très délicat pour des liaisons longue distance ; il suffit de tourner une antenne (ou les deux) de quelques petits degrés pour passer d'un signal intense à plus de signal du tout. Les angles de couverture des antennes paraboliques sont parfois très étroits.

Quand vous éloignez les deux bouts d'une liaison radio, vous vous trouvez devant deux problèmes supplémentaires. La courbure de la terre et un phénomène électromagnétique dit zone de Fresnel peuvent perturber les communications, sauf si les antennes sont suffisamment hautes.

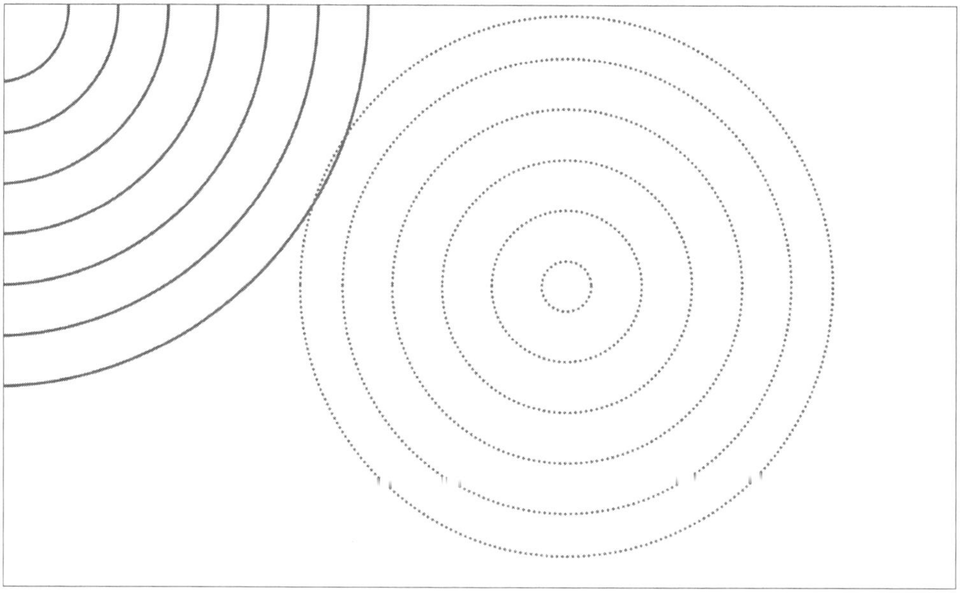

Figure 2.11 Une combinaison d'antennes directionnelles et d'antennes omnidirectionnelles peut être la meilleure solution pour couvrir une zone vaste ou biscornue

À 2,4 GHz, la hauteur moyenne des deux antennes doit être d'au moins 4 mètres au-dessus du sol (ou de l'obstacle) pour une liaison de 1,5 kilomètre. À 8 kilomètres, la hauteur minimale passe à 12 mètres ; à 15 kilomètres, elle passe à 20 mètres.

Tout, tout, tout, vous saurez tout sur les antennes

La création d'une liaison à longue portée résulte généralement d'un problème spécifique, par exemple pour fournir des accès à un endroit où il n'existe pas d'autres services réseau ou pour ajouter à un réseau de campus ou d'entreprise des utilisateurs situés dans un bâtiment éloigné. L'ajout d'une antenne directionnelle qui comble un endroit mort dans un réseau intérieur, ou l'ajout d'une antenne à panneaux montée sur un toit ou sur un mur extérieur pour couvrir un parking, ne fait pas un réseau beaucoup plus compliqué qu'un réseau utilisant des points d'accès à antennes omnidirectionnelles. Mais quand vous commencez à envisager des antennes à modèle complexe et à gain très élevé, vous passez dans un contexte qui va bien au-delà de ce qui est traité dans un livre consacré aux réseaux locaux sans fil : vous avez besoin d'expertise.

Avant de pouvoir installer une grosse antenne puissante, vous (ou le spécialiste qui travaille pour vous) devez vous soucier de questions comme la résistance au vent (vous n'avez pas envie que l'antenne soit jetée bas par une tempête) et les réglementations locales (des tas de gens trouvent les antennes vilaines ou dangereuses). Il y a donc des règles pour l'emplacement et les modalités de montage des antennes. Sans compter qu'il faudra sans doute utiliser un matériel de test onéreux appelé *analyseur de spectre* pour orienter les deux antennes l'une vers l'autre.

Si vous n'êtes pas spécialiste en la matière, vous devrez trouver un expert ou bien tâtonner pendant pas mal de temps. Si cela vous paraît amusant, allez-y et bon courage. Vous trouverez plus de détails sur les liaisons point-à-point longue portée au chapitre 10.

Il est temps d'acheter

Ce chapitre a décrit les différents types de cartes sans fil, de points d'accès et d'antennes dont vous avez besoin pour construire un réseau local sans fil ou pour ajouter des accès sans fil à un réseau filaire existant. Vous avez vu ensuite comment choisir les divers matériels. Vous voici paré pour installer des équipements sans fil.

Au chapitre suivant, vous découvrirez des procédures détaillées pour l'installation des différents types de cartes et de points d'accès, ainsi que pour l'exécution des utilitaires de configuration qui permettent de faire interopérer tous ces composants sur un réseau.

CHAPITRE 3

Installation et configuration des points d'accès

Quand vous décidez d'utiliser un réseau sans fil, vous avez au moins deux possibilités : déballer tout le matériel, fixer les radios aux ordinateurs puis essayer de faire fonctionner le tout ; ou bien, planifier le « schmilblick » en réfléchissant à l'emplacement optimal de chaque composant avant de commencer à faire joujou avec le matériel. Ce chapitre s'adresse aux personnes consciencieuses et méthodiques, celles qui réfléchissent avant d'agir. Il s'adresse aussi à celles qui ont essayé de monter des réseaux sans aucune planification et qui, maintenant, veulent apprendre à faire les choses correctement.

Un point d'accès, dans un réseau sans fil, est l'émetteur-récepteur central qui échange des données avec les ordinateurs individuels et autres clients réseau. Tout réseau 802.11b fonctionnant en mode infrastructure doit avoir au moins un point d'accès. Plusieurs points d'accès permettent d'accroître la taille de la zone desservie par le réseau et de gérer un plus grand nombre de clients réseau, de sorte que le nombre et les emplacements des points d'accès de votre réseau conditionnent sa couverture et sa capacité.

La première chose à faire quand vous planifiez votre réseau sans fil (ou n'importe quel réseau local, d'ailleurs), c'est de consacrer un certain temps à réfléchir à la façon exacte dont vous comptez utiliser le réseau. Tous les ordinateurs de votre réseau seront-ils à des emplacements figés, avec accès facile au câblage ? Envisagez-vous de faire du sans-fil parce que c'est la meilleure façon d'ajouter à votre réseau des machines et des utilisateurs, ou bien parce que c'est à la mode ?

Par exemple, je vis dans une maison de plain-pied dont le sous-sol n'est pas terminé. Je pourrais utiliser le sans-fil pour étendre mon réseau domestique depuis la véranda jusqu'à la cuisine (c'est d'ailleurs ce que j'ai fait pour tester des matériels dont je parle dans cet ouvrage) ; mais il est presque aussi facile, et beaucoup moins onéreux, d'acheter des cartes Ethernet bon marché et de tirer du câble de catégorie 5 dans le sous-sol. En revanche, si je veux utiliser mon portable dans la véranda ou dans le jardinet à l'arrière de la maison ainsi que dans la cuisine, ou si j'habitais une maison à étage ou un appartement sans pouvoir accéder au sous-sol ou au grenier, alors il serait judicieux d'installer un point d'accès dans la véranda et une carte sans fil dans le portable pour que je puisse transporter le portable d'un endroit à un autre.

Vous pouvez appliquer le même type d'analyse à un réseau d'entreprise. Si tous les ordinateurs de l'entreprise ne bougent jamais et qu'il est facile de tirer des câbles, un réseau filaire est généralement le bon choix. Mais si les commerciaux ont des portables qu'ils emmènent chez les clients, ou si les techniciens veulent utiliser leurs portables lors de réunions ou pendant leur déjeuner, ou s'il existe quelque autre bonne raison pour étendre le réseau au-delà de la portée des câbles, alors il est sans doute temps d'ajouter des accès sans fil.

Nombre de points d'accès

Un réseau sans fil simple contient un point d'accès unique, plus une poignée de nœuds. Si vous essayez de couvrir une vaste zone ou une zone contenant des murs (ou d'autres obstacles pour les signaux), vous serez probablement obligé d'ajouter au moins un point d'accès supplémentaire.

Déterminer les emplacements précis des points d'accès dans un réseau complexe est souvent plus difficile que de déterminer l'emplacement optimal d'un point d'accès unique. Si votre réseau couvre un vaste espace ouvert, vous pouvez disposer les points d'accès à intervalles réguliers ; mais optimiser la couverture d'un espace biscornu risque d'être plus délicat.

Le placement des points d'accès n'est pas une science exacte. Le mieux est peut-être de placer un premier point d'accès à un bout des locaux, puis de vérifier qu'il offre une couverture convenable jusqu'à 20 ou 30 mètres (ou jusqu'au premier mur qui fait un coude) en vous baladant avec un ordinateur qui exécute votre programme d'étude de site. Quand le signal commence à se dégrader, reculez jusqu'à ce que vous retrouviez un signal correct et essayez de placer le second point d'accès à environ la même distance dans la direction opposée. Si le second point d'accès ne fournit pas une couverture suffisante pour le reste de votre espace, vous devrez peut-être ajouter d'autres points d'accès. L'idéal serait que les couvertures de deux points d'accès consécutifs se recoupent d'environ 30 %.

Le positionnement de trois points d'accès ou plus risque de devenir un casse-tête, étant donné que les emplacements peuvent différer par rapport à une ou deux unités. Retenez que, si vous ajoutez d'autres points d'accès, c'est pour couvrir le plus d'espace possible. Si vous avez deux points d'accès dans un espace ouvert, vous les placerez probablement à mi-chemin entre les murs latéraux, chacun d'eux à environ un tiers de la distance par rapport au mur avant ou au mur arrière. Si vous ajoutez une unité supplémentaire, vous voudrez peut-être placer le troisième point d'accès au milieu et rapprocher les deux autres des murs, ou alors disposer l'ensemble de façon à obtenir un certain triangle.

Si vous avez besoin de plus de deux points d'accès dans un espace complexe, voyez si vous ne devriez pas employer une combinaison d'antennes omnidirectionnelles et d'antennes directionnelles au lieu de vous contenter des antennes omnidirectionnelles intégrées à certains points d'accès. Une antenne montée sur un mur et rayonnant vers l'intérieur peut être la bonne solution pour couvrir un point mort ou pour étendre le réseau vers cette extrémité des locaux. Faites cependant très attention au modèle de couverture de l'antenne, car il peut s'agir d'un cône étroit au lieu d'un large secteur (pensez à la différence entre projecteur à faisceau non concentré et projecteur à faisceau concentré).

Pouvez-vous éviter de grimper au plafond pour déplacer les points d'accès au petit bonheur la chance en cherchant des emplacements optimaux ? Le meilleur conseil que je puisse vous donner, c'est de travailler avec un plan d'étage. Tracez des cercles qui couvrent 50 ou 60 mètres (au facteur d'échelle près) et d'autres qui reflètent les modèles des antennes directionnelles, puis déplacez-les sur le plan d'étage jusqu'à ce que vous trouviez une combinaison d'emplacements qui donne une couverture maximale. C'est approximatif, mais cela devrait vous donner un point de départ pour l'étude de site proprement dite.

Le nombre d'utilisateurs du réseau peut aussi conditionner le nombre de points d'accès. Comme limite pratique, s'il y a plus d'une demi-douzaine d'ordinateurs qui essaient de se connecter au même point d'accès en même temps, le débit des données émises par chaque nœud sans fil commence à se dégrader ; mais rappelez-vous que les utilisateurs ne vont pas tous essayer de transférer des données en permanence. « Une demi-douzaine à la fois », cela peut correspondre à 20 ou 30 utilisateurs sur l'ensemble de la journée.

Si le nombre d'utilisateurs du réseau augmente avec le temps, vous constaterez peut-être que les performances se dégradent parce que vos points d'accès fonctionnent à la limite de leur capacité. En pareil cas, il est temps de penser à ajouter des points d'accès au réseau. Vous pouvez placer les nouveaux point d'accès à mi-chemin entre les points d'accès existants ou juste à côté de ceux-ci. Chaque fois que possible, réglez les nouveaux points d'accès sur des numéros de canal différents qui n'interféreront pas avec les points d'accès en place et reconfigurez la moitié des nœuds du réseau pour qu'ils utilisent ce canal.

En mode infrastructure, le réseau suit un modèle centralisé dans lequel chaque nœud communique avec le réseau *via* un point d'accès. Il n'est donc pas nécessaire que tous les nœuds du réseau sans fil utilisent le même numéro de canal. Si vous pouvez distribuer vos nœuds sur deux ou trois canaux n'interférant pas entre eux, alors vous diminuerez le nombre de liaisons sur chaque canal, ce qui améliorera les performances globales du réseau.

Étude de site

Les principes théoriques c'est bien beau, mais vous installez un réseau sans fil à un emplacement concret avec des murs bien concrets et du mobilier non moins concret (et vraisemblablement, des sources concrètes d'interférences très concrètes). Les ondes radio traversent certains matériaux mais sont réfléchies par d'autres, de sorte que les estimations générales de la portée et de la puissance de signal d'une radio dans un environnement idéal sont moins importantes que les performances concrètes que donnera cette radio là ou vous voulez l'utiliser. Ce dont vous avez besoin, c'est une étude de site qui vous indique comment vos radios fonctionneront dans vos locaux.

La première étape d'une étude de site est de définir la zone que devra couvrir le réseau. Le plus souvent, il s'agit de l'ensemble de l'entreprise, du domicile ou du campus, mais il y a d'autres possibilités. Ainsi, vous pourriez vouloir fournir de l'accès réseau uniquement dans des parties communes du genre salle de conférence, accueil, bibliothèque ou autres ; ou encore, partager entre voisins une même connexion réseau à large bande. N'oubliez pas que les signaux radio à 2,4 GHz peuvent traverser nombre de murs, de plafonds et de planchers, ce qui fait qu'ils atteindront sans doute des espaces adjacents même si vous ne les dirigez pas vers ces endroits.

Dans le cas d'un réseau domestique ou de petite entreprise, l'étude de site peut être très simple. Si l'ensemble du local ne fait que 20 mètres sur 10, vous pouvez sans doute placer le point d'accès n'importe où ou à peu près. Il suffit de relier le point d'accès à votre connexion Internet existante, de faire d'un ordinateur portable ou d'un autre appareil un client réseau, puis de transporter le poste client pendant qu'il y a une connexion réseau active. Si vous arrivez à conserver la connexion partout dans la maison ou dans l'entreprise, alors vous êtes paré pour la manœuvre.

Les espaces couverts par un réseau ne sont pas forcément continus ni contigus, même si la plupart des réseaux sont construits en ce sens. Par exemple, votre entreprise pourrait occuper les étages 3, 4 et 9 d'un immeuble. En pareil cas, vous pouvez placer des points d'accès dans vos différents bureaux, les relier par des câbles Ethernet et ignorer les étages intermédiaires. Si votre réseau local s'étale sur plus d'un immeuble, vous pouvez placer des points d'accès dans chaque immeuble puis les relier (s'il n'y a pas déjà de liaison en place) par une ligne louée, une connexion de réseau privé virtuel *via* Internet ou une liaison radio point-à-point.

Création d'un plan de site...

Une fois que vous aurez une idée approximative de l'espace à couvrir, créez un plan d'étage plus détaillé. Si votre réseau doit couvrir plus d'un étage ou s'étaler sur plusieurs immeubles, faites un plan pour chaque étage, puis un schéma vertical pour chaque immeuble, puis enfin un schéma montrant la zone de couverture totale du réseau.

Votre plan d'étage doit inclure les emplacements de tous les murs et cloisons, avec toutes les connexions réseau et toutes les prises de courant existantes. Si vous savez qu'il y a des sources potentielles d'interférences, par exemple un téléphone sans fil à 2,4 GHz, un réseau Bluetooth ou un four à micro-ondes, indiquez aussi leurs emplacements sur le plan. La figure 3-1 montre le plan d'étage d'une petite entreprise.

En général, vous pourrez vous en tirer avec un point d'accès unique si vous trouvez un endroit depuis lequel il y a une ligne de visibilité propre vers chaque emplacement susceptible d'abriter un ordinateur ou un client réseau. Quand ce n'est pas possible en raison de la présence d'obstacles, il faudra des points d'accès en plus ; mais ne partez pas du principe systématique qu'un chemin radio dégagé coïncide avec une ligne de visibilité. La seule façon de vous en assurer consiste à faire fonctionner un point d'accès, puis à faire vos tests.

Figure 3-1, vous constatez que le meilleur endroit pour avoir une ligne de visibilité vers tous les endroits du local serait sans doute le coin de l'espace en forme de L. Si tel n'est pas le cas, il faudra essayer de placer un point d'accès à chaque extrémité du local. Comme le local contient un tas de prises réseau et de prises de courant, la connexion au réseau filaire ne devrait pas poser de problème. Cela n'est pas toujours vrai. Dans bien des endroits, l'emplacement théorique d'un point d'accès pourrait se trouver dans un faux plafond ; mais, si vous n'avez pas de prise de courant là-haut, il faut trouver un autre emplacement ou alors employer un point d'accès compatible avec l'option PoE (*Power over Ethernet*)..

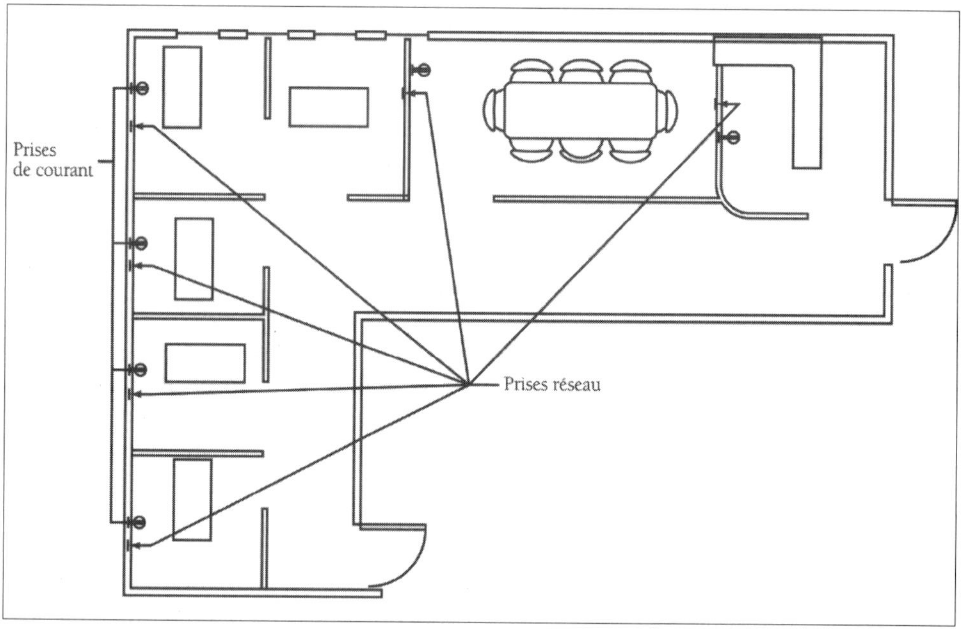

Figure 3-1 Plan d'étage d'une entreprise

C'est moins problématique quand l'emplacement privilégié du point d'accès est près d'une prise de courant mais éloigné d'un point de connexion réseau.

Vous pourrez souvent résoudre le problème grâce à un câble de données plus long, mais ne faites pas pendre un câble depuis un faux plafond vers le milieu d'une pièce ou par-dessus une cloison qui ne monte pas jusqu'au plafond ; cela ne fait pas propre et, tôt ou tard, quelqu'un va l'arracher. Votre installation aura bien meilleure allure si vous tirez le câble jusqu'à un mur puis si vous le faites passer dans le mur, ou alors si vous le tirez pile dans un coin où deux murs se rencontrent. Retenez que les données haut débit n'aiment pas les angles abrupts ; n'oubliez donc pas de prévoir une large courbure quand le câble passe de l'horizontale à la verticale.

Quand un même point d'accès doit desservir deux étages contigus, l'emplacement optimal serait aussi proche que possible du plafond et plancher commun. L'emplacement est moins critique dans la plupart des maisons, vu que le signal radio traverse le bois et le plâtre plus facilement que le béton et l'acier.

Si la couverture prévue pour votre réseau intérieur s'étend sur plus de 50 mètres à partir du point d'accès, prévoyez en principe un réseau avec plus d'un seul point d'accès. À l'extérieur, vous devriez obtenir un signal fiable depuis un point d'accès sur au moins 70 mètres pour peu qu'il y ait une ligne de visibilité dégagée.

Les antennes intégrées à la plupart des points d'accès et des cartes réseau sont omnidirectionnelles, c'est-à-dire qu'elles rayonnent équitablement dans toutes les directions. En d'autres termes, la portée utile du signal a la forme d'une sphère ou d'un beignet dont l'antenne occupe le centre. Vous devrez donc placer le point d'accès à peu près au milieu de l'espace à couvrir. Si votre point d'accès dispose d'un connecteur pour antenne externe, vous aurez plus de souplesse en matière de positionnement. Dans certains environnements, une antenne directionnelle placée à un bout des locaux peut être plus efficace qu'une omnidirectionnelle placée au milieu.

Sur nombre de points d'accès, les antennes intégrées sont des baguettes montées sur des pivots qui permettent de modifier son orientation par rapport au socle contenant la circuiterie. Cela ne fait pas forcément une grande différence, mais il est d'usage d'orienter les antennes vers le bas quand le point d'accès est proche du plafond et de les orienter vers le haut quand le point d'accès est proche du sol. En général, la couverture est un peu meilleure quand l'antenne est verticale plutôt qu'horizontale.

Autre cause possible de dégradation du signal : les interférences multichemin. Il y a dégradation multichemin quand le signal atteint l'antenne réceptrice une première fois puis, une fraction de seconde plus tard, une seconde fois à cause d'une réflexion sur une surface réfléchissante. Sur un signal TV, une telle interférence apparaît sur l'écran sous la forme d'une image « fantôme ». Dans un réseau de données en paquets, le récepteur traite les interférences multichemin comme du bruit, ce qui risque de ralentir le débit.

Moult points d'accès et cartes réseau emploient deux antennes séparées ; ce genre de configuration réceptrice à *diversité* vise à limiter ou à supprimer l'effet des interférences multichemin. Le récepteur compare la force du signal provenant de chaque antenne et sélectionne automatiquement le meilleur. Même si les deux antennes sont distantes d'à peine quelques centimètres, un système à diversité donne souvent une sortie plus propre que s'il y avait une seule antenne. Si l'antenne intégrée au point d'accès est dans un emballage de forme bizarre, par exemple un tube en forme de U ou si, comme c'est le cas de certains points d'accès D-Link, il y a deux antennes séparées, c'est que l'appareil utilise vraisemblablement un récepteur à diversité. Le mieux, pour en être sûr, c'est de lire les spécifications.

Si le point d'accès a effectivement deux antennes intégrées, procédez à des tests de positionnement relatif des antennes. Si votre couverture n'est pas adéquate avec les antennes alignées nord-sud, tournez progressivement le point d'accès tout en observant l'affichage de la puissance du signal sur un ordinateur client. Si les antennes sont sur des pivots, essayez de les déplacer l'une par rapport à l'autre au lieu de les conserver dans un état de parallélisme absolu.

À l'extérieur, la règle empirique est : « Plus c'est haut, mieux c'est. » Si c'est possible, prenez un point d'accès avec connecteur pour antenne externe de façon à placer l'appareil à l'intérieur et à tirer un câble coaxial vers l'antenne. Avec une antenne résistant aux intempéries placée verticalement sur un toit, ou avec une antenne à panneaux plats montée au sommet d'un mur extérieur d'un immeuble, vous devriez avoir, pour peu qu'il y ait une ligne de visibilité, une couverture correcte jusqu'à 100 mètres. Quand vous placez une antenne sur un toit, essayez de la placer assez haut pour qu'elle soit visible du sol afin de prévenir les dégradations dues à l'immeuble lui-même (figure 3-2). Si vous ne voyez pas l'antenne du point d'accès, la qualité du signal risque d'en pâtir ; mais en principe il y a suffisamment de signaux qui traversent la structure pour qu'au final vous obteniez un signal acceptable. Ne vous étonnez pas d'avoir un signal qui est plus fort à 5 mètres de distance qu'à proximité immédiate du mur.

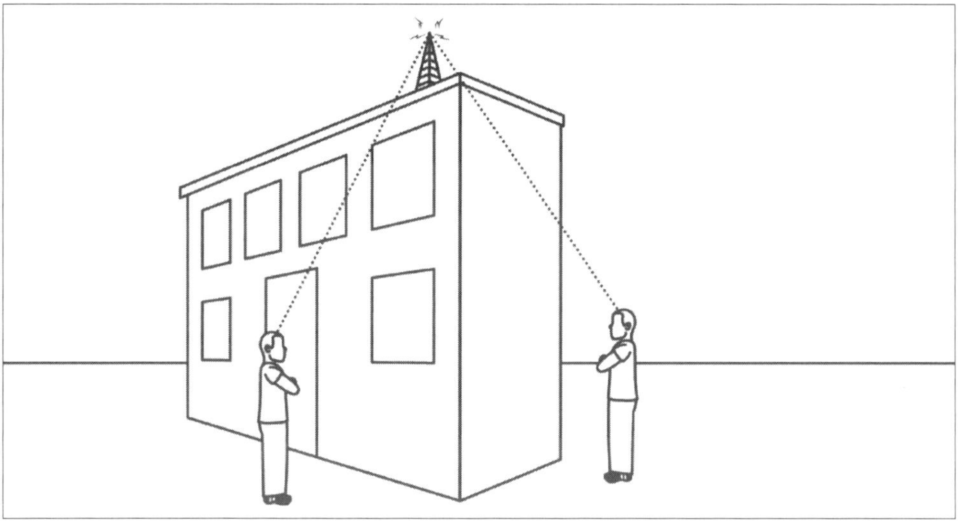

Figure 3-2 Une antenne de toiture risque de ne pas atteindre les utilisateurs placés tout contre le bâtiment

L'atténuation des signaux due à la structure varie selon les matériaux utilisés pour la construction de l'immeuble. À 2,4 GHz, les ondes radio traversent plus facilement le bois et le verre que le béton et l'acier. Dans la pratique, si vous n'essayez pas de couvrir un campus étendu ou une vaste installation industrielle avec votre réseau sans fil, vos points d'accès intérieurs devraient produire un signal qui est tout à fait utilisable à l'extérieur, surtout si ces points d'accès sont proches des murs extérieurs. Quand vous ferez votre étude de site, activez une connexion puis transportez un portable hors du bâtiment ; vous serez étonné de la portée que peut atteindre le signal.

N'oubliez pas que nous parlons de signaux numériques. Lorsque vous aurez atteint la qualité de signal minimale fournissant une liaison de données haut débit propre, un signal plus fort ne fera aucune différence sauf si vous avez un problème d'interférences. Ne gaspillez pas votre temps ou votre argent à ajouter un point d'accès extérieur si vous pouvez couvrir votre piscine extérieure depuis un point d'accès intérieur. Peut-être que le signal serait plus fort depuis un point d'accès extérieur, mais vous ne transférerez pas vos données plus vite.

Des véhicules ou autres gros objets métalliques (par exemple, des grues de construction) passant entre le point d'accès et un client réseau peuvent perturber un signal propre et produire des dégradations temporaires. Si vous essayez de fournir une couverture réseau à une entreprise de fret ou à quelque autre endroit plein de camions ou d'autres gros objets en mouvement, il faudra monter votre antenne le plus haut possible ou placer un second point d'accès à l'autre bout de la zone à couvrir.

Test, test, test...

Si minutieuse que soit votre planification sur le papier, vous ne pourrez pas vous dispenser de faire des tests bien concrets avec du matériel. Un plan d'étage peut vous donner une bonne idée de la façon dont votre réseau *devrait* fonctionner, mais la seule façon de voir comment ces ondes radio se propagent concrètement à travers la zone à couvrir consiste à créer un réseau temporaire puis à procéder à des tests.

Pour effectuer une étude de site, vous avez trois possibilités :

- Laisser quelqu'un le faire à votre place, qu'il s'agisse d'un consultant externe ou du fournisseur qui espère vous vendre les équipements réseau.
- Employer le logiciel d'étude de site qui est livré avec certains matériels sans fil.
- Utiliser le programme de configuration ou le programme d'affichage d'état qui est livré avec une carte réseau.

Laisser un consultant ou un technico-commercial faire l'étude à votre place offre plusieurs avantages. *Primo*, vous vous contentez de lire le compte-rendu au lieu d'être obligé de courir (ou de ramper) dans tout le bâtiment avec une unité de test. Chose encore plus importante, les gens qui font des études de site en permanence ont leurs propres appareils de mesure qui mémorisent les différentes données puis produisent des rapports circonstanciés. Malheureusement, ces unités de mesure sont onéreuses et demandent une formation spéciale, de sorte qu'elles ne sont pas à la portée de l'utilisateur occasionnel.

Si vous ne trouvez personne d'autre pour faire le travail, alors il faudra vous en charger vous-même. Plusieurs fabricants, dont Cisco, Xircom et Proxim, proposent des logiciels d'étude de site avec leurs cartes réseau et leurs points d'accès. La figure 3-3 montre le programme Xircom Site Survey en action.

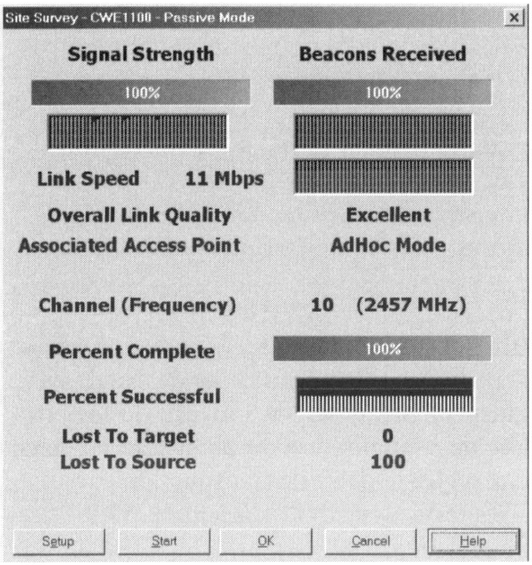

Figure 3-3 Un programme d'étude de site affiche les informations dont vous avez besoin pour tester un réseau

Si votre matériel de test n'inclut pas ce genre d'utilitaires, vous pouvez tirer assez d'informations pour votre étude de site depuis les programmes standard de configuration et d'état qui sont livrés avec les cartes sans fil. Les utilitaires d'étude de site facilitent cette tâche, mais les programmes de configuration vous diront néanmoins tout ce que vous devez savoir. Il est très probable que le premier point d'accès vous donnera une couverture réseau tout à fait adéquate, surtout si vous avez un petit réseau. Mais avec un réseau complexe, il peut être très utile de convaincre votre revendeur de vous laisser tester des cartes réseau et des points d'accès de marques différentes. Comme chaque fabricant a des antennes de conception différente et des logiciels de configuration spécifiques, vous découvrirez éventuellement qu'une marque de cartes ou de points d'accès fonctionne mieux qu'une autre sur votre réseau.

Voici ce qu'il faut réaliser pour effectuer une étude de site exhaustive :

1. Choisissez un emplacement pour votre point d'accès. Peut-être que vous changerez d'emplacement après avoir fait l'étude de site ; mais, pour démarrer, prenez un emplacement avec une ligne de visibilité vers le sous-ensemble maximal de la zone de couverture prévue.

2. Si vous avez déjà un réseau local filaire, connectez votre point d'accès d'essai au réseau local et reliez-le au secteur. Si votre site ne contient pas de réseau local, contentez-vous d'allumer le point d'accès.

3. Installez une carte sans fil dans un ordinateur portable. Si votre point d'accès n'est pas relié à un réseau local filaire, installez une carte réseau dans un second ordinateur. Cette seconde machine doit être située près du point d'accès, de façon que vous puissiez espérer un chemin de signal propre.

4. Utilisez les outils de configuration de votre point d'accès et de vos cartes réseau pour vérifier qu'ils opèrent sur les mêmes numéros de canal, avec le même SSID et la même longueur de préambule. Au niveau du logiciel de la carte réseau et de l'utilitaire de configuration du point d'accès, sélectionnez le mode infrastructure et réglez le débit de transmission sur 11 Mb/s ou Automatic. Pour faire ces tests, désactivez la sécurité WEP.

5. En vous fondant sur votre plan d'étage, préparez un formulaire d'étude de site (figure 3-4). Dans la colonne Emplacement, créez une rubrique pour chaque pièce de votre zone de couverture ; prévoyez deux rubriques ou plus pour les espaces un peu vastes.

Emplacement	Puissance du signal	Qualité du signal	Vitesse de la liaison
Salle de conférences extrémité nord			
Salle de conférences extrémité sud			
Accueil			
Bureau de Jacques			
Bureau de Bernadette			

Figure 3-4 Formulaire pour une étude de site de réseau sans fil

6. Placez l'ordinateur portable au premier emplacement de votre formulaire.

7. Exécutez sur le portable le logiciel d'étude de site, ou bien le programme de configuration ou d'état. Le programme doit indiquer une association de signaux entre le nœud réseau et le point d'accès, ainsi que la puissance et la qualité du signal. Certains programmes affichent la puissance ou la qualité, mais pas les deux. La figure 3-5 montre un utilitaire de configuration qui affiche les rubriques Link Quality et Signal Strength.

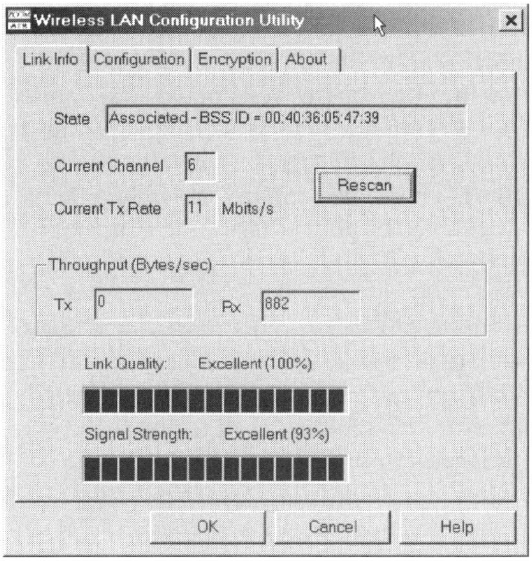

Figure 3-5 Cet écran montre la puissance du signal et la qualité d'une liaison sans fil

8. Certains programmes de configuration ne mesurent la qualité du signal que s'il y a un transfert de fichier en cours. Si le programme n'affiche aucun signal, ouvrez la fenêtre Favoris Réseau si vous êtes sous Windows. Le programme sans fil doit afficher la puissance et la qualité du signal pendant que votre ordinateur interroge le réseau. Si votre portable n'arrive toujours pas à s'associer avec le point d'accès, lisez les manuels livrés avec le matériel pour tout savoir sur l'installation des équipements réseau et sur la configuration d'une machine destinée à communiquer *via* une connexion sans fil.

9. Notez sur votre formulaire la puissance du signal, la qualité du signal et la vitesse de la liaison pour l'emplacement concerné. Si vous ne passez pas par un utilitaire d'étude de site, le programme n'affichera peut-être pas la vitesse de la liaison.

10. Le programme d'état ou de configuration étant en cours d'exécution, déplacez l'ordinateur portable vers l'emplacement suivant dans la liste. Si besoin est, utilisez la commande Actualiser de la fenêtre Favoris Réseau pour mettre à jour les données. Notez sur votre formulaire la puissance de signal, la qualité de signal et la vitesse de liaison.

11. Répétez ce processus pour chaque emplacement dans la liste.

Vous serez peut-être obligé de vous déplacer dans les locaux en notant les variations de la qualité du signal au fur et à mesure. Vous pouvez escompter que la puissance du signal chutera à mesure que vous vous éloignerez du point d'accès ; mais si les valeurs de la qualité du signal et de la vitesse de sondage (ping) restent bonnes (plus la vitesse de sondage est faible, mieux c'est), vous ne devriez pas avoir de problèmes pour utiliser une connexion sans fil depuis cet endroit.

Ne vous étonnez pas de découvrir un ou plusieurs points morts (*dead spots*) imprévus, où la puissance ou la qualité du signal tombe en deçà du seuil d'utilisation. Cela pourrait se produire en raison de la présence d'obstacles (armoire métallique, par exemple) entre le point d'accès et le portable, ou en raison d'une source d'interférences locales (four à micro-ondes, appareil Bluetooth ou téléphone sans fil) située non loin de là. La recherche des points morts est l'un des objectifs de l'étude de site. Dans certains cas, il suffit de bouger l'unité de test de quelques dizaines de centimètres pour résoudre le problème. N'oubliez pas de noter tous les points morts sur le formulaire. Si vous dénichez une foule de points morts pendant que vous faites le tour du bâtiment, ou si certains de ces points morts sont à des endroits critiques, essayez de déplacer le point d'accès.

Lorsque vous aurez testé la qualité du signal pour tous les emplacements de votre liste, marquez l'emplacement du point d'accès sur le plan d'étage et copiez les valeurs des tests pour chaque pièce ou autre emplacement. Si vous travaillez dans un espace relativement petit, vous aurez probablement des valeurs cohérentes pour la plupart des endroits. Ne soyez pas surpris de découvrir que la puissance du signal décroît quand vous vous éloignez du point d'accès. Si la qualité et la vitesse du signal tombent en deçà du niveau minimal utilisable, il faudra peut-être ajouter des points d'accès supplémentaires.

Si la qualité du signal n'est pas acceptable sur la majeure partie de la zone à ouvrir, alors essayez de déplacer le point d'accès ou bien, s'il a une antenne externe, de déplacer l'antenne. Une fois encore, cherchez un endroit ayant une ligne de visibilité propre non obstruée vers le sous-ensemble maximal de la zone à couvrir. Répétez l'étude avec le point d'accès placé à sa nouvelle positon.

Résumé : phases d'une étude de site

1. Identifiez l'espace que devra couvrir votre réseau.

2. Créez un plan d'étage et un schéma vertical.

3. Choisissez les emplacements idéaux pour points d'accès et antennes.

4. Coordonnez avec les autres réseaux sans fil.

5. Installez le point d'accès.

6. Testez les liaisons sans fil depuis moult emplacements.

7. Essayez de déplacer les points d'accès ou les antennes.

Problèmes d'interférences

Si personne d'autre n'utilise de réseau sans fil ou un autre appareil à 2,4 GHz à moins de 800 mètres environ, vous n'avez pas à vous faire de souci concernant les interférences sur votre réseau. C'est un contexte qui est de plus en plus rare par les temps qui courent. D'autres services réseau, les téléphones sans fil, les fours à micro-ondes, les systèmes d'éclairage extérieur, les jouets téléguidés utilisent la même gamme de fréquences. Sans compter le voisin qui a son propre réseau 802.11b. En matière de radio, c'est aussi la lutte pour la vie.

Le type de modulation employé par les réseaux Ethernet sans fil est censé surmonter les interférences émanant de tous ces autres services. Du moins en théorie. Les ingénieurs ayant conçu les divers services radio à 2,4 GHz essaient de coopérer, de façon que nous puissions tous utiliser simultanément nos réseaux, nos téléphones, nos micro-ondes et nos jouets. En pratique, les récepteurs de vos points d'accès et de vos cartes réseau risquent d'écouter le canal censé contenir un signal Wi-Fi bien propre et faire l'équivalent numérique de lever les bras au ciel en criant : « Ahhh ! »

Plus précisément, le récepteur envoie un message à la source du signal pour dire : « Hein ? Qu'est-ce que tu dis ? Je n'ai pas compris le dernier paquet. » En pareil cas, la radio ayant transmis le signal réexpédie le même paquet jusqu'à ce que le récepteur indique qu'il a accepté un exemplaire propre.

La même chose se produit pour le paquet suivant, et pour le suivant, *etc.* C'est comme quand on parle sur une ligne téléphonique chargée de friture ou sur un talkie-walkie, où... il... faut... parler... très... lentement... et... écouter... très... soigneusement. Autrement dit, votre réseau tout nouveau tout beau se comporte comme s'il recevait les bits de données depuis un pipe-line plein de mélasse.

S'il y a beaucoup d'interférences autour de vous, vous vous en apercevrez sans doute pendant l'étude de site. Quand vous n'arrivez pas à établir une liaison à 11 Mb/s avec le point d'accès alors qu'il existe pourtant une ligne de visibilité propre, recherchez une autre source de signaux à proximité. Il peut s'agir d'une source très évidente, tels le four à micro-ondes de la cuisine ou le téléphone sans fil du séjour ; mais il peut aussi s'agir de quelque chose de beaucoup moins évident, par exemple d'un réseau situé dans l'appartement voisin ou d'une liaison radio point-à-point passant au-dessus de votre toit.

Vous pouvez essayer deux choses pour réduire ou supprimer les interférences : soit vous éliminez la source d'interférences, soit vous réglez votre réseau sur un autre canal. Changer les canaux est souvent plus facile, mais ce n'est pas toujours efficace car la source d'interférences pourrait être une radio à sauts de fréquence qui sautille dans la bande des 2,4 GHz ; sans compter que, sur la nouvelle fréquence, vous pourriez tomber sur une autre source d'interférences.

Pour essayer de supprimer les interférences, procédez ainsi :

1. Prenez un canal différent, qui soit distant d'au moins cinq numéros du canal problématique. Par exemple, si vous ne pouvez pas vous servir du canal 6, essayez le canal 1 ou 11.

2. Essayez de repérer un téléphone sans fil, un four à micro-ondes ou un autre appareil rayonnant à 2,4 GHz. Si possible, remplacez l'appareil perturbateur par un autre qui fonctionne sur une fréquence différente, par exemple un téléphone sans fil à 900 MHz.

3. Si vous avez la possibilité de modifier la puissance de sortie des radios de vos points d'accès et cartes réseau, vérifiez que celles-ci sont réglées sur la valeur maximale (en principe, 100 mw).

4. Demandez à vos voisins s'ils utilisent un réseau sans fil. Comme ils subissent probablement le même genre d'interférences (votre réseau perturbe le leur au même titre que leur réseau perturbe le vôtre), ils seront certaine-

ment d'accord pour mettre au point un système d'assignation de canaux qui convient à toutes les parties. Retenez que, si vous pouvez séparer les réseaux par au moins cinq numéros de canal, les interférences intercanal seront réduites au minimum. Si vous essayez de coordonner plus de trois canaux, répartissez les numéros de canal sur la bande de la manière la plus éparpillée possible. Comme le seul trio de canaux sans interférences mutuelles est constitué des canaux 1, 6 et 11, vous pourriez constater qu'ils contiennent davantage d'interférences provenant de réseaux voisins qu'un des canaux intermédiaires. Vous pourriez avoir plus de chance en prenant, à la place, un ou deux des canaux intermédiaires.

5. Essayez de remplacer les antennes omnidirectionnelles de votre point d'accès et/ou de vos cartes réseau par des antennes directionnelles afin d'accroître la puissance du signal et la sensibilité des récepteurs. Vous serez peut-être obligé de déplacer le point d'accès ou d'ajouter des points d'accès pour couvrir la même zone. Si vous pouvez convaincre vos voisins de passer à des antennes directionnelles, essayez d'aligner les modèles de façon à avoir des couvertures qui se recoupent le moins possible.

À ce stade, vous ne pouvez plus faire grand-chose, si ce n'est accepter des performances médiocres ou remplacer votre réseau Wi-Fi à 2,4 GHz par un réseau 802.11a à 5,2 GHz.

Il se peut que vous rencontriez une autre source d'interférences, mais celle-ci ne fera sans doute pas son apparition avant un certain temps. Pour peu que le réseau sans fil devienne populaire chez vos utilisateurs, de plus en plus de gens essaieront de se connecter en même temps au réseau et les performances globales se dégraderont. Pour résoudre ce genre de problème, ajoutez des points d'accès réglés sur des numéros de canal différents.

Installation des points d'accès

Comme nous l'avons vu au chapitre 2, nombre de points d'accès sont combinés à d'autres matériels tels que les routeurs réseau, les routeurs Internet large bande, les concentrateurs Ethernet classiques ou autres. Au strict minimum, un point d'accès doit inclure un émetteur-récepteur radio, une ou deux antennes intégrées ou des connecteurs pour antennes externes, plus un port Ethernet pour relier le point d'accès à un réseau filaire. Le point d'accès doit aussi contenir du logiciel de configuration interne qui affiche les paramètres en cours et permet de les modifier.

Chaque point d'accès étant un produit spécifique avec des entrées, des sorties et des contrôles spécifiques, il faut suivre les instructions d'installation et de configuration qui accompagnent le matériel. Hélas ! les manuels des fabricants ne donnent pas toujours toutes les informations nécessaires. Cette section présente une procédure générale concernant l'installation d'un point d'accès, ainsi que quelques remarques occasionnelles à propos de caractéristiques et fonctionnalités qui n'existent pas partout. Cette section vise donc à compléter la procédure d'installation fournie dans la documentation de votre point d'accès.

Installation physique

Voici les étapes générales pour l'installation d'un point d'accès :

1. Si nécessaire, assemblez le point d'accès. Le manuel d'utilisation de votre point d'accès doit contenir des instructions spécifiques à la marque et au modèle que vous utilisez.

2. En vous inspirant des données recueillies au cours de l'étude de site, mettez le point d'accès à l'emplacement prévu.

3. Si le point d'accès possède une antenne intégrée qui est placée sur un pivot ou un autre mécanisme permettant de l'orienter, donnez à l'antenne une orientation aussi proche que possible de la verticale. Si vous placez l'antenne au plafond ou à côté, positionnez-la de telle sorte qu'elle pointe verticalement vers le bas, si possible. Si l'antenne est proche du sol, orientez-la verticalement vers le haut. Si vous ne pouvez pas régler la position de l'antenne, pas de panique : le point d'accès devrait fonctionner presque aussi bien dans sa position fixée.

   Si le point d'accès possède un connecteur pour antenne externe, installez l'antenne et tirez un câble entre l'antenne et le point d'accès. Faites en sorte que le câble soit aussi court que possible ; le câble ne doit pas être trop tendu, ni présenter d'angles abrupts.

4. Branchez le point d'accès sur le secteur. La plupart des points d'accès sont fournis avec des adaptateurs pour courant continu, mais certains ont des fils électriques pour courant alternatif. Quoi qu'il en soit, branchez le câble d'alimentation sur le point d'accès, puis branchez le câble ou l'adaptateur dans une prise électrique.

   Un point d'accès ne consommant guère de courant, il est inutile d'avoir une source d'alimentation dédiée ; mais si vous employez une alimentation continue ou un protecteur contre les surtensions pour protéger vos ordinateurs, protégez aussi le point d'accès.

Si vous utilisez un système PoE pour alimenter en courant le point d'accès, suivez les instructions propres au point d'accès.

5. Reliez par un câble Ethernet le connecteur idoine du point d'accès au plus proche concentrateur, commutateur ou autre point de présence réseau.
6. Consultez le manuel pour voir comment relier un câble de contrôle au point d'accès. Certains points d'accès emploient un câble série qui est relié à un ordinateur proche, alors que d'autres se connectent *via* le réseau. Cette connexion permettra de configurer le point d'accès.

   Si le point d'accès utilise une connexion série, au lieu de tirer un câble vers un ordinateur, il est peut-être plus simple d'employer un portable à un endroit proche du point d'accès qui permet de visualiser les témoins lumineux pendant que l'on exécute le programme de configuration.

7. Allumez le point d'accès. Vous verrez probablement briller un témoin lumineux. Il se peut que le processeur interne du point d'accès exige quelques minutes avant d'être paré pour la manœuvre. Le manuel utilisateur doit normalement expliquer le rôle des témoins lumineux.

   Une fois terminée l'installation physique, l'étape suivante consiste à configurer le point d'accès. Si votre point d'accès et vos cartes réseau sont de la même marque, les paramètres par défaut seront certainement les mêmes ; auquel cas, il suffira d'installer une carte réseau dans un ordinateur proche pour pouvoir tester le réseau.

Configuration du point d'accès *via* un navigateur

La plupart des points d'accès ayant des ports pour réseau local filaire, ils acceptent généralement les commandes de configuration via une adresse IP locale spéciale. Vous pouvez vous servir de Microsoft Internet Explorer, de Netscape Navigator ou de tout autre navigateur Web graphique pour afficher et modifier les paramètres du point d'accès. Comme le point d'accès contient son propre logiciel, le programme de configuration peut s'exécuter sur n'importe quel système d'exploitation. Vous n'avez pas besoin d'avoir un programme pour Windows, un pour Macintosh, un pour Linux, un pour Unix, *etc.*

La plupart des gens préfèrent l'utilitaire de configuration graphique à la version ligne de commande, car ils n'ont pas à mémoriser une tonne de commandes sibyllines pour exécuter les tâches courantes.

La première fois que le point d'accès est activé, il utilise la configuration d'usine. À moins que vous ne modifiiez certains de ces paramètres, il se pourrait qu'un utilisateur non habilité puisse accéder à votre réseau et qu'un utilisateur (habilité ou pas) puisse procéder à des modifications qui sont en principe l'apanage de l'administrateur réseau.

Répétons ici que, même si la procédure de configuration spécifique varie d'un type de point d'accès à l'autre, les principes généraux sont similaires. Servez-vous de la procédure suivante comme supplément aux informations données dans le manuel du point d'accès :

1. Vérifiez que le point d'accès est connecté au réseau local.

2. Depuis un ordinateur connecté au réseau local, ouvrez le navigateur Web de votre choix.

3. Dans le champ Adresse du navigateur, tapez l'adresse IP standard du point d'accès, telle que spécifiée dans le manuel du point d'accès, puis appuyez sur la touche Entrée .

4. Le navigateur doit alors ouvrir la fenêtre de connexion du point d'accès, par exemple celle de la figure 3-6. Tapez les données demandées (il s'agit généralement d'un nom, d'un mot de passe ou des deux).

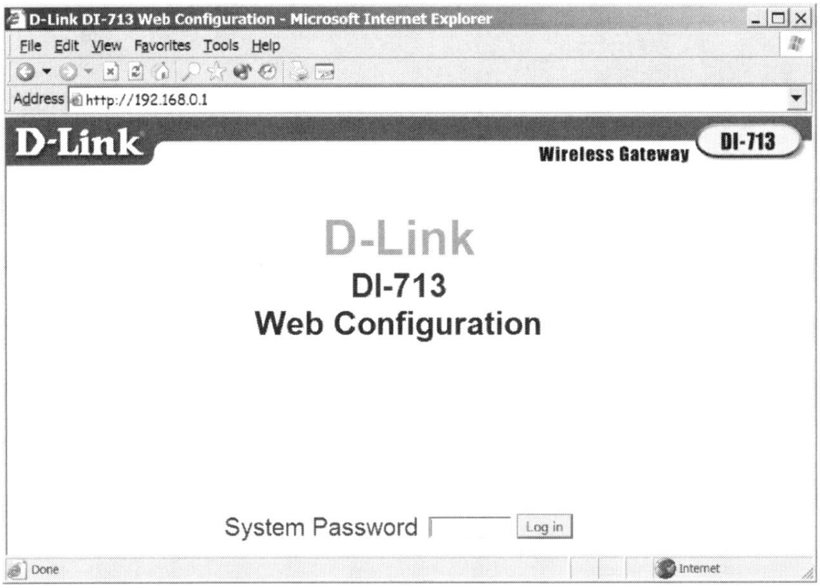

Figure 3-6 La fenêtre de mot de passe du point d'accès contrôle les accès à l'utilitaire de configuration

5. La première page de configuration doit alors apparaître. La figure 3-7 montre une page de configuration typique, à savoir celle du point d'accès ZoomAir AP11.

Si vous obtenez un message « Unable to connect » quand vous essayez d'exécuter l'utilitaire de configuration, envoyez une requête de sondage au point d'accès. Sous Windows, ouvrez une invite de commande puis tapez

```
ping [adresse IP]
```

où l'adresse IP n'est autre que celle du point d'accès. Si le réseau reconnaît l'adresse, vous devriez voir une réponse comme celle de la figure 3-8. Si le programme indique « host unreachable », c'est qu'il y a probablement conflit entre le serveur DHCP (*Dynamic Host Configuration Protocol*) de votre réseau local et l'adresse par défaut du point d'accès. La section qui suit explique comment résoudre ce problème.

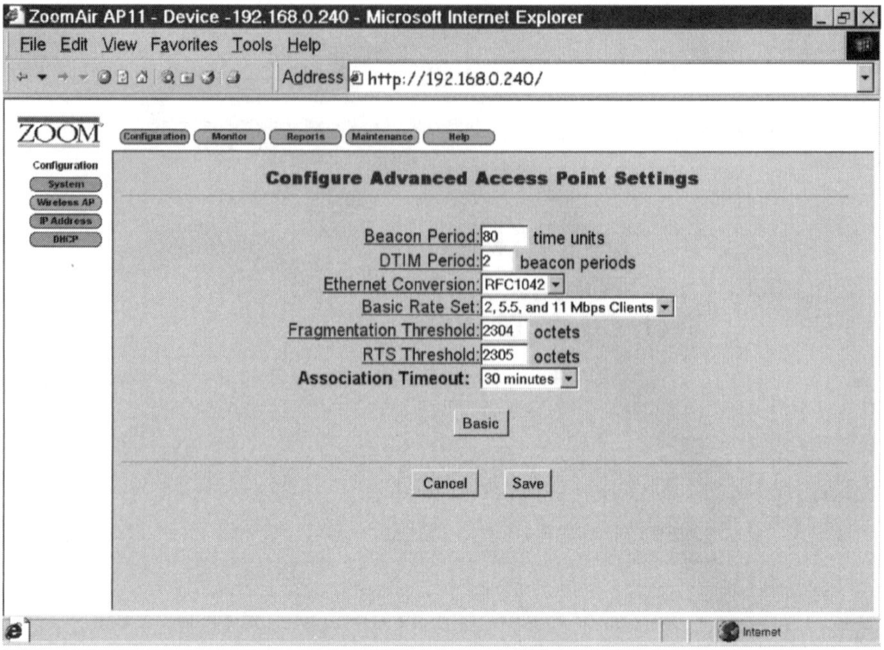

Figure 3-7 L'écran de configuration d'un point d'accès ZoomAir. Les écrans de configuration d'autres points d'accès affichent des informations similaires, mais présentées différemment.

DHCP et autres problèmes

DHCP (*Dynamic Host Configuration Protocol*) affecte automatiquement une adresse IP à chaque machine d'un réseau. Comme avec DHCP vous évitez d'assigner manuellement une adresse distincte à chaque ordinateur, vous économisez du temps et de l'énergie. Mais quand le concentrateur ou commutateur et le point d'accès essaient tous deux de faire office de serveur DHCP, ou quand un poste client attend une adresse précise mais que le serveur DHCP lui assigne une adresse à la volée, alors la configuration du réseau peut devenir un travail de Titan.

Il peut y avoir conflit de serveurs DHCP quand vous ajoutez un point d'accès à un réseau local. Certains points d'accès autonomes s'attendent à recevoir sur une adresse IP bien précise les requêtes d'accès aux écrans Web de configuration. Cependant, quand le point d'accès est connecté à un concentrateur faisant office de serveur DHCP, le serveur assigne une autre adresse IP au point d'accès. Auquel cas, quand l'utilisateur essaie de se connecter à l'adresse IP indiquée dans le manuel du point d'accès, rien ne se passe (ou alors le navigateur affiche « unable to find this address », ce qui revient à peu près au même).

Il serait bien plus facile de configurer un point d'accès pour DHCP si tous les points d'accès traitaient DHCP de la même façon, ce qui n'est évidemment pas le cas. Il faudrait, pour cela, que tous les ingénieurs de tous les fabricants de points d'accès imaginent la même solution au problème : il y a peu de chances.

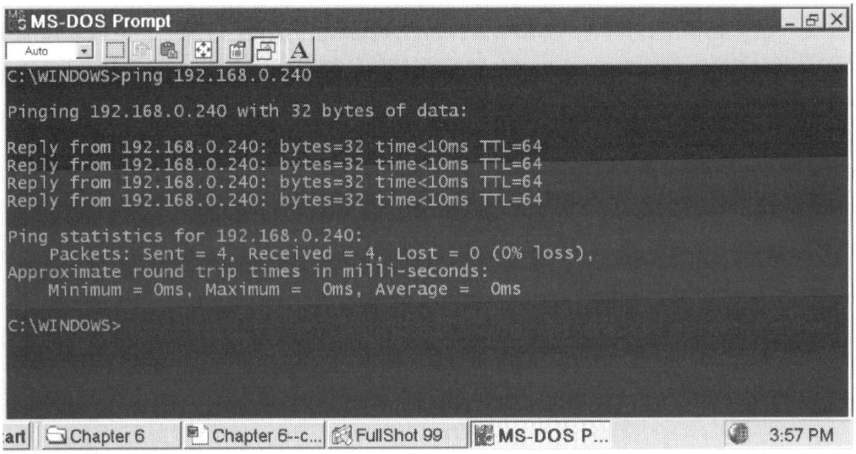

Figure 3-8 Si la requête ping réussit, le nœud cible renvoie une série d'échos datés

Il existe plusieurs solutions au problème. Vous pouvez l'éviter complètement en utilisant la fonctionnalité de console intégrée à la plupart des points d'accès et taper les commandes de configuration *via* un port série et non *via* l'utilitaire style Web ; mais cela implique que vous utilisiez un obscur langage de commande, qui est généralement plus complexe que l'utilitaire graphique. Sans compter que certains points d'accès n'acceptent pas de commandes *via* leurs ports série.

La seconde option consiste à employer la fonctionnalité de console pour modifier l'adresse IP de l'utilitaire style Web, en remplaçant l'adresse par défaut par celle assignée par le serveur DHCP. La plupart des serveurs DHCP incluent l'affichage des adresses assignées (figure 3-9). Une fois modifiée l'adresse du point d'accès, servez-vous de votre navigateur Web pour accéder à l'utilitaire de configuration.

Si vous n'avez pas envie de vous embêter à configurer une connexion sérielle vers le point d'accès, l'autre solution consiste à désactiver le serveur DHCP puis à utiliser l'adresse IP standard du point d'accès pour afficher l'utilitaire de configuration dans votre navigateur. Cette méthode est bonne comme dépannage temporaire pendant que vous configurez le réseau, mais elle a pour effet de désactiver les adresses de tous les postes clients qui reçoivent leurs adresses de ce même serveur DHCP. Il faudra donc soit assigner à la main toutes les adresses, soit penser à réactiver le serveur DHCP une fois terminée la configuration du réseau.

Si toutes ces méthodes semblent trop compliquées, il y a encore une solution pour accéder aux écrans de configuration : tirer un câble *croisé* entre le port pour réseau local du point d'accès et un ordinateur doté d'un port Ethernet. Le câble croisé permute les broches des connecteurs de câble de sorte que les équipements aux deux extrémités émettent et reçoivent les données sur les bonnes broches. Une fois le câble installé, vous pourrez vous servir de votre navigateur pour ouvrir l'utilitaire à l'adresse IP par défaut. Cette méthode est simple si vous avez le bon type de câble (un câble Ethernet standard ne fonctionne pas), mais elle vous oblige à déconnecter le point d'accès du reste du réseau.

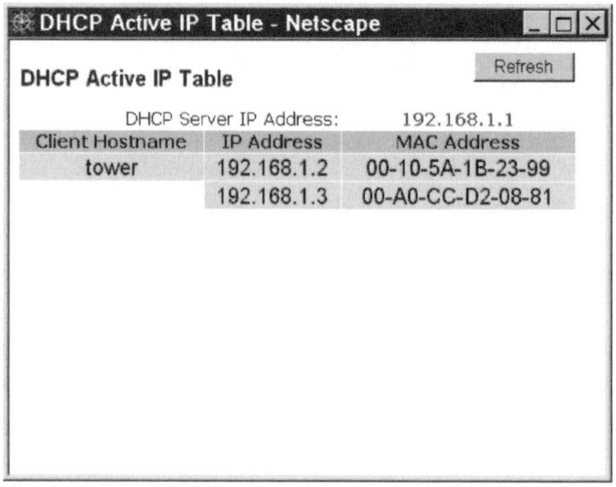
DHCP Active IP Table - Netscape

DHCP Active IP Table

Refresh

DHCP Server IP Address: 192.168.1.1

Client Hostname	IP Address	MAC Address
tower	192.168.1.2	00-10-5A-1B-23-99
	192.168.1.3	00-A0-CC-D2-08-81

Figure 3-9 Un serveur DHCP assigne des adresses IP à tous les nœuds du réseau local. Ici, l'adresse du point d'accès est 192.168.1.3.

Il faut retenir qu'un réseau local ne peut avoir qu'un seul serveur DHCP. Si le réseau local contient un autre serveur DHCP, mieux vaut désactiver la fonctionnalité DHCP du point d'accès et permettre au serveur principal de gérer les affectations d'adresses pour tout le réseau (nœuds filaires et nœuds sans fil).

Voilà un cas où la description générale du problème est moins utile que la procédure spécifique à votre point d'accès particulier. Le manuel utilisateur devrait contenir des instructions de configuration qui traitent et de l'utilitaire de configuration du point d'accès et des paramètres réseau Windows applicables à chaque poste client. Prenez le manuel et essayez de suivre ces instructions le plus fidèlement possible. Quand vous aurez trouvé une combinaison opérationnelle de paramètres de point d'accès et de paramètres de réseau Windows (soyez certain qu'une telle combinaison existe), notez-la sur le papier et conservez-la avec le manuel. Vous vous en resservirez plus tard pour ajouter d'autres ordinateurs et points d'accès au même réseau.

Configuration du point d'accès *via* un port série

La plupart des points d'accès comprennent un port série qui permet de connecter directement un terminal distant (ou, plus souvent, un ordinateur exécutant un programme d'émulation de terminal, tel l'utilitaire HyperTerminal fourni avec Windows). Cela procure une solution de remplacement aux utilitaires de configuration habituels à base de pages Web.

Le port série d'un point d'accès est soit un connecteur DB-9 à 9 broches, soit un connecteur RJ-45 ressemblant à une version surdimensionnée du connecteur RJ-11 des téléphones classiques. Si votre point d'accès emploie un RJ-45, le fabricant a sans doute prévu un câble et une carte. Si le connecteur est un DB-9, il exige généralement un câble droit branché sur le port COM d'un ordinateur. Si le point d'accès exige un câble modem nul, le manuel doit normalement le mentionner.

Il existe au moins un point d'accès à connecteur DB-9 qui ne permet pas d'accéder à l'utilitaire de configuration. Le modèle DI-713 Wireless Gateway de D-Link dispose d'un port série qui se connecte à un modem et à une ligne commutée comme éventuelle solution de remplacement à sa connexion de réseau étendu.

Voici les étapes pour envoyer des commandes au point d'accès *via* le port série :

1. Tirez un câble entre le point d'accès et l'un des ports COM de l'ordinateur.

2. Exécutez un émulateur de terminal, par exemple HyperTerminal (fourni avec Windows), puis configurez une connexion *via* le port COM relié au point d'accès.

3. Ouvrez une connexion vers le point d'accès.

4. Si ce n'est pas encore fait, allumez le point d'accès. Vous verrez peut-être apparaître un message de démarrage sur l'émulateur de terminal (figure 3-10).

5. Quand le point d'accès est prêt à accepter les commandes, il affiche une invite. Pour vérifier que l'émulateur de terminal est en cours de fonctionnement, appuyez sur la touche Entrée. Le point d'accès doit alors afficher une autre invite sur une nouvelle ligne.

À ce stade, le point d'accès est paré pour recevoir des commandes de configuration.

Comme chaque marque de point d'accès a son propre langage de commande, consultez le manuel pour savoir quelle est la commande permettant de modifier tel ou tel paramètre réseau.

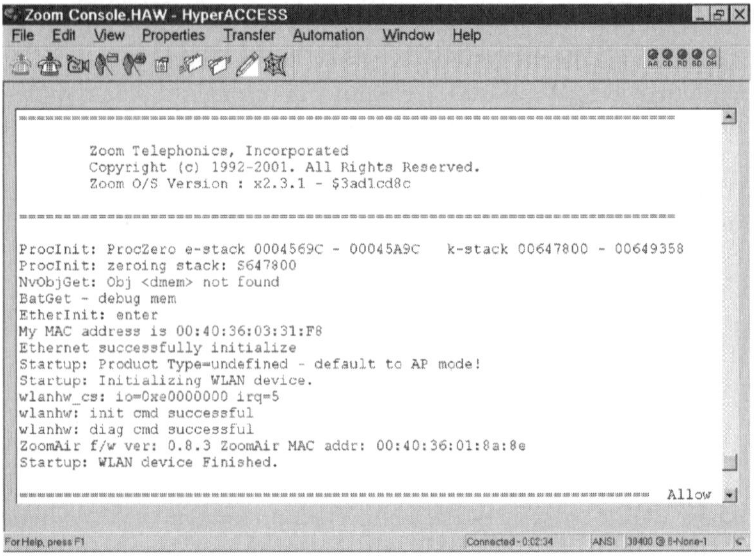

Figure 3-10 Il se peut que le programme console d'un point d'accès affiche un message de démarrage quand vous allumez l'appareil

Commandes et paramètres de configuration

Chaque utilitaire de configuration traite à sa manière les commandes et les options de configuration, mais chaque point d'accès conforme aux spécifications 802.11b doit inclure le même jeu basique de paramètres. Quand vous installerez votre réseau sans fil, vous serez peut-être amené à modifier certaines de ces options dont les valeurs par défaut ne conviennent pas.

Moult utilitaires de configuration à base de pages Web emploient des onglets ou des menus pour répartir les options sur plusieurs écrans. Si l'emplacement de telle ou telle commande n'est pas évident d'après l'allure de l'écran de premier niveau, essayez d'ouvrir tous les écrans de niveau inférieur jusqu'à ce que vous trouviez ce qui vous intéresse ; ou alors consultez le manuel du point d'accès pour savoir comment naviguer dans l'utilitaire.

En principe, le manuel décrit également le langage de commande permettant de modifier la configuration du point d'accès. Bien souvent, il existe une commande d'aide qui affiche la liste des commandes avec leurs syntaxes.

En général, l'utilitaire de configuration doit inclure les options suivantes : adresse IP, masque de sous-réseau, ID de réseau sans fil, canal, sécurité et DHCP.

Adresse IP

Le champ Adresse IP affiche l'adresse IP courante du point d'accès. Il peut s'agir d'une adresse standard définie en usine, d'une adresse assignée automatiquement par le serveur DHCP du réseau local ou d'une adresse assignée manuellement par l'administrateur réseau.

Masque de sous-réseau

Le champ Masque de sous-réseau indique le sous-réseau qui contient le point d'accès et les clients sans fil se connectant au réseau local *via* ce point d'accès. L'adresse du sous-réseau est assignée par l'administrateur. Si votre réseau local n'utilise pas de sous-réseau, gardez la valeur par défaut 255.255.255.0.

SSID

Le SSID (*Service Set Identification*) est le « nom » du réseau sans fil contenant le point d'accès. Quand un client sans fil essaie de se connecter à un réseau, il cherche un point d'accès ayant le même SSID que celui défini dans sa configuration. S'il trouve un signal ayant un autre SSID, il refuse l'association et continue à chercher le bon SSID.

De ce fait, le SSID sert à deux choses : il fait office de première ligne de défense contre les accès non autorisés au réseau sans fil et, dans un environnement contenant plus d'un réseau sans fil, il associe chaque client au bon réseau. Néanmoins, le SSID en lui-même n'est pas un outil de sécurité très efficace, vu que certaines cartes réseau acceptent un SSID valant ANY, ce qui permet au client de s'associer au premier point d'accès venu.

Canal

Le paramètre canal désigne le numéro de canal radio que le point d'accès utilise pour échanger des données avec les clients du réseau local sans fil. Chaque point d'accès opère sur un seul canal, mais la plupart des cartes réseau balaient tous les canaux pour trouver le signal optimal ayant le SSID convenable. Si les clients de votre réseau incluent la fonctionnalité de balayage, vous pouvez partir du principe que les postes client proches trouveront votre point d'accès quel que soit le réglage de canal. En revanche, quand l'un de vos utilisateurs essaie d'utiliser une carte réseau ayant un canal prédéfini, alors les paramètres de canal du point d'accès et du client doivent être identiques.

Dans un environnement bruyant, certains canaux peuvent donner mieux que d'autres ; en effet, d'autres réseaux et d'autres appareils 2,4 GHz peuvent générer des interférences sur certaines fréquences et pas sur d'autres. S'il y a d'autres réseaux sans fil à proximité, vous pourriez diminuer les interférences et améliorer les performances en prenant des numéros de canal qui ne se recoupent pas. Si ce n'est pas faisable, prenez des canaux aussi éloignés que possible les uns des autres.

Si votre réseau contient plus d'un point d'accès, réglez les points d'accès contigus sur des canaux différents. Pour éviter les superpositions de signaux, n'oubliez pas de prendre des canaux séparés d'au moins cinq numéros (par exemple, les canaux 1, 6 et 11).

Sécurité

WEP (*Wired Equivalent Privacy*) est le mécanisme de sécurité qui est censé empêcher les gens n'ayant pas la bonne clé électronique d'accéder à votre réseau. Comme l'explique le chapitre 14 de cet ouvrage, le chiffrement WEP n'est pas des plus efficaces contre un espion résolu, mais c'est mieux que rien. Tous les matériels 802.11b disposent d'une option de chiffrement WEP, et vous devez donc savoir l'utiliser.

Chaque point d'accès peut employer une clé WEP de 64 bits pour restreindre les accès non autorisés, certains permettant même de choisir entre une clé de 64 bits et une clé plus sécurisante de 128 bits. Comme la clé de 64 bits est en fait une clé de 40 bits combinée à un vecteur d'initialisation de 24 bits, certains programmes de configuration parlent de chiffrement 40 bits.

Les points d'accès et les cartes réseau employant le chiffrement WEP 40 bits sont entièrement compatibles avec ceux utilisant le chiffrement WEP 64 bits.

Malheureusement, certains fabricants demandent une combinaison de lettres et de chiffres pour la clé WEP alors que d'autres exigent une série de chiffres hexa, soit sous la forme de cinq groupes de deux soit sous la forme d'une unique chaîne de 10 chiffres. D'autres encore demandent une phrase de passe et génèrent automatiquement la clé hexa.

Il est généralement plus simple de configurer un réseau sans fil avec le chiffrement désactivé, mais c'est toujours une bonne idée que d'activer le chiffrement quand vous commencez à faire transiter des données réelles sur le réseau. Les clés WEP doivent être les mêmes dans chacun de vos utilitaires de configuration de point d'accès et sur tous les postes clients que vous comptez utiliser avec chaque point d'accès.

DHCP

Comme mentionné en amont à la section « DHCP et autres problèmes », un point d'accès peut faire office de serveur DHCP qui assigne automatiquement des adresses IP aux clients sans fil du réseau.

N'oubliez pas qu'il ne peut y avoir qu'un seul serveur DHCP actif à la fois ; si donc le réseau a déjà un serveur DHCP, désactivez la fonctionnalité DHCP du point d'accès. Si votre réseau contient plus d'un point d'accès, n'activez le serveur DHCP que dans un seul d'entre eux (et encore, à condition qu'il n'y ait pas d'autre serveur DHCP sur le réseau).

Quand le serveur DHCP intégré au point d'accès est actif, l'utilitaire de configuration affiche parfois la liste des clients DHCP en cours sur l'écran qui contient les options activation/désactivation ; à moins que l'utilitaire n'affiche la liste des clients DHCP dans une autre fenêtre ou sur un autre écran.

Divers

Outre les paramètres que nous venons d'énumérer, l'utilitaire de configuration du point d'accès peut proposer plusieurs autres options. Certaines pourraient contrôler des fonctionnalités filaires intégrées au même appareil ; d'autres pourraient être des paramètres permettant à un utilisateur de spécifier des valeurs arbitraires qui autrement seraient modifiées au niveau du poste client.

Le manuel du point d'accès doit normalement décrire toutes ces options et expliquer comment les modifier. Si l'utilité d'un paramètre n'est pas évidente, ou s'il a l'air de n'avoir aucun effet sur votre réseau, le plus sûr est de conserver la valeur par défaut. En d'autres termes : en cas de doute, on ne touche pas !

Points d'accès multiples

Maints réseaux sans fil utilisent plus d'un point d'accès, et ce afin d'étendre la couverture du réseau au-delà de la portée de signal d'une seule station de base. Si le poste client s'éloigne du point d'accès utilisé et se rapproche d'un autre point d'accès, ou si la qualité du signal se dégrade en raison d'interférences dues à d'autres signaux radio, alors le point d'accès initial transmet la liaison au point d'accès qui reçoit le meilleur signal du client. C'est le même principe que celui qui permet aux téléphones cellulaires de se déplacer sans interrompre la conversation.

La norme 802.11b permet aux postes clients de transférer une liaison réseau d'un point d'accès à un autre, mais n'explique pas comment. En l'absence de norme, chaque fabricant a mis au point sa technique qui n'est pas forcément compatible avec celle d'un autre fabricant. Cela changera sans doute un jour mais, pour ce qui concerne le futur proche, il est vital que vous utilisiez un seul type de point d'accès sur votre réseau. Vous pouvez espérer qu'une carte réseau compatible Wi-Fi fonctionne avec n'importe quelle marque de point d'accès, mais il n'est pas sûr que deux types différents de point d'accès puissent coopérer.

Pour configurer un réseau sans fil avec plus d'un point d'accès, il suffit de connecter tous les points d'accès au même réseau Ethernet filaire puis de les configurer avec le même SSID et la même clé WEP. Si vous n'utilisez pas de serveur DHCP qui assigne automatiquement des adresses IP, affectez une adresse IP différente à chaque point d'accès mais prenez les mêmes adresses de sous-réseau et de passerelle sur tout le réseau. Si un point d'accès fait office de serveur DHCP, n'oubliez pas de désactiver la fonctionnalité DHCP sur tous les autres points d'accès du réseau.

Chaque point d'accès doit fonctionner sur un canal différent de ceux employés par les points d'accès adjacents. Si possible, prenez des numéros de canal qui ne font pas d'interférence les uns sur les autres (par exemple, les canaux 1, 6 et 11). Dans une zone très vaste, essayez de conserver des numéros de canal très distants en répartissant les numéros sur l'ensemble de la zone (figure 3-11).

Points d'accès combinés à des concentrateurs et à des routeurs passerelle

Plusieurs fabricants proposent des produits combinant les fonctionnalités de point d'accès avec celles de concentrateur, de commutateur ou de routeur. D'autres produits mélangent point d'accès et serveur d'impression réseau ou accès Internet large bande (câble ou DSL). Un appareil polyvalent peut être un excellent point de départ pour un nouveau petit réseau ou pour ajouter à un réseau des clients filaires et sans fil. Comme un appareil mixte n'exige pas d'alimentations électriques distinctes, ni de boîtes distinctes, ni de câbles d'interconnexion distincts, le coût sera normalement bien moindre que celui de composants séparés faisant le même travail. La commodité que représente la réduction du nombre de câbles d'interconnexion est aussi un atout de taille, surtout pour un petit réseau où tout le câblage ne part pas d'une même armoire de connexion.

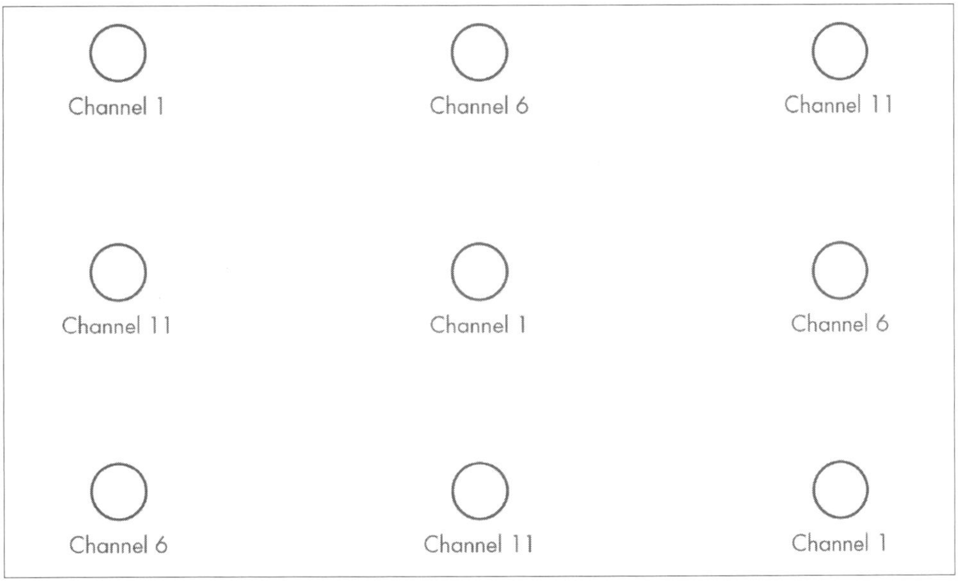

Figure 3-11 Dans un réseau à multiples stations de base, éloignez les uns des autres les points d'accès qui se recoupent

Pour décider si ces unités mixtes sont la solution optimale à vos exigences propres, commencez par définir vos exigences puis consultez les catalogues et sites Web des divers fabricants pour trouver un appareil qui satisfait au mieux vos besoins. D-Link, Linksys, Intel et Buffalo, entre autres, proposent toutes sortes de points d'accès combinés.

L'installation de la partie point d'accès d'un appareil mixte ne diffère guère de celle d'un point d'accès autonome. Chaque équipement emploie un utilitaire de configuration propriétaire qui permet de définir le canal du point d'accès, son SSID et ses autres paramètres ; à cela s'ajoutent d'autres options de configuration concernant les fonctionnalités supplémentaires. Là aussi, le manuel du produit est la référence pour toutes les informations nécessaires à l'exécution des utilitaires de configuration et d'installation.

Sur la plupart des réseaux Wi-Fi, les points d'accès sont quasiment invisibles dans le travail quotidien. Ils sont posés sur une étagère, ou par terre derrière un bureau ; de là, ils font passer les données entre le réseau filaire et les clients sans fil. Une fois que vous avez réussi à faire fonctionner le point d'accès, vous pouvez l'oublier jusqu'à la prochaine reconfiguration.

CHAPITRE 4

Installation et configuration des cartes réseau

En général, il est plus simple d'installer une carte sans fil qu'un point d'accès, car la plupart des cartes sont des périphériques Plug-and-Play. Indépendamment de sa configuration physique, toute carte réseau exige un pilote assurant l'interface logicielle entre la carte et le système d'exploitation, ainsi qu'un utilitaire de configuration permettant à l'utilisateur de régler les paramètres de fonctionnement de la carte.

Installation des cartes PC Card

Les cartes réseau PC Card se branchent sur l'emplacement PCMCIA d'un ordinateur portable, ou sur un adaptateur d'emplacement branché sur un connecteur d'extension d'un ordinateur de bureau (eh oui ! cela veut dire qu'un premier type d'adaptateur se connecte à un autre type d'adaptateur). Pour installer la PC Card, il suffit de la pousser avec douceur mais fermeté dans son emplacement. Une fois la carte correctement positionnée, vous devez sentir les broches à l'intérieur de l'emplacement s'adapter aux trous situés sur le bord de la carte.

La plupart des cartes sans fil PC Card contiennent des antennes internes qui dépassent de quelques petits centimètres du bord extérieur de l'emplacement PCMCIA. Il existe, cependant, quelques cartes qui disposent de connecteurs pour antennes externes. Si vous employez une antenne externe, placez-la à l'endroit de votre choix puis tirez le câble d'antenne entre l'antenne et le connecteur d'antenne de la carte réseau.

Installation des cartes USB

La plupart des cartes sans fil USB sont des périphériques compacts dotés d'antennes internes. Comme la carte est reliée à l'ordinateur via un câble, il est facile de la déplacer si le signal détecté depuis le point d'accès n'est pas assez fort.

Voici la procédure d'installation d'une carte USB :

1. Tirez un câble USB entre l'ordinateur et l'endroit prévu pour la carte. Notez que les deux extrémités d'un câble USB n'ont pas le même type de connecteur ; vérifiez donc que le connecteur côté ordinateur s'insère bien dans le port USB.

2. Branchez le câble dans le port USB de l'ordinateur.

3. Branchez l'autre extrémité du câble dans la carte réseau.

4. Exécutez le programme de configuration fourni avec la carte, ou alors employez l'utilitaire de configuration sans fil de Windows XP.

5. Ouvrez l'écran qui affiche la puissance et la qualité du signal.

6. Si la qualité du signal est insuffisante, ajustez la position de la carte pour améliorer les performances.

Installation de cartes internes

L'ajout d'une carte interne à une machine de bureau est un peu plus compliqué, car il faut ouvrir la machine et insérer la carte dans un connecteur d'extension. Mais cela n'est en rien différent de l'ajout de cartes d'extension en général, démarche que la plupart des administrateurs de réseau et des amateurs éclairés font souvent.

Vous connaissez la musique : on débranche le cordon d'alimentation, on ouvre l'ordinateur, on cherche un connecteur d'extension libre, on ôte la protection métallique, on pousse la carte dans le connecteur puis on la visse, on referme la machine, on rebranche le cordon d'alimentation.

La plupart des cartes internes sont en fait des cartes PC Card combinées avec des prises PCMCIA pouvant s'insérer dans un connecteur d'extension. Sauf indication contraire du manuel de la carte, il est bon d'ôter la PC Card de la prise avant d'installer celle-ci dans l'ordinateur. Il faut souvent un peu tordre et pousser pour insérer correctement l'adaptateur dans le connecteur d'extension, et l'adaptateur est plus facile à manipuler sans la carte. Lorsque vous aurez remonté l'ordinateur et vérifié que Windows (ou autre système d'exploitation) reconnaît la prise PCMCIA, insérez la carte dans la prise et chargez le pilote sans fil.

Moult cartes internes ne sont pas de vrais ponts PCMCIA vers PCI, mais utilisent à la place une méthode plus simple et moins onéreuse appelée PLX. Cela veut dire que, alors que n'importe quelle carte PCMCIA peut se loger dans l'emplacement PCI, sans pilote spécial elle ne fonctionnera pas.

Chargement du pilote

Indépendamment de leur apparence physique, presque toutes les cartes sans fil sont des périphériques Plug-and-Play ; cela signifie que Windows doit les reconnaître automatiquement dès que vous les installez. Toutefois, le système d'exploitation doit charger un pilote spécifique pour chaque type de carte avant qu'il puisse utiliser la carte pour communiquer..

Les pilotes proviennent de plusieurs sortes de sources : parfois ils sont livrés avec Windows, parfois ils sont sur la disquette ou le CD-ROM fourni avec la carte, parfois ils sont téléchargeables depuis le site Web d'assistance technique du fabricant. Les pilotes les plus récents sont généralement disponibles sur le site du fabricant. Que vous obteniez le pilote depuis le disque accompagnant la carte ou que vous le téléchargiez, vous récupérez en même temps l'utilitaire de configuration de la carte concernée. En principe, vous devriez pouvoir charger le pilote et l'utilitaire avant même d'installer physiquement la carte.

La première fois que vous insérez une PC Card dans la prise PCMCIA ou que vous branchez une carte USB sur le port USB, Windows détecte la carte et exécute l'assistant Ajout de nouveau matériel détecté (figure 4-1). Si vous avez déjà chargé la dernière version du pilote ainsi que l'utilitaire de configuration, sélectionnez l'option de recherche automatique. Windows trouve alors le pilote.

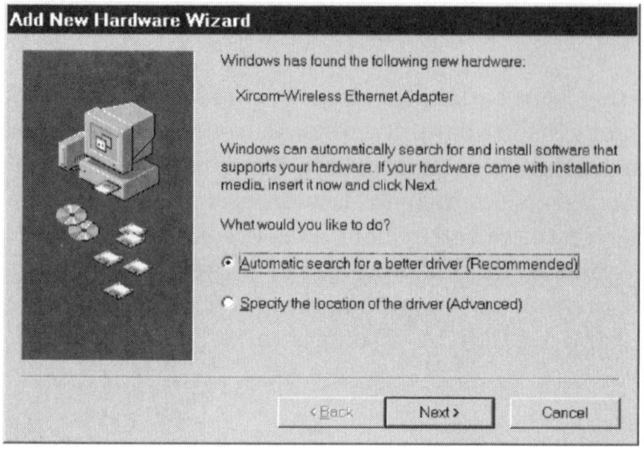

Figure 4-1 Windows propose de charger un pilote dès qu'il détecte un nouveau matériel

Après avoir installé le pilote, Windows vous invite à redémarrer la machine. Certains utilitaires de configuration s'exécutent automatiquement chaque fois qu'une carte sans fil est active ; d'autres demandent à l'utilisateur d'exécuter le programme depuis le menu Démarrer/Programmes ou depuis une icône du bureau Windows. Si le programme de configuration ne s'ouvre pas dans une fenêtre de programme, il affiche une icône d'état dans la barre des tâches à côté de l'heure.

Le pilote Apple AirPort est chargé sur un Macintosh dans le cadre de l'installation du système. Avec Linux et Unix, vous devez installer le pilote manuellement. Les chapitres 7 et 8 traiteront des pilotes Linux et Unix de manière plus détaillée.

Emploi de l'utilitaire de configuration

Il n'est pas étonnant que chaque fabricant de carte sans fil ait son propre utilitaire de configuration. Chaque utilitaire contrôle les mêmes paramètres et options, et chacun affiche des informations similaires ; mais la plupart des firmes préfèrent écrire leurs propres logiciels plutôt que d'utiliser des programmes écrits par des tiers. À quelques exceptions près, pour chaque marque de carte correspondra un utilitaire.

Les différences entre les divers utilitaires de configuration concernent surtout la présentation des options et des informations d'état, bien plus que les fonctionnalités intrinsèques. Certains fabricants ont un programme pour afficher l'état courant de la liaison sans fil et un programme distinct pour modifier les paramètres de configuration, alors que d'autres ont un programme unique doté d'onglets ou de menus séparés pour afficher l'état et présenter les paramètres de configuration. D'un point de vue pratique, tous ces utilitaires font peu ou prou les mêmes choses.

Certains utilitaires de configuration sont exécutés automatiquement au démarrage de Windows, ce qui est bien pour les ordinateurs qui utilisent en permanence une liaison sans fil. En revanche, sur un portable qui fonctionne la plupart du temps sans connexion réseau active, le chargement de l'utilitaire ne fait que retarder l'amorçage de la machine et gaspille de la mémoire système. Pour empêcher le programme de configuration de démarrer automatiquement au chargement de Windows 98, Windows Me ou Windows XP, passez par le menu Démarrer/Programmes/Démarrage ou par le programme msconfig pour repérer et désactiver les programmes à démarrage automatique.

Utilitaire Microsoft Connexion réseau sans fil

Windows XP inclut un utilitaire intitulé Connexion réseau sans fil, lequel gère la plupart des cartes sans fil les plus courantes. Si Windows reconnaît une carte réseau, il exécute automatiquement l'utilitaire Connexion réseau sans fil, sauf si vous l'avez désactivé dans l'onglet Configuration réseaux sans fil de la fenêtre Propriétés de connexion réseau sans fil (figure 1-2). Si l'utilitaire Windows ne gère pas la carte, il utilise l'utilitaire de configuration propriétaire.

Si vous utilisez une carte Orinoco sous Windows XP, le fabricant recommande de se servir de l'utilitaire Microsoft et non d'Orinoco Client Manager. En pratique, il ne semble pas y avoir beaucoup de différences : les deux programmes affichent les informations dont vous avez besoin pour sélectionner un point d'accès, et chacun présente des contrôles similaires. Essayez-les tous les deux, puis utilisez celui qui vous paraît le plus simple. Ce conseil peut aussi s'appliquer à d'autres marques de cartes, vu que Microsoft et les fabricants étendent l'utilitaire Connexion réseau sans fil pour gérer des cartes supplémentaires.

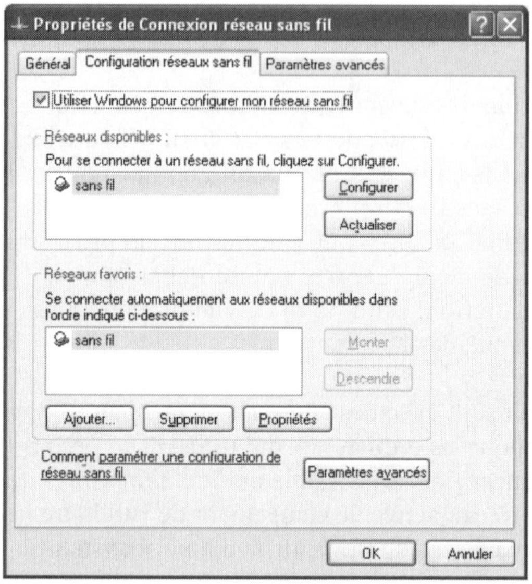

Figure 4-2 L'onglet Configuration réseaux sans fil de la fenêtre Propriétés permet d'activer ou de désactiver l'utilitaire Connexion réseau sans fil

Lecture des informations d'état

Les figures 4-3, 4-4 et 4-5 montrent l'affichage des informations d'état pour deux marques de cartes sans fil. La figure 4-6 montre la fenêtre Windows Etat de Connexion réseau sans fil. Chacun de ces programmes affiche des informations quelque peu différentes. La plupart des données d'état reprennent les éléments que voici :

- **Force du signal** C'est la puissance du signal radio que la carte a reçue lors de son dernier balayage. La plupart des programmes affichent la force sous la forme d'un pourcentage, mais d'aucuns la représentent en dBm (décibels au-dessous de 1 mw). En pratique, la force du signal sert surtout de mesure relative qui montre la façon dont le signal varie suivant l'emplacement ; mais elle n'a pas grande signification d'un fabricant à l'autre.

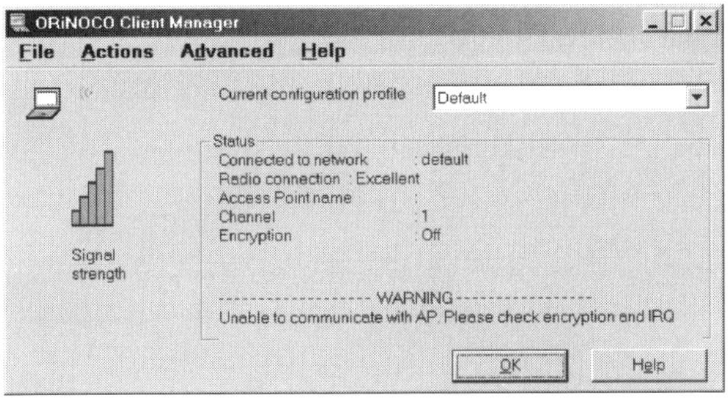

Figure 4-3 L'utilitaire Orinoco Client Manager de Lucent présente les mêmes informations que l'utilitaire Connexion réseau sans fil, mais sous une forme différente

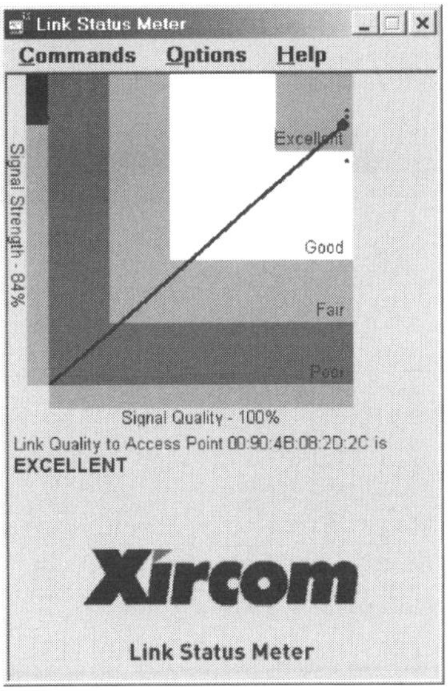

Figure 4-4 Xircom (et Cisco) affiche la qualité du signal dans une fenêtre et les autres données d'état dans une fenêtre séparée

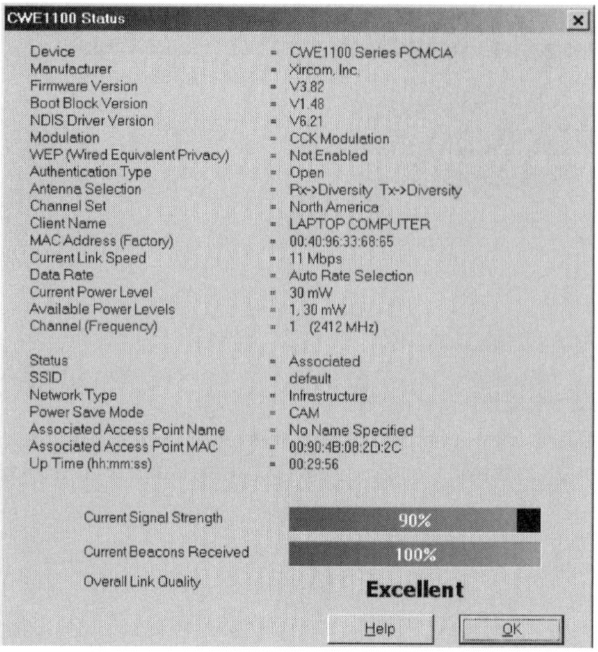

Figure 4-5 La fenêtre Status de Xircom offre plus de détails que certains de ses concurrents

Figure 4-6 La fenêtre Connexion réseau sans fil de Windows XP affiche les mêmes informations sous une autre forme

- **Qualité du signal** Qualité des paquets de données que la carte a reçus lors de son dernier balayage. Une valeur de 100 % indique que tous les paquets reçus sont bons.
- **Qualité globale** Valeur déterminée à partir de la force et de la qualité du signal. Elle s'exprime généralement sous la forme Excellent, Bon, Correct ou Médiocre.
- **Vitesse** Vitesse théorique de transfert de données que la carte et le point d'accès associé utilisent actuellement.
- **Association** Confirme que la carte a créé une association avec un réseau local sans fil.
- **MAC** Identifie l'adresse MAC unique de la carte réseau.
- **Nom du réseau (SSID)** Nom du réseau local avec lequel la carte est actuellement associée. Tous les nœuds et points d'accès d'un réseau local sans fil doivent employer le même SSID.
- **Type de réseau** Si le réseau utilise un ou plusieurs points d'accès, le type est *infrastructure*. S'il s'agit d'un réseau d'égal à égal, le type est *ad hoc*.
- **Canal** Canal radio actuellement utilisé par la carte.
- **Cryptage** Indique si la carte emploie actuellement le chiffrement WEP et, si elle peut traiter des clés 64 bits ou 128 bits, indique le type de chiffrement qui est en cours d'utilisation.
- **Activité** Nombre de paquets sortants et entrants que la carte a émis et reçus.

Utilitaires de configuration sans fil

L'utilitaire de configuration est l'endroit où vous définirez ou modifierez les paramètres locaux utilisés par la carte pour communiquer avec le réseau. Certains utilitaires affichent les informations d'état dans une fenêtre et permettent de les modifier dans une autre fenêtre.

Les paramètres relatifs au type de réseau, au SSID et à la clé WEP doivent être les mêmes pour chaque nœud d'un réseau. L'adresse IP de chaque carte d'un réseau doit être unique, alors que l'adresse de sous-réseau doit être la même pour toutes les cartes.

Si votre carte ne détecte pas automatiquement le canal actif, ou s'il y a plus d'un point d'accès à portée, alors vous devez employer l'utilitaire de configuration pour prendre comme numéro de canal celui utilisé par le point d'accès le plus proche.

La façon la plus simple de configurer un réseau utilisant beaucoup de cartes, c'est de commencer par configurer le point d'accès en notant les paramètres de configuration sans fil que vous devrez faire coïncider au niveau de chaque carte. Si ce sont les utilisateurs qui doivent configurer eux-mêmes leurs cartes, préparez-leur une fiche d'information standard qui recense les paramètres que voici :

- SSID du réseau
- Type du réseau (infrastructure ou ad hoc)
- DHCP activé ou désactivé
- Si DHCP est désactivé, adresse IP et sous-réseau assignés à la carte
- Type de chiffrement WEP (aucun, 40/64 bits ou 128 bits)
- Clé WEP (ou numéro de téléphone du service d'assistance susceptible de la fournir)
- Numéro de canaln
- Longueur de préambule
- URL, nom et mot de passe permettant d'accéder au réseau (si nécessaire)

Si claires que soient les instructions écrites, il y aura toujours des utilisateurs qui n'arriveront pas à se connecter au réseau sans assistance. Votre feuille d'instructions doit donc inclure les noms ou numéros de téléphone de personnes capables d'expliquer à un utilisateur novice comment installer une carte et ainsi de le guider à travers le processus de configuration.

Si la plupart des utilisateurs ont le même type de carte, vous pouvez ajouter des captures d'écran de l'utilitaire de configuration de la carte et de la fenêtre Windows de configuration réseau, le tout accompagné d'instructions détaillées expliquant comment ouvrir toutes ces fenêtres.

Passage d'un réseau à un autre

Si vous vous servez de votre portable sur plusieurs réseaux sans fil, vous devrez éventuellement avoir un document qui recense les paramètres de configuration de votre carte pour chacun des réseaux que vous utilisez régulièrement : chez vous, au bureau, à la cafétéria, à l'aéroport, *etc.* Certains utilitaires de configuration permettent de créer deux ou plusieurs profils de configuration prédéfinis ; mais si votre utilitaire ne le permet pas, vous serez obligé de reconfigurer toutes les options chaque fois que vous changerez de réseau.

L'utilitaire Connexion réseau sans fil de Windows XP inclut une fonctionnalité de configuration automatique qui détecte chaque réseau sans fil à portée et configure automatiquement votre carte. Si votre carte est compatible avec l'utilitaire Windows, cela peut vous faire économiser pas mal de temps et de tracas. En revanche, si Windows ne détecte pas un réseau qui devrait être là, il n'y a pas de mal à employer un renifleur, par exemple Network Stumbler, pour faire votre propre détection.

Voici comment utiliser la fonctionnalité de configuration sans fil automatique de Windows XP :

1. Ouvrez la fenêtre Propriétés du réseau sans fil. Pour ce faire, cliquez sur l'icône réseau dans la barre des tâches (à côté de l'heure) ; ou bien faites Démarrer/Panneau de configuration/Connexions réseau, cliquez avec le bouton droit de la souris sur l'icône de la connexion sans fil puis choisissez Propriétés dans le menu contextuel.

2. Allez dans l'onglet Configuration réseaux sans fil.

3. Activez ou désactivez la configuration automatique via la case Utiliser Windows pour configurer mon réseau sans fil.

4. Cliquez sur le bouton Paramètres avancés, afin d'ouvrir une fenêtre permettant de définir le type de réseau que Windows détectera automatiquement (figure 4-7).

5. Choisissez le type de réseau que votre ordinateur doit détecter. Pour que Windows détecte et joigne n'importe quel réseau proche, même s'il n'est pas dans la liste des réseaux favoris, cochez la case Se connecter automatiquement aux réseaux non-favoris.

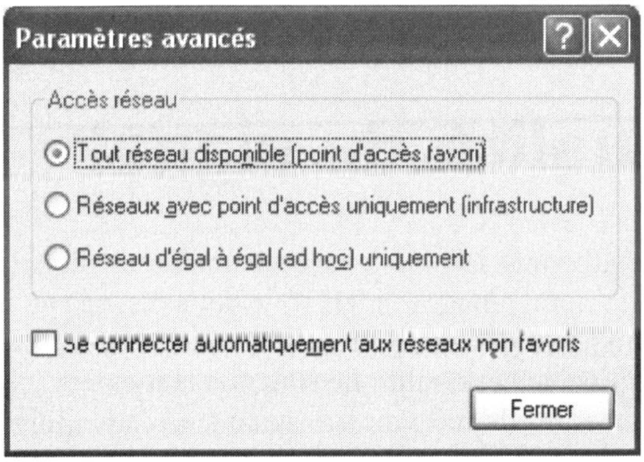

Figure 4-7 La fenêtre Paramètres avancés de Connexion réseau sans fil permet de spécifier les réseaux que Windows détectera automatiquement

Il n'y a pas que Windows

Chaque fabricant de cartes propose des pilotes pour les versions courantes de Microsoft Windows, mais vous pouvez utiliser d'autres systèmes d'exploitation avec une carte sans fil...pour peu que vous ayez les pilotes idoines. Pour ce qui est des systèmes d'exploitation moins courants, vous trouvez les pilotes sur les sites d'assistance technique des fabricants ou auprès de groupes d'utilisateurs consacrés à tel ou tel système d'exploitation.

Avec Macintosh, le mieux est d'employer les cartes Apple AirPort et les pilotes fournis avec celles-ci, tout cela étant parfaitement compatible avec les autres réseaux 802.11b. Il existe cependant d'autres cartes susceptibles de fonctionner avec un Mac, à condition d'avoir les pilotes adéquats. Comme les cartes Apple AirPort sont des versions propriétaires de produits Orinoco, vous pouvez souvent employer les logiciels Apple avec les cartes Orinoco. Le chapitre 6 reviendra sur l'utilisation des logiciels AirPort avec un Macintosh.

Si vous avez une autre marque de PC Card ou de carte sans fil USB, pas de panique. Cisco et d'autres fabricants proposent des pilotes et logiciels de configuration pour Mac OS. Consultez le site Web du fabricant pour tout savoir sur les dernières versions.

Pour certaines cartes, il existe aussi des pilotes pour Linux, FreeBSD, NetBSD et d'autres variantes d'Unix ; vous pourrez vous les procurer soit directement auprès du fabricant (ainsi, Orinoco et Cisco offrent des pilotes Linux sur leurs sites Web) soit auprès de groupes d'utilisateurs. Certaines versions récentes d'Unix et de Linux contiennent des pilotes pour plusieurs puces 802.11b d'usage courant. Les chapitres 7 et 8 reviendront sur l'emploi de Linux et d'Unix sur un réseau Ethernet sans fil.

Puissance et qualité du signal

La plupart des utilitaires sans fil affichent la puissance et la qualité du signal sous forme d'histogrammes ou de pourcentages ; mais il ne vous disent pas ce qu'est un signal ayant une puissance de 100 % (100 % *de quoi* ?). Il est important de comprendre que puissance et qualité ne sont pas la même chose ; une carte sans fil n'a pas besoin de recevoir un signal à « pleine puissance » pour transférer des données à la vitesse maximale. Du moment que le récepteur capture un signal propre, les performances du réseau devraient être acceptables. Mais même un signal fort peut souffrir si le récepteur récupère en même temps des interférences provenant d'autres réseaux sans fil ou d'appareils utilisant les mêmes fréquences radio (téléphones sans fil, fours à micro ondes, *etc.*).

Et même si la vitesse de transfert des données est inférieure au débit maximal théorique, il se peut que cela ne fasse aucune différence. Par exemple, si vous utilisez un réseau Wi-Fi pour relier votre ordinateur à Internet via une ligne DSL (à 0,5 Mb/s ou moins), peu importe que la vitesse de votre réseau local tombe de 11 Mb/s à 2 Mb/s (vous avez encore beaucoup plus de bande passante que nécessaire).

Le signal radio à spectre étalé qu'utilise un réseau Wi-Fi n'est pas le même qu'un signal radio FM, mais les problèmes d'interférences et de qualité du signal sont similaires. Si vous habitez dans une grande ville ou à proximité, vous pouvez sans doute capter une dizaine ou plus de stations radio FM sur votre minuscule récepteur. Certaines de ces stations ont peut être des émetteurs près de votre maison, alors que d'autres émettent depuis l'autre bout de la ville ou même de bien plus loin. Mais du moment que votre radio capte une station avec un minimum de qualité, elle reproduit la musique suffisamment bien ; le signal émis par la radio libre du lycée voisin qui diffuse avec les moyens du bord peut être aussi bon que le signal de France Inter qui dispose d'un émetteur très puissant sur une colline dominant la ville. En revanche, si vous êtes à la limite de la zone de couverture de la station, ou s'il y a une autre station dans le coin qui utilise la même fréquence, alors le son risque d'être chargé de friture et difficilement audible. De la même façon, la qualité globale d'une liaison réseau sans fil dépend et de la puissance du signal et de la présence ou non de bruit.

La définition technique de *bruit* sur un canal de données est « toute énergie ou information non désirée ». La seule chose que vous voulez que reçoive votre carte réseau, c'est le signal numérique émis par le point d'accès du réseau ; donc, tout autre chose arrivant sur le récepteur est du bruit. Il peut s'agir d'interférences provenant d'autres réseaux sans fil ou de radios utilisant les mêmes fréquences, ou d'interférences dues à des causes naturelles comme la foudre. Jusqu'à un certain point, les technologies numériques et l'étalement du spectre radio utilisés par un réseau 802.11b peuvent lui permettre d'ignorer les interférences ; mais si le bruit est aussi fort que le signal que vous voulez recevoir, le réseau applique ses fonctionnalités de correction d'erreur jusqu'à ce qu'il puisse vérifier qu'un signal intelligible a pu passer de l'émetteur au récepteur.

Un flot de bruit ou d'autres radios essayant d'utiliser le même canal au même moment peut diminuer le débit des données sur une liaison, mais un signal faible peut aussi dégrader la vitesse de transfert. Quand la distance entre l'émetteur et le récepteur augmente, la quantité d'énergie détectée par le récepteur diminue jusqu'au moment où le signal est tout bonnement trop faible pour que le récepteur puisse lire les données. S'il y a des obstacles physiques qui absorbent une partie de l'énergie rayonnée entre l'émetteur et le récepteur, alors la portée utile du signal diminue encore plus. Il est possible d'employer une antenne à gain élevé pour accroître la puissance du signal, et vous pouvez hisser l'antenne au sommet d'une tour ou d'un gratte-ciel pour augmenter la distance utile ; mais, tôt ou tard, la puissance du signal deviendra trop faible.

En cas de problèmes de signal, vous pouvez mesurer la puissance et la qualité du signal pour rechercher la cause du problème : si le signal est fort mais que la qualité est faible, le problème est sans doute dû à des interférences. Mais si la puissance et la qualité sont toutes les deux faibles, c'est sans doute que vous êtes trop loin du point d'accès le plus proche ou qu'il y a des obstacles. Chaque fois que le réseau n'arrive pas à transmettre un paquet de données, le récepteur ordonne à l'émetteur de le réexpédier. Cela peut advenir quand il y a du bruit ou des interférences sur la liaison (radio ou filaire), quand d'autres utilisateurs essaient de se servir du même canal au même moment, ou quand un signal radio est trop faible pour que le récepteur puisse lire les données contenues dans le paquet. La réexpédition d'un ou de deux paquets dans un flot de données ne se remarque guère ; mais s'il faut réexpédier systématiquement, une ou plusieurs fois, la quasi-totalité des paquets, alors le débit réel risque d'être la moitié ou moins du débit théorique. Deux radios 802.11b pourraient essayer de compenser la faiblesse du signal en abaissant la vitesse de transmission (c'est le même principe quand vous parlez lentement sur une ligne téléphonique de mauvaise qualité), mais le résultat revient souvent au même : la réception des données demande plus de temps.

La lenteur du transfert n'est pas toujours due à la partie radio du réseau ; il peut aussi y avoir un serveur qui est trop sollicité ou du bruit sur la partie filaire du réseau. Ainsi, un même symptôme peut découler de plusieurs problèmes de nature différente. Quand la vitesse de transfert semble se dégrader, le problème peut se situer au niveau de la liaison radio, au niveau du serveur, ou ailleurs sur le réseau. Pour isoler l'origine du problème, exécutez l'utilitaire de configuration ou le programme de rapport d'état sur le poste client. Si la puissance du signal est faible, essayez de changer d'emplacement de façon qu'il n'y ait pas d'obstacles entre votre ordinateur et le point d'accès ; si la puissance est correcte mais que la qualité du signal est faible, c'est que la carte réseau reçoit vraisemblablement du bruit en plus des données réseau ; si la puissance et la qualité sont correctes mais que le débit est lent, la cause se situe sans doute au niveau du serveur ou d'un quelque autre endroit du réseau.

CHAPITRE 5

Wi-Fi pour Windows

Dans un monde de réseaux idéaux, on relierait une carte sans fil à un ordinateur, on mettrait en marche et on se retrouverait connecté illico au réseau. Pas de problème (et pas besoin de bouquins !). Quand Windows détecte une carte réseau au démarrage, il devrait placer automatiquement une icône Réseau sur le bureau et configurer non moins automatiquement un certain nombre de ressources réseau standard.

Hélas ! l'idéal n'existe que dans les traités de philosophie. Avant que vous puissiez commencer à transférer des données sur un réseau sans fil, vous serez certainement obligé de préciser à Windows comment et où trouver le réseau et comment se connecter à Internet via le réseau local sans fil. Ce chapitre explique les grands principes qu'implique le fonctionnement de Windows avec un réseau local sans fil, ainsi que les procédures spécifiques aux différentes versions de Windows que requiert la configuration des outils et fonctionnalités réseau. C'est barbant, c'est pénible, mais sans cela votre réseau ne fonctionnera pas bien.

Sous Windows XP tout ce travail de configuration est censé se faire automatiquement, à condition (et c'est une *condition de taille*) que votre carte réseau contienne des microprogrammes (*firmware*) compatibles avec l'utilitaire de configuration automatique de Microsoft. Comme bon nombre de marques de cartes très répandues ne sont pas compatibles, vous avez de bonnes chances de devoir configurer à la main votre connexion de réseau sans fil. Et même si Windows reconnaît votre carte, il est utile de comprendre ce qui se passe dans les coulisses.

Si vous avez déjà configuré des réseaux Windows, un réseau sans fil ne devrait pas vous poser de gros problèmes. Pour ce qui concerne Windows lui-même, une carte sans fil est un type d'interface réseau comme les autres qui échange des données avec les applications et avec le système d'exploitation. Jusqu'à Windows XP, la configuration du sans-fil se passait dans un utilitaire distinct ; sous XP, il y a un onglet spécifique au sans-fil dans la boîte de dialogue des propriétés réseau. Configurer Windows pour le sans-fil consiste simplement à faire comprendre à l'ordinateur qu'il est connecté à un réseau, puis à définir les adresses des serveurs et des services réseau.

Malheureusement, Windows disperse les options de configuration sur l'ensemble de l'espace virtuel ; il est donc très utile de disposer d'un ensemble de pointeurs vers toutes ces options. Vous trouverez ces pointeurs plus loin dans ce chapitre.

Principes généraux de configuration d'un réseau Windows

Chaque version de Windows utilise des outils de configuration quelque peu différents, mais qui font tous la même chose : l'adresse IP, le masque de sous-réseau et l'adresse de passerelle de l'ordinateur doivent concorder avec les valeurs exigées par le reste du réseau. On peut tout à fait régler ces valeurs sans en comprendre la signification, mais il est toujours bon d'avoir une idée du fonctionnement du réseau.

Adresses IP

L'adresse IP (*Internet Protocol*) numérique d'un client réseau est l'identité formelle sous laquelle il est vu par les autres ordinateurs du même réseau. Chaque nœud d'un réseau doit avoir une adresse unique sur le réseau.

Les organismes administrant Internet ont défini un système de numérotation complexe, dans lequel chaque machine connectée au Net a une adresse unique. Une adresse IP numérique se présente sous la forme de quatre nombres, compris chacun entre 0 et 255 ; ainsi, l'ensemble total des adresses IP va de 0.0.0.0 à 255.255.255.255. Ces nombres sont parfois appelés

« octets », car ils sont constitués de huit chiffres binaires (11111111 binaire équivaut à 255 décimal).

Une adresse IP peut identifier soit un ordinateur individuel, soit une passerelle vers un réseau (local ou non) contenant un certain nombre d'ordinateurs reliés à la passerelle via un routeur. Quand le réseau local est connecté à Internet par une passerelle, chaque poste local doit aussi avoir une adresse IP unique. Selon la conception du réseau, chaque machine du réseau local a soit une adresse IP réelle accessible depuis Internet, soit une adresse IP appartenant à l'une des plages réservées à l'usage privé (auquel cas, une passerelle reliant le réseau local à Internet fait la traduction entre adresses privées et adresses publiques).

Pour prévenir les conflits entre adresses IP locales et adresses Internet, on a réservé plusieurs plages d'adresses à l'intention des réseaux locaux :

- 10.0.0.0 à 10.255.255.255
- 172.16.0.0 à 172.31.255.255
- 192.168.0.0 à 192.168.255.255

Assignation des adresses

Sur certains réseaux, un serveur DHCP (*Dynamic Host Configuration Protocol*) assigne une adresse IP unique à chaque poste client. Le serveur assigne une adresse à chaque poste chaque fois que le client se connecte au réseau ; un même client peut donc avoir une adresse locale qui varie d'une session à l'autre (d'où le nom *Dynamic Host Configuration*).

Le serveur DHCP se situe généralement dans le routeur qui contrôle tous les nœuds du réseau. Dans un réseau entièrement sans fil, cela se passe probablement dans un point d'accès ; dans un réseau mi-filaire mi-sans fil, le serveur DHCP est généralement dans la passerelle Internet. La figure 5-1 montre un exemple de serveur dans un réseau typique.

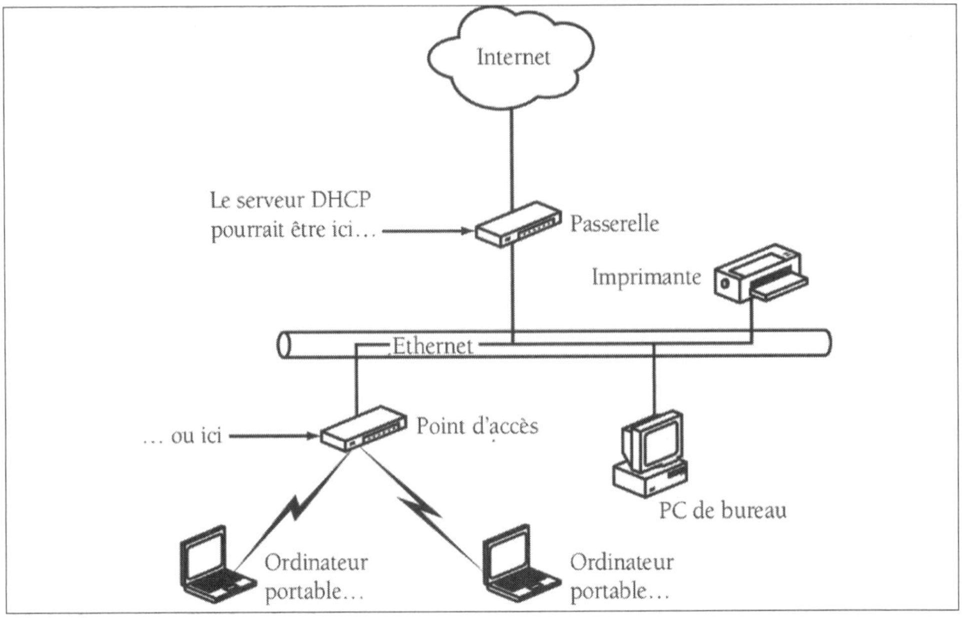

Figure 5-1 Un serveur DHCP offre des adresses IP locales à tous les nœuds d'un réseau local

Quand un serveur DHCP est actif, tous les utilisateurs du réseau local doivent dire à Windows (ou à un autre système d'exploitation réseau) de demander une adresse IP automatique. Si le réseau n'emploie pas de serveur DHCP, l'administrateur doit affecter une adresse permanente à chaque client. Si vous assignez les adresses à la main, conservez la liste de ces adresses dans un fichier texte et sur papier.

Le manuel de votre point d'accès doit spécifier la plage d'adresses utilisée par défaut pour les postes client. Si vous employez DHCP, le serveur assignera ces adresses automatiquement. Si vous n'employez pas DHCP, vous devez utiliser une adresse différente, appartenant à la plage spécifiée, pour chaque nœud de votre réseau. Si vous connectez un réseau sans fil à votre réseau local filaire, vous serez peut-être obligé de configurer la plage du point d'accès de façon qu'elle soit la même que la plage d'adresses utilisée par le réseau local.

Masque de sous-réseau

Le *masque de sous-réseau* est un groupe de quatre nombres qui spécifie quelle est la partie d'un grand réseau qui contient plus particulièrement tel ou tel ordinateur (ou autre nœud). Chacun des quatre nombres vaut généralement 255 ou 0. Ces nombres indiquent quelle est la portion de l'adresse IP qui identifie le réseau ou le sous-réseau local, et quelle est la portion qui identifie les nœuds individuels. Par exemple, si le masque est 255.255.255.0, alors toutes les adresses IP du réseau sont de la forme XXX.XXX.XXX.ZZZ, XXX.XXX.XXX étant le même pour toutes les adresses et ZZZ variant avec chaque nœud.

Le masque de sous-réseau doit être le même pour tous les points d'accès et pour tous les clients sans fil desservis par ces points d'accès. Sur un réseau petit ou moyen, le masque vaut généralement 255.255.255.0.

Passerelles

La *passerelle* est le point d'accès, routeur ou autre équipement qui fait l'interface entre les machines du réseau local et les nœuds ou réseaux extérieurs. Chaque fois qu'un ordinateur n'appartenant pas au réseau local essaie de communiquer avec un nœud du réseau, il doit faire passer les données par la passerelle.

L'adresse de passerelle (ou *passerelle par défaut*) est l'adresse IP du serveur passerelle. Selon la configuration du réseau sans fil, il s'agit souvent de l'adresse affectée au point d'accès ; mais si votre matériel sans fil est configuré pour fonctionner en tant que simple pont, il peut s'agir de la même adresse IP que la passerelle du réseau filaire.

Si un point d'accès fait en même temps office de concentrateur ou de routeur, l'adresse de passerelle que le point d'accès utilise pour les clients tant filaires que sans fil n'est pas la même que l'adresse de passerelle qu'il emploie pour communiquer avec un serveur de réseau local ou un serveur Internet. Quand vous configurez un client réseau, n'oubliez pas de prendre comme passerelle par défaut l'adresse IP de réseau local du point d'accès et non pas l'adresse de la passerelle WAN.

Serveurs DNS

Un serveur DNS (*Domain Name System*) est un ordinateur qui traduit les noms de domaine, tels efirst.com ou microsoft.fr, en adresses IP des ordinateurs ou autres machines utilisant ces adresses. Certains serveurs DHCP fournissent automatiquement une adresse de serveur DNS, alors que d'autres obligent l'utilisateur à ajouter manuellement le serveur DNS à la configuration TCP/IP du client. Si vous n'employez pas DHCP, vous devez spécifier au moins une adresse de serveur DNS.

La plupart des réseaux et des FSI (*fournisseur de services Internet*) emploient deux ou plusieurs serveurs DNS à des fins de redondance (pour le cas où le serveur principal tomberait en panne). Votre administrateur de réseau ou votre FSI doit vous fournir les adresses des serveurs DNS de votre réseau.

Certains points d'accès et certaines passerelles réseau exigent une adresse de serveur DNS. La liste des serveurs définie au niveau du point d'accès ou de la passerelle doit être la même que celle définie sur chaque client.

Partage de fichiers et d'imprimantes

Quand le partage de fichiers a été activé, les autres usagers du réseau peuvent lire et écrire des fichiers sur votre ordinateur. Le partage de fichiers leur permet aussi d'imprimer des documents sur une imprimante partagée. Dans la terminologie des réseaux Microsoft, un dossier contenant des fichiers qui sont accessibles aux autres utilisateurs porte le nom de *partage*.

Le niveau d'accès d'un fichier ou d'un dossier partagé spécifie si les autres utilisateurs peuvent lire un fichier mais pas le modifier, ou bien s'ils peuvent faire des ajouts, des suppressions ou des changements.

Configuration de la carte réseau

Si vous ne trouvez pas un paramètre dans l'utilitaire de configuration, cherchez-le dans la fenêtre Propriétés de votre carte sans fil. Le pilote de chaque carte inclut un jeu d'options qui contrôlent les fonctionnalités spécifiques de cette carte, par exemple le nom que le client utilisera sur le réseau, la vitesse de transfert des données, le mode de fonctionnement ou le mode d'économie d'énergie. La figure 5-2 montre une liste typique de propriétés de carte réseau.

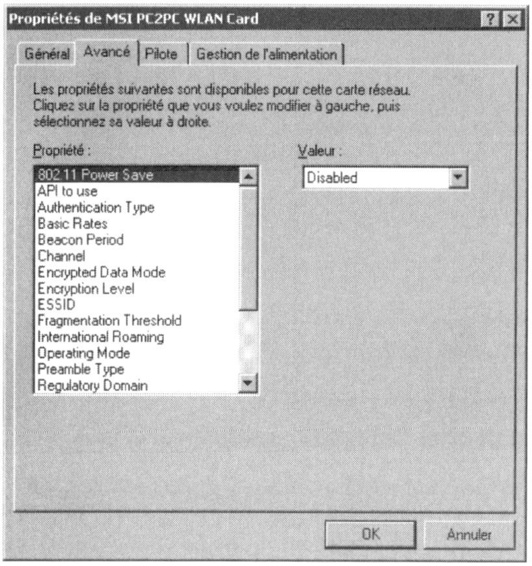

Figure 5-2 La fenêtre des propriétés contrôle nombre d'options de configuration de la carte réseau

Pour ouvrir la fenêtre des propriétés, allez dans le panneau de configuration de Windows, cliquez deux fois sur l'icône Système et sélectionnez l'onglet Matériel. Ouvrez ensuite la liste des cartes réseau et cliquez deux fois sur la ligne correspondant à votre carte sans fil. La liste des options se trouve dans l'onglet Avancé.

La plupart de ces options figurent aussi dans l'utilitaire de configuration livré avec la carte, ainsi que dans l'utilitaire de configuration sans fil de Windows XP. Si vous modifiez une option quelque part, la modification doit se répercuter à l'autre endroit la prochaine fois que vous y accéderez.

Nom de l'ordinateur

Le réseau utilise une adresse IP pour trouver et identifier votre ordinateur, mais l'être humain veut un nom de machine plus convivial. Qui a envie de savoir que 192.168.0.34 correspond à l'ordinateur du directeur, et 192.168.0.37 au portable de sa secrétaire ? Vous (ou l'administrateur) devez donc assigner un nom à chaque ordinateur du réseau. Ce nom apparaîtra dans tous les répertoires et dans toutes les listes d'ordinateurs accessibles *via* le réseau (figure 5-3). Chaque ordinateur doit avoir un nom unique, avec une longueur limitée (par exemple, 15 caractères et espaces au plus).

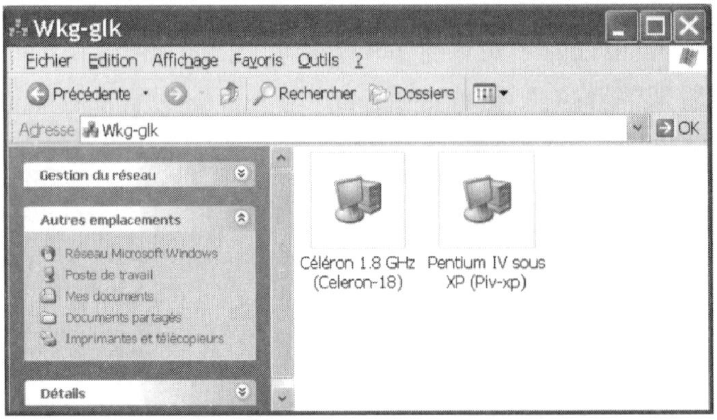

Figure 5-3 Le nom et la description de chaque ordinateur apparaissent dans une fenêtre réseau

La description de l'ordinateur est facultative, mais elle permet de donner plus de détails sur un client réseau que n'en permet la limitation de longueur du nom.

Windows permet aussi d'assigner chaque ordinateur du réseau à un *groupe de travail*. Sur un petit réseau local, en principe, il n'y a qu'un seul groupe de travail. Le nom de groupe de travail doit donc être le même sur chaque machine du réseau.

Sur certains réseaux sans fil, le nom du groupe de travail doit être le même que le SSID utilisé par le point d'accès, surtout quand l'utilitaire de configuration du réseau n'affiche pas la liste des réseaux voisins. Si vous avez du mal à vous connecter, essayez de remplacer le nom du groupe de travail par le SSID du réseau que vous voulez rejoindre.

Configuration de Windows 98/Me

Windows 98, Windows 98 SE et Windows Me ont des outils de configuration réseau similaires.

Adresse IP et masque de sous-réseau

Voici comment définir l'adresse IP et le masque de sous-réseau :

1. Dans le panneau de configuration, cliquez deux fois sur l'icône Réseau.
2. Dans l'onglet Configuration, sélectionnez la ligne TCP/IP associée à votre carte réseau puis cliquez sur le bouton Propriétés.
3. Allez dans l'onglet Adresse IP pour afficher l'écran de la figure 5-4.

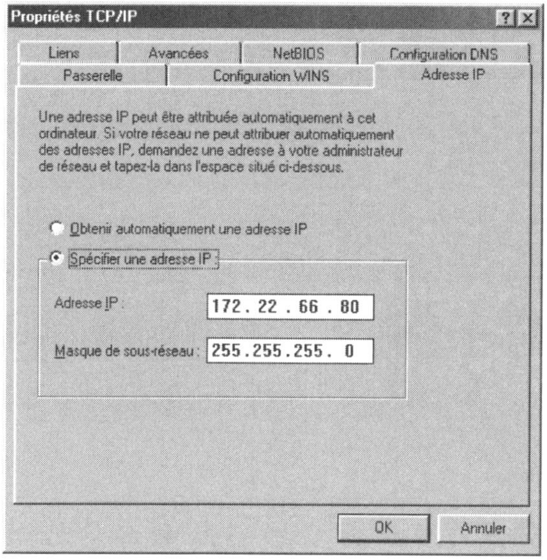

Figure 5-4 L'onglet Adresse IP contrôle les paramètres de la connexion réseau

4. Si le serveur DHCP intégré à votre point d'accès ou à quelque autre nœud est actif, cochez l'option Obtenir automatiquement une adresse IP. Si vous n'utilisez pas de serveur DHCP, cochez l'option Spécifier une adresse IP, puis tapez dans le champ Adresse IP l'adresse assignée à l'ordinateur.
5. Le champ Masque de sous-réseau est dans ce même onglet. Si vous n'avez pas de serveur DHCP sur votre réseau, tapez ici le même masque que celui utilisé par le point d'accès.

Passerelle

Voici comment configurer l'adresse de passerelle :

1. Dans la fenêtre des propriétés TCP/IP, cliquez sur l'onglet Passerelle pour afficher la boîte de dialogue de la figure 5-5.

2. Tapez l'adresse IP de réseau local du point d'accès dans le champ Nouvelle passerelle, puis cliquez sur le bouton Ajouter.

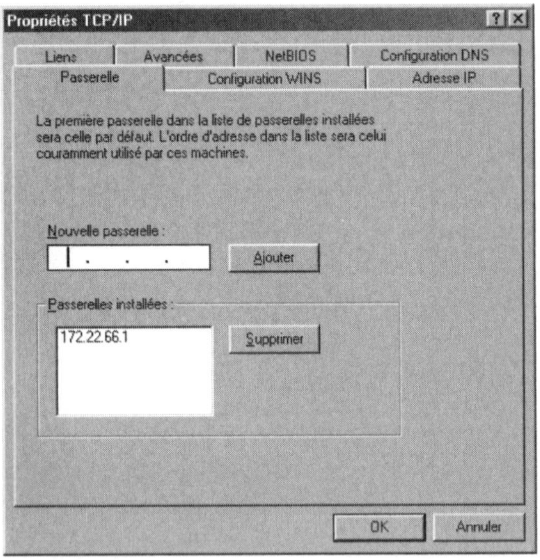

Figure 5-5 L'onglet Passerelle permet de définir l'adresse de passerelle

Serveurs DNS

Voici comment configurer les paramètres DNS :

1. Dans la fenêtre des propriétés TCP/IP, cliquez sur l'onglet Configuration DNS pour afficher la boîte de dialogue de la figure 5-6.

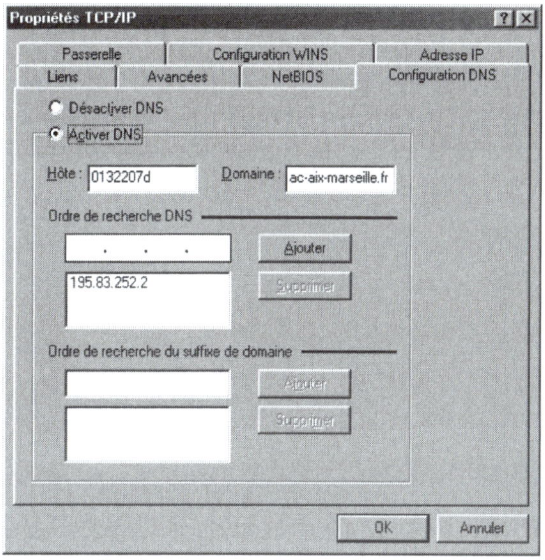

Figure 5-6 L'onglet Configuration DNS permet de définir les options de serveur de noms

2. S'il y a un serveur DHCP qui assigne des adresses DNS aux clients réseau, cochez l'option Désactiver DNS. Si le réseau emploie un serveur DNS statique, cochez l'option Activer DNS.

3. S'il n'est pas déjà affiché, tapez le nom assigné à cet ordinateur dans le champ Hôte.

4. Si le réseau local, le point d'accès ou le serveur DHCP utilise un nom de domaine, tapez ce nom dans le champ Domaine.

5. Tapez l'adresse de chaque serveur DNS utilisé par votre réseau dans le champ Ordre de recherche DNS, puis cliquez sur le bouton Ajouter. Votre administrateur ou votre FSI pourra vous fournir les bonnes adresses DNS pour votre réseau.

6. Cliquez sur le bouton OK de la fenêtre Propriétés de TCP/IP, puis sur le bouton OK de la fenêtre Réseau, pour enregistrer la nouvelle configuration. Windows stocke alors les modifications, avant de vous inviter à réamorcer l'ordinateur. La nouvelle configuration prendra effet au prochain démarrage du système.

Partage de fichiers et d'imprimantes

Pour que les autres utilisateurs du réseau puissent accéder au contenu d'un dossier ou d'un lecteur tout entier, cliquez avec le bouton droit de la souris sur l'icône du dossier ou du lecteur puis activez la commande Partager du menu contextuel. S'ouvre alors la feuille de propriétés (figure 5-7).

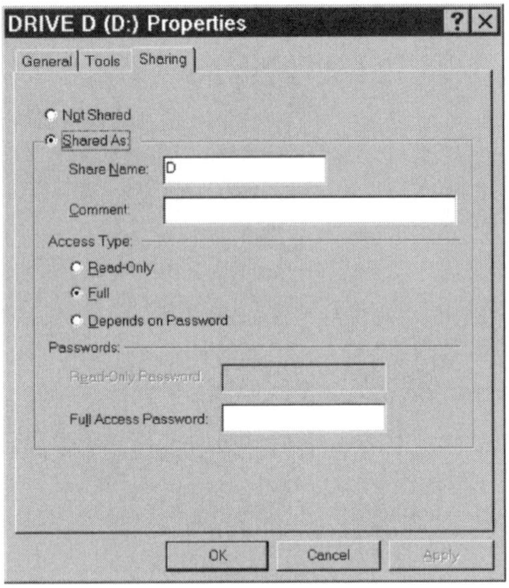

Figure 5-7 L'onglet Partage permet de modifier les caractéristiques de partage d'un dossier ou d'un lecteur

Pour que le dossier ou lecteur ne soit accessible qu'aux utilisateurs travaillant sur la machine locale, cochez l'option Ne pas partager. Pour que le dossier ou lecteur soit accessible aux utilisateurs distants, cochez l'option Partager puis sélectionnez le type d'accès que vous voulez offrir pour cette ressource.

Lorsque vous partagez un lecteur ou un dossier, son icône change d'aspect. Si le partage est activé, l'icône affiche une main « offrant » l'élément au réseau.

Configuration de la carte réseau

Voici comment modifier les paramètres de la carte réseau :

1. Dans le panneau de configuration, cliquez deux fois sur l'icône Réseau pour ouvrir la fenêtre Réseau.

2. Cliquez sur l'onglet Configuration pour afficher la liste des composants réseau installés.

3. Vers le haut de cette liste, sélectionnez la première ligne associée à votre carte puis cliquez sur le bouton Propriétés pour ouvrir la fenêtre des propriétés de la carte.

4. Cliquez sur l'onglet Avancé. Une liste de propriétés semblable à celle de la figure 5-8 s'affiche alors.

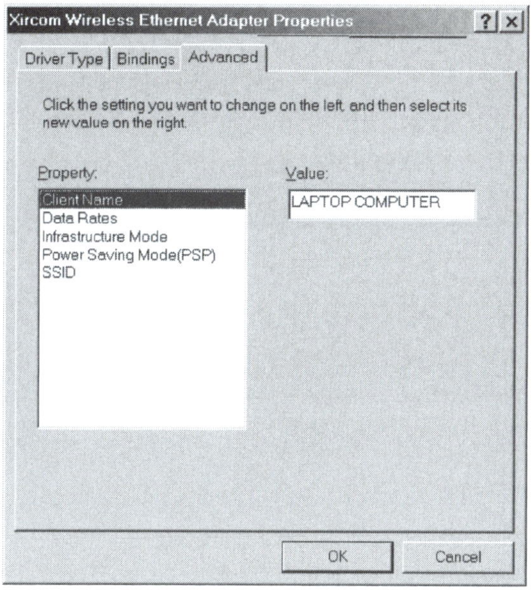

Figure 5-8 L'onglet Avancé de la fenêtre des propriétés de la carte réseau permet de configurer la carte

5. Sélectionnez une propriété pour faire apparaître sa valeur courante dans le champ Valeur. Certaines valeurs sont des champs textuels, alors que d'autres sont des menus déroulants. Pour modifier la valeur d'une zone de texte, sélectionnez le texte courant puis tapez la nouvelle valeur. Pour modifier une valeur dans un menu, déroulez ce menu puis sélectionnez la nouvelle valeur.

6. Cliquez sur le bouton OK pour enregistrer vos modifications et fermer la fenêtre. Cliquez sur le bouton OK de la fenêtre Réseau pour revenir sur le bureau.

Certaines cartes sans fil, entre autres certains produits Orinoco, ne permettent pas de modifier les paramètres. Si vous ne voyez pas d'onglet Avancé dans la fenêtre des propriétés de la carte, servez-vous de l'utilitaire de configuration livré avec la carte pour modifier les paramètres de celle-ci.

Identité réseau

Pour pouvoir se connecter à un réseau, il faut assigner un nom à l'ordinateur. Sous Windows 98/Me, ce paramètre se trouve dans l'onglet Identification de la fenêtre Réseau. Voici comment définir le nom de l'ordinateur et les paramètres associés :

1. Dans le panneau de configuration, cliquez deux fois sur l'icône Réseau pour ouvrir la fenêtre Réseau.

2. Cliquez sur l'onglet Identification pour afficher la page montrée figure 5-9.

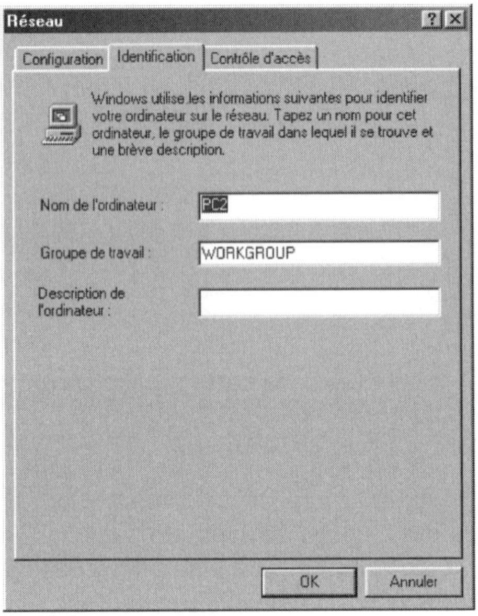

Figure 5-9 L'onglet Identification permet de modifier le nom de l'ordinateur et le SSID du réseau

3. Dans le champ Nom de l'ordinateur, tapez le nom qui identifie l'ordinateur sur le réseau.

4. Dans le champ Groupe de travail, tapez le SSID du réseau.

5. Si vous voulez expliciter le pourquoi et le comment de cet ordinateur, tapez un texte dans le champ Description de l'ordinateur.

6. Cliquez sur le bouton OK pour enregistrer vos modifications et fermer la fenêtre Réseau.

Configuration de Windows 2000

Windows 2000 contient les mêmes options de configuration que les versions antérieures de Windows, mais pas forcément aux mêmes endroits.

Adresse IP et masque de sous-réseau

Voici comment définir l'adresse IP et le masque de sous-réseau :

1. Dans le panneau de configuration, cliquez deux fois sur l'icône Connexions réseau et accès à distance. S'ouvre alors une fenêtre contenant des icônes, une pour chaque connexion réseau.

2. L'icône de votre connexion réseau sans fil s'appelle, en principe, Connexion au réseau local. Cliquez sur cette icône avec le bouton droit de la souris, puis prenez la commande Propriétés du menu contextuel. Apparaît alors une fenêtre comme celle de la figure 5-10. Vérifiez que le nom de la carte sans fil est affiché dans le champ Se connecter en utilisant.

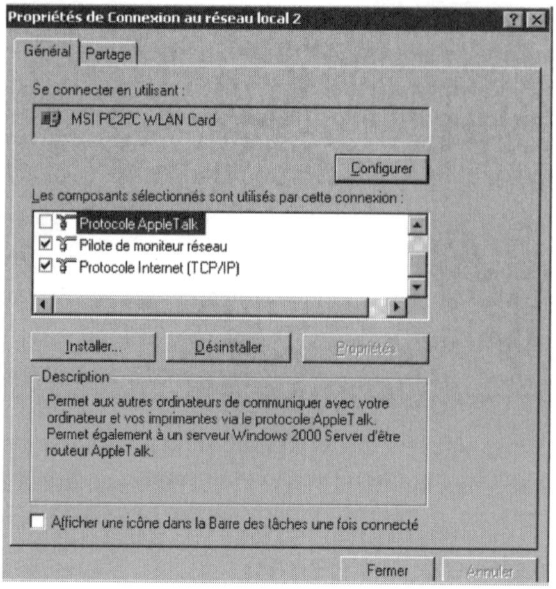

Figure 5-10 Sélectionnez la rubrique Protocole Internet (TCP/IP) pour configurer les options réseau

3. Dans la liste des éléments installés, sélectionnez Protocole Internet (TCP/IP) puis cliquez sur le bouton Propriétés pour faire apparaître la boîte de dialogue de la figure 5-11.

4. Si le serveur DHCP intégré à votre point d'accès ou à quelque autre nœud est actif, cochez l'option Obtenir une adresse IP automatiquement. Si vous n'utilisez pas de serveur DHCP, cochez l'option Utiliser l'adresse IP suivante, puis tapez dans le champ Adresse IP l'adresse assignée à l'ordinateur.

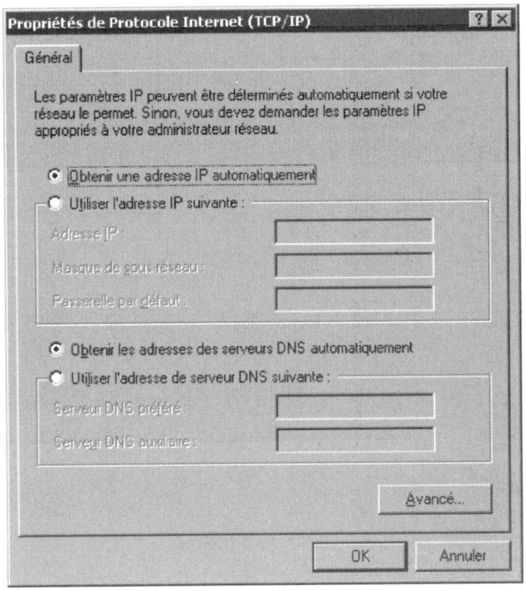

Figure 5-11 La fenêtre Propriétés de Protocole Internet contrôle les paramètres de la connexion réseau

5. Le champ Masque de sous-réseau est dans ce même onglet. Si vous n'avez pas de serveur DHCP sur votre réseau, tapez ici le même masque que celui utilisé par le point d'accès.

6. Tapez l'adresse IP de réseau local du point d'accès dans le champ Passerelle par défaut.

7. S'il y a un serveur DHCP qui assigne des adresses DNS aux clients réseau, cochez l'option Obtenir les adresses des serveurs DNS automatiquement. Si le réseau utilise un serveur DNS statique, cochez l'option Utiliser l'adresse de serveur DNS suivante, puis tapez les adresses DNS que vous ont données votre administrateur ou votre FSI.

Partage de fichiers et d'imprimantes

Pour que les autres utilisateurs du réseau puissent accéder au contenu d'un dossier ou d'un lecteur tout entier, cliquez avec le bouton droit de la souris sur l'icône du dossier ou du lecteur puis activez la commande Partager du menu contextuel. S'ouvre alors la feuille de propriétés (figure 5-12).

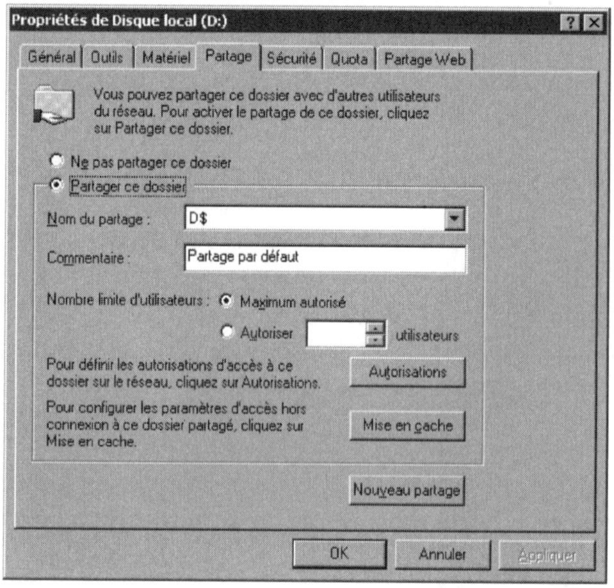

Figure 5-12 L'onglet Partage permet de modifier les caractéristiques de partage d'un dossier ou d'un lecteur

Pour que le dossier ou le lecteur ne soit accessible qu'aux utilisateurs travaillant sur la machine locale, cochez l'option Ne pas partager. Pour que le dossier ou le lecteur soit accessible aux utilisateurs distants, cochez l'option Partager puis sélectionnez le type d'accès que vous voulez offrir pour cette ressource.

Lorsque vous partagez un lecteur ou un dossier, son icône change d'aspect. Si le partage est activé, l'icône affiche une main « offrant » l'élément au réseau.

Configuration de la carte réseau

Voici comment modifier les paramètres de la carte réseau :

1. Dans le panneau de configuration, cliquez deux fois sur l'icône Connexions réseau et accès à distance pour ouvrir la fenêtre des connexions réseau.

2. Cliquez avec le bouton droit de la souris sur l'icône de la connexion sans fil, puis choisissez dans le menu contextuel la commande Propriétés.

3. Dans l'onglet Général, cliquez sur le bouton Configurer pour ouvrir la feuille de propriétés de la carte réseau.

4. Cliquez sur l'onglet Avancé pour afficher la liste des propriétés.

5. Sélectionnez une propriété pour faire apparaître sa valeur courante dans le champ Valeur. Certaines valeurs sont des champs textuels, alors que d'autres sont des menus déroulants. Pour modifier la valeur d'une zone de texte, sélectionnez le texte courant puis tapez la nouvelle valeur. Pour modifier une valeur dans un menu, déroulez ce menu puis sélectionnez la nouvelle valeur.

6. Cliquez sur le bouton OK pour enregistrer vos modifications et fermer la fenêtre. Cliquez sur le bouton OK de la fenêtre Réseau pour revenir dans le bureau.

Certaines cartes sans fil, entre autres certains produits Orinoco, ne permettent pas de modifier les paramètres. Si vous ne voyez pas d'onglet Avancé dans la fenêtre des propriétés de la carte, servez-vous de l'utilitaire de configuration livré avec la carte pour modifier les paramètres de celle-ci.

Identité réseau

Sous Windows 2000, les options d'identification se trouvent dans l'onglet Identification réseau de la fenêtre Propriétés du système. Voici comment modifier ces paramètres :

1. Dans le panneau de configuration, cliquez deux fois sur l'icône Système. S'ouvre alors la fenêtre Propriétés du système.

2. Cliquez sur l'onglet Identification réseau, afin d'ouvrir la boîte de dialogue de la figure 5-13.

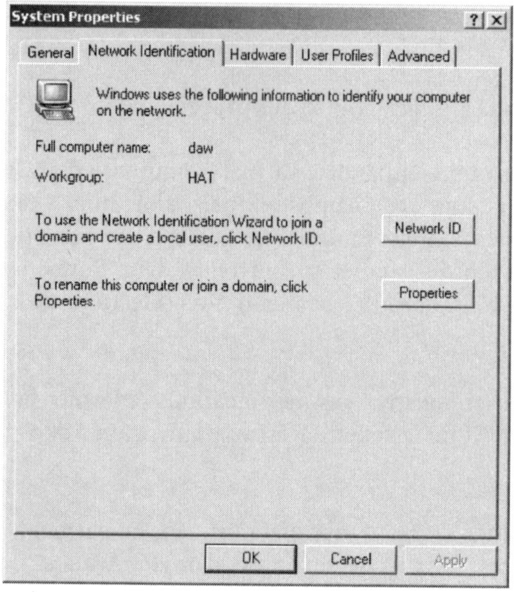

Figure 5-13 L'onglet Identification réseau affiche l'identité courante de l'ordinateur

3. Cliquez sur le bouton Propriétés pour ouvrir la fenêtre montrée sur la figure 5-14.

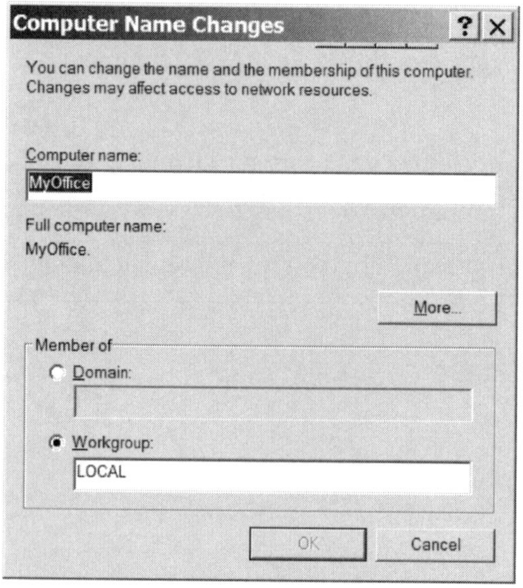

Figure 5-14 Cette fenêtre permet de modifier le nom de l'ordinateur et le SSID du réseau

4. Dans le champ Nom de l'ordinateur, tapez le nom qui identifie l'ordinateur sur le réseau.

5. Dans le champ Groupe de travail, tapez le SSID du réseau.

6. Cliquez sur le bouton OK pour enregistrer les modifications et fermer la fenêtre.

Configuration de Windows XP

Microsoft a intégré à Windows XP des fonctionnalités spécifiques pour la prise en charge des réseaux 802.11b, fonctionnalités qui sont censées assurer l'interopérabilité entre configuration sans fil et autres paramètres de configuration Windows. En théorie, cela doit faciliter l'installation et l'utilisation des réseaux sans fil, mais ce n'est pas encore un simple processus Plug-and-Play.

Le but ici est d'automatiser la configuration sans fil ; Windows devrait automatiquement détecter la carte et capter les signaux des réseaux sans fil. Quand il repère un réseau proche, Windows devrait permettre à l'utilisateur de se connecter à ce réseau via quelques clics de souris. Si vous changez de type de carte, vous n'avez donc pas besoin de vous familiariser avec un nouvel utilitaire de configuration (pour autant que la carte soit compatible avec Windows XP).

Tel est l'objectif, mais la réalité ne correspond pas toujours à la théorie, et ce pour plusieurs raisons. Primo, la fonctionnalité de configuration automatique exige des microprogrammes compatibles au niveau de la carte sans fil, ce qui n'est pas encore le cas pour nombre de cartes. Secundo, certains paramètres de configuration obscurs se trouvent encore dans le gestionnaire de périphériques et non dans l'utilitaire de configuration sans fil. Il se peut que vous soyez obligé de vous servir de l'utilitaire de configuration fourni avec la carte et les options de configuration les moins évidentes, tant que Windows XP n'aura pas amélioré sa prise en charge des cartes sans fil.

Mise à niveau des microprogrammes

Comme il a fallu du temps aux fabricants pour développer des microprogrammes qui soient compatibles avec Windows XP, il est encore plus important que d'habitude de s'assurer que l'on utilise les versions les plus récentes des pilotes et des microprogrammes. Presque tous les fabricants de cartes proposent leurs dernières mises à jour sur leurs sites Web en téléchargement gratuit.

Emploi de l'utilitaire sans fil de Windows

Si votre carte sans fil est compatible avec l'utilitaire de configuration Microsoft, cela vaut la peine de l'essayer. Certains fabricants ont intégré les propriétés de configuration sans fil de Windows à leurs propres utilitaires, alors que d'autres se sont déchargés de l'ensemble du processus pour le repasser à l'utilitaire Windows. Ainsi, la figure 5-15 montre Orinoco Client Manager. Quand vous sélectionnez la commande Add/Edit Configuration Profile du menu Actions, c'est la fenêtre Windows Propriétés de Connexion réseau sans fil qui apparaît.

Avec d'autres cartes, vous pouvez choisir entre l'utilitaire propriétaire et l'utilitaire Windows. Comme ces deux programmes font sans doute les mêmes choses, le mieux et d'employer celui qui vous plaît le plus.

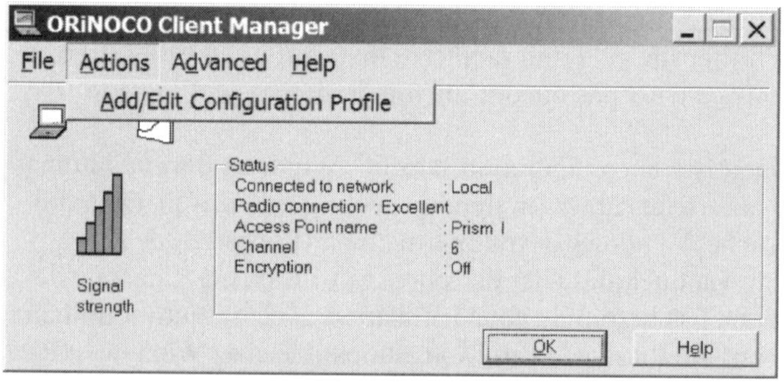

Figure 5-15 La commande Add/Edit Configuration Profile de Orinoco Client Manager ouvre l'utilitaire Windows Propriétés de Connexion réseau sans fil

État de Connexion réseau sans fil

Pour afficher la boîte de dialogue d'état, cliquez deux fois sur l'icône du réseau dans la barre des tâches (à côté de l'heure).

La fenêtre État de Connexion réseau sans fil montre l'état courant de la liaison sans fil : statut de la connexion, durée depuis laquelle la liaison est active, vitesse, qualité du signal, nombre d'octets émis et reçus par la carte depuis qu'elle s'est connectée au réseau (figure 5-16).

Pour désactiver la liaison radio, cliquez sur le bouton Désactiver en bas de la boîte de dialogue. Pour modifier les paramètres réseaux les plus courants, cliquez sur le bouton Propriétés.

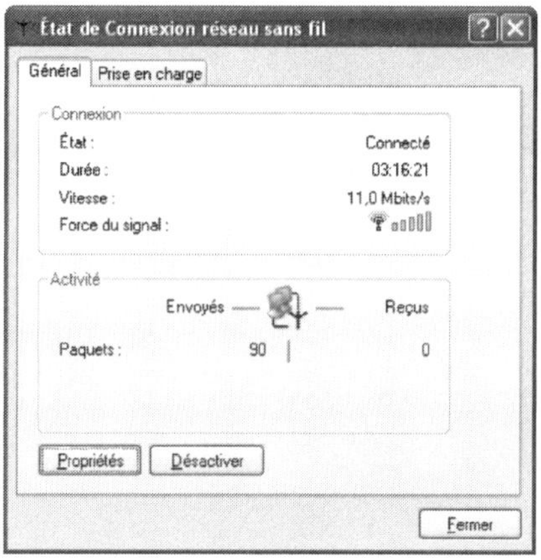

Figure 5-16 La boîte de dialogue État de Connexion réseau sans fil de Windows XP

Paramètres de configuration sans fil

Pour modifier les options de configuration sans fil, faites Démarrer/Panneau de configuration/Connexions réseau ; cliquez ensuite avec le bouton droit de la souris sur l'icône de la connexion sans fil et appelez la commande Propriétés du menu contextuel. La fenêtre Propriétés de Connexion réseau sans fil ressemble à la fenêtre des propriétés d'une connexion filaire, sauf qu'il y a en plus un onglet spécifique aux options sans fil (figure 5-17).

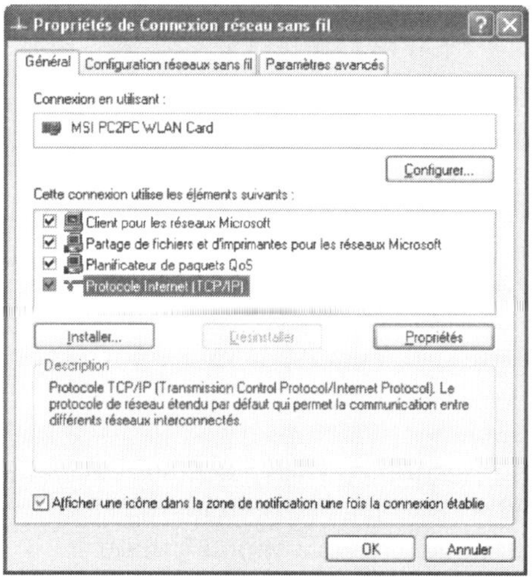

Figure 5-17 Sélectionnez la ligne TCP/IP pour définir les options réseau

Voici comment configurer la connexion sans fil :

1. Allez dans l'onglet Général. Dans la liste des éléments installés, sélectionnez Protocole Internet (TCP/IP) puis cliquez sur le bouton Propriétés pour faire apparaître la boîte de dialogue de la figure 5-18.

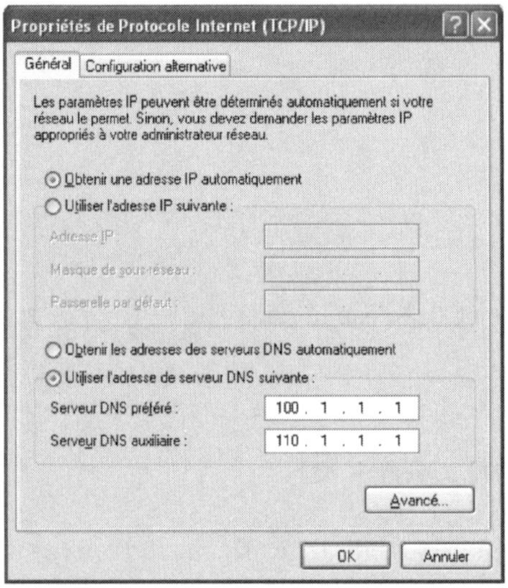

Figure 5.18 La fenêtre Propriétés de Protocole Internet contrôle les paramètres de la connexion réseau

2. Si le serveur DHCP intégré à votre point d'accès ou à quelque autre nœud est actif, cochez l'option Obtenir une adresse IP automatiquement. Si vous n'utilisez pas de serveur DHCP, cochez l'option Utiliser l'adresse IP suivante, puis tapez dans le champ Adresse IP l'adresse assignée à l'ordinateur.

3. Le champ Masque de sous-réseau est dans ce même onglet. Si vous n'avez pas de serveur DHCP sur votre réseau, tapez ici le même masque que celui utilisé par le point d'accès.

4. Si vous n'utilisez pas de serveur DHCP, tapez l'adresse IP de réseau local du point d'accès dans le champ Passerelle par défaut.

5. S'il y a un serveur DHCP qui assigne des adresses DNS aux clients réseau, cochez l'option Obtenir les adresses des serveurs DNS automatiquement. Si le réseau utilise un serveur DNS statique, cochez l'option Utiliser l'adresse de serveur DNS suivante, puis tapez les adresses DNS que vous ont données votre administrateur ou votre FSI.

6. Cliquez sur le bouton OK pour enregistrer les modifications et fermer la fenêtre.

Partage de fichiers et d'imprimantes

Pour que les autres utilisateurs du réseau puissent accéder au contenu d'un dossier ou d'un lecteur tout entier, cliquez avec le bouton droit de la souris sur l'icône du dossier ou du lecteur puis activez la commande Partage et sécurité. S'ouvre alors la feuille de propriétés (figure 5-19).

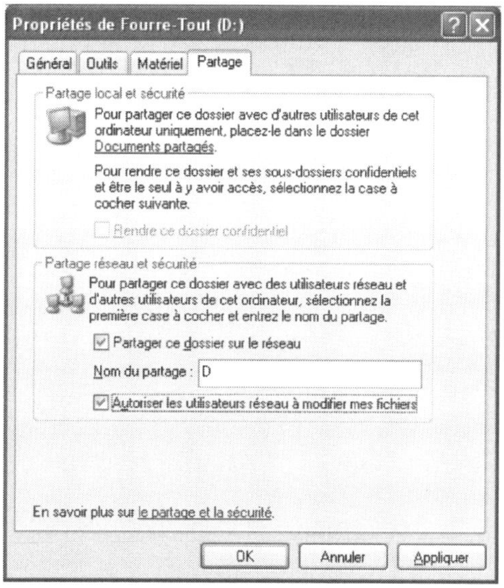

Figure 5-19 L'onglet Partage permet de modifier les caractéristiques de partage d'un dossier ou d'un lecteur

Pour que le dossier ou le lecteur soit accessible en réseau, cochez la case Partager ce dossier sur le réseau. Pour que les utilisateurs distants puissent modifier ou supprimer des fichiers, cochez la case Autoriser les utilisateurs réseau à modifier mes fichiers.

Lorsque vous partagez un lecteur ou un dossier, son icône change d'aspect. Si le partage est activé, l'icône affiche une main « offrant » l'élément au réseau.

Configuration de la carte réseau

Voici comment modifier les paramètres de la carte réseau :

1. Dans la fenêtre Propriétés de Connexion réseau sans fil, cliquez sur le bouton Configurer pour ouvrir la feuille de propriétés de la carte réseau.

2. Cliquez sur l'onglet Avancé pour afficher la liste des propriétés (figure 5-20).

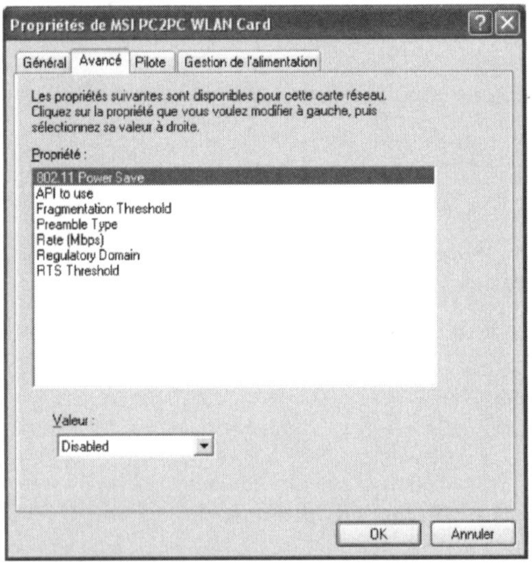

Figure 5.20 L'onglet Avancé de la fenêtre des propriétés de la carte permet de configurer la carte réseau

3. Sélectionnez une propriété pour faire apparaître sa valeur courante dans le champ Valeur. Certaines valeurs sont des champs textuels, alors que d'autres sont des menus déroulants. Pour modifier la valeur d'une zone de texte, sélectionnez le texte courant puis tapez la nouvelle valeur. Pour modifier une valeur dans un menu, déroulez ce menu puis sélectionnez la nouvelle valeur.

4. Cliquez sur le bouton OK pour enregistrer vos modifications et fermer la fenêtre. Cliquez sur le bouton OK de la fenêtre Réseau pour revenir sur le bureau.

Certaines cartes sans fil, entre autres certains produits Orinoco, ne permettent pas de modifier les paramètres. Si vous ne voyez pas d'onglet Avancé dans la fenêtre des propriétés de la carte, servez-vous de l'utilitaire de configuration livré avec la carte pour modifier les paramètres de celle-ci.

Identité réseau

Pour modifier le nom assigné à votre ordinateur sous Windows XP, ouvrez l'onglet Nom de l'ordinateur de la fenêtre Propriétés système. Voici comment modifier les paramètres :

1. Dans le panneau de configuration, cliquez deux fois sur l'icône Système. S'ouvre alors la fenêtre Propriétés système.

2. Cliquez sur l'onglet Nom de l'ordinateur, afin d'ouvrir la boîte de dialogue de la figure 5-21.

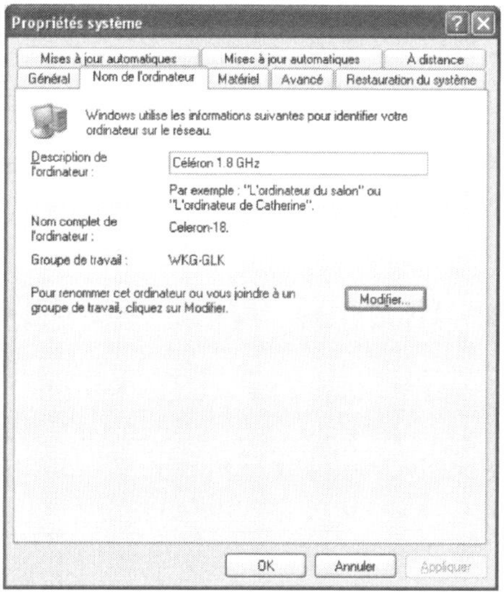

Figure 5-21 L'onglet Nom de l'ordinateur permet de modifier le nom de la machine et le SSID du réseau

3. Dans le champ Description de l'ordinateur, tapez le nom qui identifie l'ordinateur sur le réseau.

4. Cliquez sur le bouton Modifier pour ouvrir la boîte de dialogue Modification du nom d'ordinateur (figure 5-22).

5. Dans le champ Groupe de travail, tapez le SSID du réseau.

6. Cliquez sur le bouton OK pour enregistrer les modifications et fermer la fenêtre.

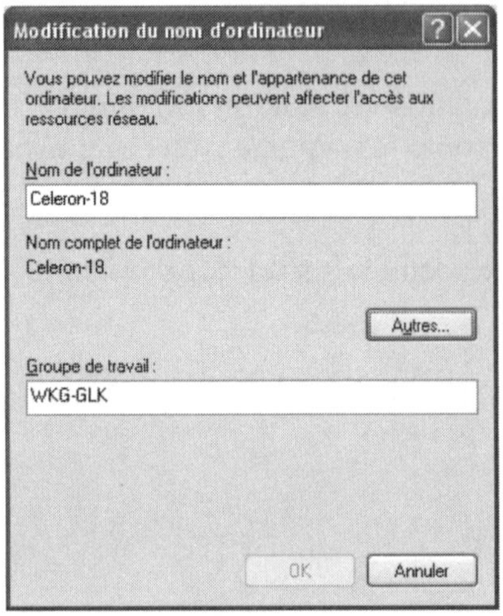

Figure 5-22 La boîte de dialogue Modification du nom d'ordinateur permet de changer le nom de machine et le SSID

Configuration de réseau sans fil sous Windows XP

Les outils de configuration sans fil intégrés à Windows XP visent à fournir une interface commune, susceptible de contrôler toutes sortes de cartes réseau. Certains fabricants s'appuient exclusivement sur l'utilitaire Windows, alors que d'autres en font un composant de leurs propres utilitaires de configuration plus complets.

Voici comment ouvrir la fenêtre Propriétés de Connexion réseau sans fil :

1. Cliquez deux fois sur l'icône du réseau sans fil, dans la barre des tâches de Windows (à côté de l'heure). S'ouvre alors la boîte de dialogue État de Connexion réseau sans fil.

2. Cliquez sur le bouton Propriétés en bas de cette boîte de dialogue pour afficher une feuille de propriétés semblable à celle de la figure 5-23.

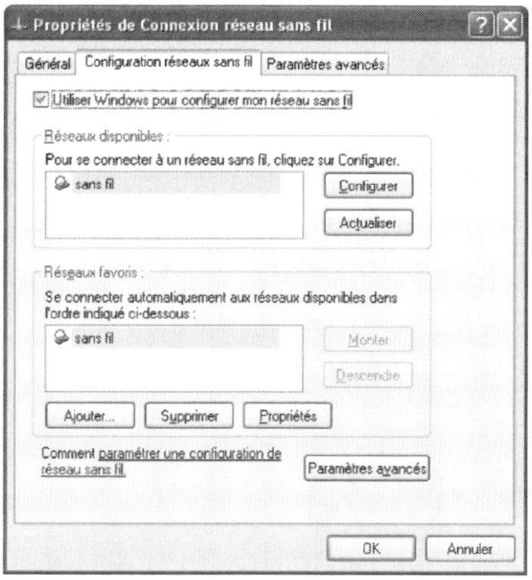

Figure 5-23 La boîte de dialogue Propriétés de Connexion réseau sans fil

Sélection d'un réseau

Si votre machine se trouve dans la portée de plusieurs réseaux, vous devez choisir celui qui vous intéresse. La fenêtre des propriétés inclut la liste des réseaux favoris, mais vous n'êtes pas restreint à cette liste.

Dans la fenêtre des propriétés, la liste des réseaux disponibles affiche les SSID de tous les réseaux auxquels votre carte sans fil peut se connecter. Si la carte ne détecte qu'un seul réseau, Windows s'y connecte automatiquement. Quand une carte réseau détecte plusieurs réseaux, elle compare le SSID de chacun aux noms figurant dans la liste Réseaux favoris puis elle se connecte automatiquement au réseau ayant la priorité la plus élevée. Les boutons Monter et Descendre permettent de modifier l'ordre des priorités.

Microsoft a soigneusement masqué la boîte de dialogue qui spécifie si Windows doit se limiter ou non aux réseaux favoris. Si votre carte détecte un réseau qui ne fait pas partie des favoris, elle crée une connexion si vous avez coché, dans la boîte de dialogue Paramètres avancés (ouverte via le bouton de même nom), l'option Se connecter automatiquement aux réseaux non favoris.

Bien évidemment, il se pourrait que l'ordinateur fasse le mauvais choix : il détecte plusieurs réseaux, mais ne se connecte pas automatiquement à celui que vous voulez. En pareil cas, sélectionnez le SSID du bon réseau dans la liste Réseaux disponibles puis cliquez sur le bouton Configurer. Vous verrez alors s'ouvrir une fenêtre contenant plus de détails sur ce réseau, et il y aura création d'une liaison avec ce réseau.

Chiffrement

La fenêtre Local Propriétés, que vous ouvrez depuis la fenêtre principale des propriétés via le bouton Configurer ou via le bouton Propriétés, propose plusieurs options relatives au chiffrement WEP. Si votre réseau utilise WEP, activez le chiffrement dans cette boîte de dialogue.

Résumé : création de la connexion

Que vous utilisiez Windows XP ou une version antérieur de Windows, vous devriez pouvoir établir une liaison avec un réseau sans fil. Si la connexion automatique ne se fait pas, cela ne signifie pas forcément que vous vous êtes trompé. Vous êtes probablement victime des erreurs de quelqu'un d'autre. Voici une petite liste de vérifications :

- Le SSID employé par votre ordinateur est-il identique au SSID du réseau à rejoindre ?
- Le chiffrement WEP est-il activé ou non ? Si oui, est-ce que vous utilisez la bonne clé de chiffrement ? Le chiffrement est-il sur 64 ou 128 bits ?
- Le point d'accès fait-il du filtrage d'adresses MAC ? Votre carte sans fil est-elle sur la liste des utilisateurs habilités ?
- Le nom du groupe de travail concorde-t-il avec le SSID ?
- Votre point d'accès utilise-t-il un serveur DHCP ? Si non, est-ce que les valeurs de l'adresse IP, du masque de sous-réseau et de la passerelle par défaut sont correctes ?
- La longueur de préambule est-elle bien définie ?

CHAPITRE 6

Wi-Fi pour Macintosh

La famille de produits sans fil Apple AirPort est le choix naturel pour les utilisateurs Macintosh désireux de relier leurs machines *via* un réseau sans fil ou de connecter leurs Mac à un réseau sans fil existant. Comme Apple contrôle les deux extrémités de la liaison réseau, à savoir le point d'accès et le client, un réseau AirPort est beaucoup plus facile à mettre en œuvre qu'un réseau 802.11b générique. La station de base AirPort (c'est ainsi qu'Apple nomme le point d'accès) charge automatiquement ses paramètres de configuration Internet depuis une connexion Macintosh existante et transfère ces paramètres à toutes les autres machines du réseau.

Apple est membre de la Wi-Fi Alliance, et tant la station de base AirPort que la carte AirPort portent la certification Wi-Fi. Ainsi, tout Macintosh doté d'une carte AirPort peut rejoindre n'importe quel réseau 802.11b presque aussi facilement qu'un réseau AirPort. Un réseau sans fil hétérogène comprenant des Mac, des PC Windows et des machines Unix ou Linux peut employer des stations de base AirPort comme points d'accès.

Les radios utilisées dans les cartes AirPort et les stations de base AirPort sont des versions propriétaires des cartes sans fil PCMCIA Orinoco. La station de base AirPort est fabriquée par KarlNet, qui vend un produit similaire appelé Wireless KarlRouter.

Apple utilise différents noms pour certaines caractéristiques et fonctionnalités de ses réseaux sans fil, mais les grandes règles de conception, de configuration et d'utilisation d'un réseau AirPort sont les mêmes que pour tous les autres réseaux sans fil. La seule différence entre un réseau AirPort et un autre réseau Wi-Fi concerne une partie de la terminologie et le logiciel qui transfère les données de configuration d'un client réseau à la station de base AirPort.

Ce chapitre va expliquer comment installer et utiliser un réseau sans fil AirPort sur des postes Macintosh, comment ajouter un Macintosh doté d'une carte AirPort à un réseau 802.11b existant qui n'emploie pas de station de base AirPort et comment ajouter un poste Windows à un réseau AirPort.

Composants AirPort

La gamme AirPort contient deux composants : une carte sans fil appelée AirPort Card et un point d'accès appelé station de base AirPort. La carte AirPort est une carte PCMCIA, fournie avec un support de montage qui permet de l'insérer sur les modèles Macintosh incompatibles avec les PC Card. La station de base AirPort est un point d'accès autonome qui gère le réseau sans fil. La dernière version inclut un adaptateur PCMCIA interne qui contient une AirPort Card (ou une carte identique WaveLAN ou Orinoco), deux ports Ethernet 10/100Base-T, plus un modem commuté intégré à 56 kb/s. La figure 6-1 montre une station de base AirPort.

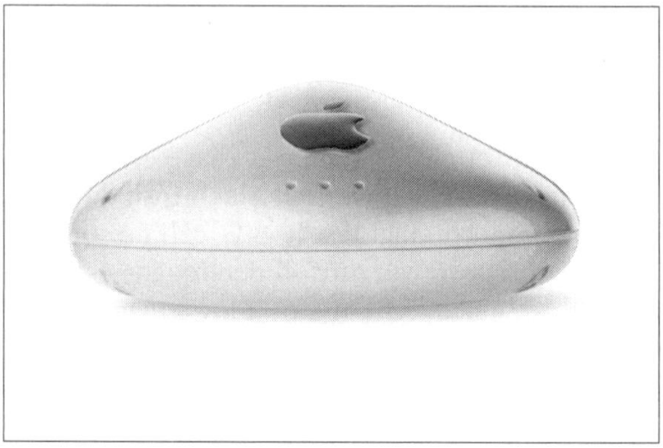

Figure 6-1 Une station de base Apple AirPort est un composant pour réseaux sans fil, qui a été optimisé pour l'emploi avec les Macintosh

La station a trois témoins lumineux qui affichent l'état de fonctionnement courant :

Témoin	Couleur	État
1	Vert clignotant	Communication en cours
2	Vert non clignotant	Sous tension
3	Vert clignotant	Port Ethernet ou modem en cours d'utilisation

Outre le matériel AirPort, Apple fournit les logiciels suivants :

- L'assistant AirPort Setup Assistant est un utilitaire de configuration automatique qui automatise la configuration de la plupart des réseaux.
- L'utilitaire AirPort Admin Utility permet de configurer manuellement les réseaux plus complexes.
- Le module AirPort Control Strip est un outil simple de surveillance et de contrôle de l'activité réseau depuis le bureau.
- L'application AirPort permet de contrôler et de surveiller plus finement les performances du réseau.
- Le logiciel AirPort Software Base Station est une solution de remplacement à la station de base matérielle ; il transforme un client réseau en point d'accès logiciel.

Création d'un réseau AirPort

La plupart des utilisateurs AirPort peuvent se servir de l'utilitaire AirPort Setup Assistant pour créer et configurer leurs réseaux sans avoir à se soucier d'options de configuration complexes. Cependant, quand le contexte local demande une configuration plus pointue, ou quand l'administrateur veut surveiller le fonctionnement du réseau, l'outil AirPort Admin Utility offre un contrôle plus complet sur l'ensemble des paramètres du réseau.

L'emploi de Setup Assistant pour créer un réseau est rapide et facile : il suffit de configurer un client, de cliquer sur quelques boutons et de laisser le programme prendre toutes les décisions à votre place. L'assistant charge automatiquement tous les paramètres et met en œuvre le réseau à votre place.

Installation du matériel

Certains modèles récents de Macintosh sont équipés d'une carte AirPort, avec les logiciels AirPort intégrés au système d'exploitation. Si vous avez un Macintosh un peu ancien qui n'a pas de carte AirPort, il faut installer celle-ci avant d'exécuter AirPort Setup Assistant.

Voici comment installer une station de base AirPort :

1. Placez la station de base AirPort à l'emplacement prévu. Comme c'est le cas de tous les points d'accès, placez la station de base vers le centre de la zone de couverture prévue. Si vous installez plusieurs stations de base, éparpillez-les de manière équilibrée sur l'ensemble de l'espace.

2. Tirez un câble entre le port Ethernet de la station de base et un concentrateur Ethernet filaire ou un routeur Internet large bande, par exemple un modem DSL ou un modem câble. Si vous n'avez pas accès à un réseau local filaire ou à un service Internet large bande, ou si vous voulez employer une ligne téléphonique comme solution de redondance pour votre connexion large bande, tirez un câble téléphonique modulaire entre le port modem de la station de base et une prise téléphonique murale.

3. Branchez une extrémité du cordon d'alimentation sur la prise de la station de base et l'autre extrémité sur le secteur.

Comme les antennes d'une station de base AirPort sont intégrées au boîtier, il est impossible de les déplacer sans déplacer l'unité tout entière. Quand vous exécutez AirPort Setup Assistant, si vous voyez que le signal n'est pas assez bon pour communiquer de manière fiable avec tous les clients réseau, déplacez éventuellement la station de base.

Exécution de l'utilitaire AirPort Setup Assistant

La structure d'AirPort Setup Assistant a changé entre OS 9 et OS X, mais les commandes sont similaires même si elles ne sont plus aux mêmes endroits.

Voici comment exécuter AirPort Setup Assistant sous OS 9: :

1. Créez une connexion directe entre la machine locale et Internet. AirPort Setup Assistant transfère les paramètres de configuration depuis la machine vers la station de base.

2. Si ce n'est pas encore fait, installez une carte AirPort dans la machine.

3. Vérifiez que la station de base AirPort est reliée à une ligne téléphonique, à une connexion large bande ou aux deux, et qu'elle est branchée sur le secteur. Le témoin lumineux vert numéro 2 (celui du milieu) doit s'allumer.

4. Ouvrez le menu de niveau supérieur des répertoires.

5. Ouvrez AirPort Setup Assistant, qui se trouve sous (Mac OS 9) Applications/Apple Extras/AirPort ou sous (Mac OS X) Applications/Utilities. Apparaît alors l'écran d'accueil de l'assistant.

6. Choisissez l'une des trois options de l'écran d'accueil (figure 6-2).

7. Configurez la machine locale pour qu'elle rejoigne un réseau sans fil existant.

8. Installez une station de base AirPort.

9. Installez une station de base logicielle.

L'écran d'accueil (intitulé Introduction) propose en premier l'option Set Up Your Computer to Join an Existing Wireless Network ; mais, en pratique, il faut qu'il y ait au moins une station de base (ou autre point d'accès) en cours de fonctionnement dans la portée de la carte AirPort pour que vous puissiez configurer l'ordinateur local. Quand vous créez un nouveau réseau, vous devez commencer par configurer une station de base au moins ; voilà pourquoi nous allons d'abord expliquer l'option Set Up an AirPort Base Station.

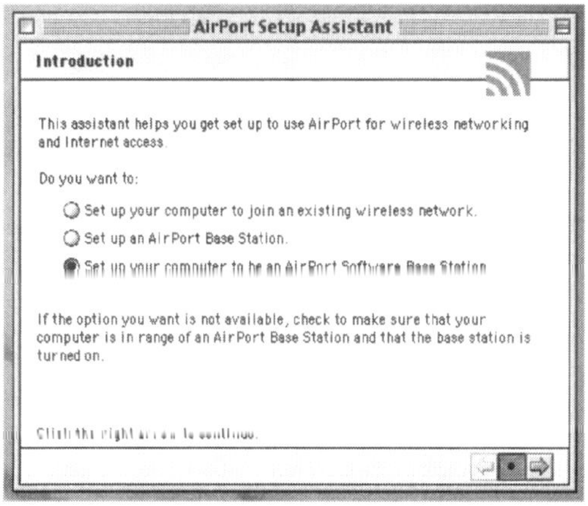

Figure 6-2 L'utilitaire AirPort Setup Assistant propose des options permettant de configurer la carte AirPort locale, une station de base AirPort ou une station de base logicielle

Configuration d'une station de base AirPort

L'option Internet Choice spécifie la façon dont on configure la station de base. Si l'ordinateur exécutant Setup Assistant a déjà une connexion Internet, le programme peut utiliser ces paramètres pour configurer la station de base. Si aucune connexion Internet n'est présente, Setup Assistant ouvre l'utilitaire Internet Setup Assistant qui demande tous les paramètres TCP/IP requis par la connexion du réseau sans fil à Internet.

Configuration de l'ordinateur pour la connexion à un réseau sans fil existant

L'option Set Up Your Computer to Join an Existing Wireless Network détecte automatiquement les signaux des réseaux actifs et configure la machine locale de façon à la connecter à un ou plusieurs de ces réseaux. Une fois achevée la configuration, l'ordinateur affiche l'écran Conclusion qui indique la fin de l'exécution d'AirPort Setup Assistant et affiche la liste des réseaux détectés. Pour rejoindre un réseau, sélectionnez son nom dans la liste puis cliquez sur le bouton Connect Now.

Quand la carte AirPort s'associe à un réseau, l'ordinateur exécute automatiquement l'application AirPort.

Configuration de l'ordinateur pour en faire une station de base logicielle

Une station de base logicielle effectue toutes les tâches d'une station de base AirPort depuis l'un des ordinateurs du réseau. Cette méthode permet de bénéficier d'un réseau sans fil sans avoir à payer une station de base séparée, mais augmente la charge pesant sur les ressources (processeur et mémoire) de l'ordinateur station de base ; en outre, le réseau ne fonctionne plus quand on arrête l'ordinateur qui fait office de station de base. Une station de base AirPort donne à l'administrateur plus de souplesse concernant l'emplacement de la station de base.

Si vous optez pour une station de base logicielle, prenez un ordinateur qui soit le plus proche possible du centre de la zone de couverture, vu que tous les autres clients sans fil devront échanger des signaux avec la station de base.

Pour installer une station de base logicielle, prenez l'option Set Up Your Computer to Be an AirPort Base Station. L'utilitaire Setup Assistant propose alors soit d'importer automatiquement les données de configuration réseau à partir des paramètres Internet de votre ordinateur, soit d'ouvrir Internet Setup Assistant.

Application AirPort

L'application AirPort est l'équivalent Apple des logiciels de configuration et d'état que d'autres fabricants de cartes fournissent pour Windows. La figure 6-3 montre l'application AirPort.

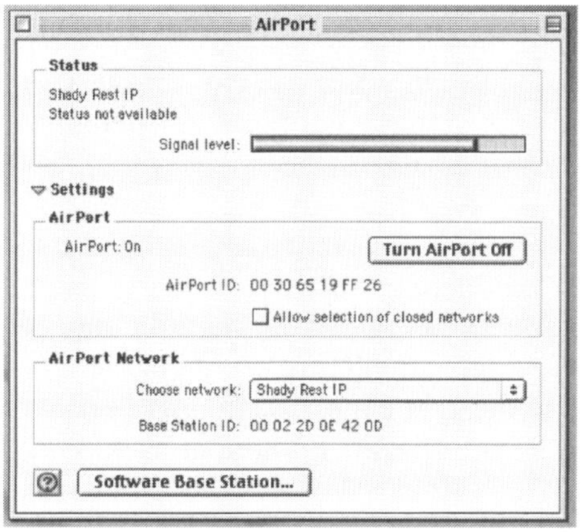

Figure 6-3 L'application AirPort montre l'état courant de la connexion sans fil de l'ordinateur local

L'application AirPort comprend trois sections : Status, AirPort et AirPort Network.

Status

La section Status affiche le nom du réseau actuellement associé à l'ordinateur, l'état de la connexion et la qualité du signal que reçoit la carte AirPort.

AirPort

La section AirPort indique si la carte AirPort est actuellement activée ou non, un bouton idoine permettant de basculer l'état de la carte. Le champ AirPort ID désigne l'adresse MAC de la carte locale AirPort.

Un réseau configuré en tant que réseau fermé ne figure pas sur la liste des réseaux détectés. Pour se connecter à un réseau fermé, l'usager doit taper le nom du réseau dans l'application AirPort ou dans le module Control Strip.

Cette fonctionnalité de sécurité empêche les utilisateurs non habilités de se connecter à un réseau.

AirPort Network

Le menu Choose Network sous AirPort Network énumère tous les réseaux sans fil que le client réseau a détectés ; n'y figurent pas les réseaux fermés.

L'option Computer-to-Computer Network fait du client local un membre d'un réseau ad hoc.

Base Station ID désigne l'adresse MAC de la station de base AirPort ou d'un autre point d'accès contrôlant le réseau actuellement connecté au client.

AirPort Control Strip

Le module AirPort Control Strip (figure 6-4) a cinq cercles qui indiquent la qualité du signal ; plus il y a de cercles remplis, meilleure est la qualité du signal. Le module AirPort est aussi un bouton de contrôle qui ouvre un menu depuis lequel l'utilisateur peut faire un certains nombre de tâches courantes :

- Activer ou désactiver la connexion sans fil.
- Sélectionner un réseau quand il y a eu détection de plusieurs réseaux sans fil.
- Configurer une connexion *via* le modem de la station de base.
- Surveiller et contrôler l'activité modem.
- Afficher le AirPort ID (adresse MAC) de l'ordinateur local et de la station de base.

Figure 6-4 Le module AirPort Control Strip permet d'accéder depuis le bureau aux contrôles basiques du réseau AirPort

AirPort Admin Utility

Bien souvent, vous pouvez configurer un réseau AirPort rien qu'avec Setup Assistant en vous contentant des paramètres par défaut. Toutefois, AirPort Admin Utility permet de créer ou de modifier ces paramètres quand Setup Assistant se révèle insuffisant.

La fenêtre d'AirPort Admin Utility sous OS 9 contient quatre onglets, dont chacun propose des contrôles relatifs à une partie différente des programmes AirPort. Sous OS X, il y a six onglets mais les commandes et fonctionnalités sont similaires.

Onglet AirPort

L'onglet AirPort (figure 6-5) contient des contrôles concernant la station de base AirPort et le réseau dans son ensemble. Ces contrôles sont accessibles depuis n'importe quel Macintosh connecté au réseau.

Les informations de la section Identity spécifient le nom du réseau AirPort, qui est le même que le SSID d'un réseau 802.11b habituel. Pour connecter un ordinateur doté d'une carte sans fil non-AirPort à un réseau AirPort, prenez le nom du réseau comme SSID.

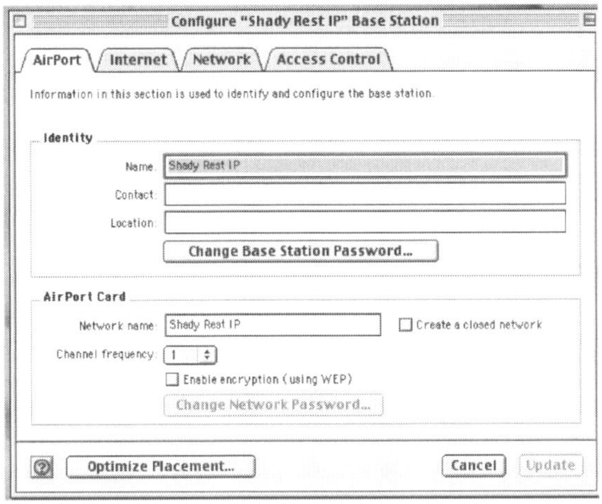

Figure 6-5 L'onglet AirPort contient des contrôles du réseau

Les champs Contact et Location sont des paramètres facultatifs qui affichent des informations complémentaires concernant le réseau. En principe, le champ Contact indique le nom, le numéro de téléphone et l'adresse mail de l'administrateur du réseau, alors que le champ Location indique l'emplacement physique de la station de base.

La section AirPort Card répète le nom du réseau et permet de modifier la fréquence de canal, qui est l'appellation Apple pour le numéro de canal radio. La valeur par défaut pour un réseau AirPort est Canal 1, mais vous pouvez en changer. Dans un environnement où il y a plusieurs réseaux AirPort, chaque réseau doit employer un canal différent. Toutes les règles habituelles concernant la prévention des interférences émanant d'autres réseaux 802.11 et d'autres services radio 2,4 GHz s'appliquent aux réseaux AirPort ; il est donc généralement judicieux de prendre un numéro de canal qui est bien moins utilisé que le numéro par défaut. Quand la station de base change de canal, tous les clients AirPort reliés au réseau changent automatiquement de canal. Dans un réseau hétérogène, comme la plupart des cartes 802.11b détectent les signaux des réseaux actifs, vous pouvez espérer que les clients passeront automatiquement au nouveau canal. Si une carte ne s'adapte pas automatiquement, alors il faut modifier à la main le numéro de canal.

L'option Create a Closed Network permet à un administrateur de créer un réseau sans fil dont le nom ne figurera pas dans les listes de réseaux accessibles dans AirPort Setup Assistant, dans l'application AirPort et dans le module AirPort Control Strip. Pour se connecter à un réseau fermé, l'utilisateur doit taper le nom de ce réseau au lieu de le pointer dans une liste.

Le bouton Optimize Placement ouvre la fenêtre Placement (figure 6-6).

Fenêtre Placement

La fenêtre Placement affiche sous forme graphique la puissance et la qualité du signal, et ce pour chaque client actuellement connecté à la station de base. Cet affichage peut aider l'administrateur à optimiser l'emplacement d'une station de base ou d'un poste client.

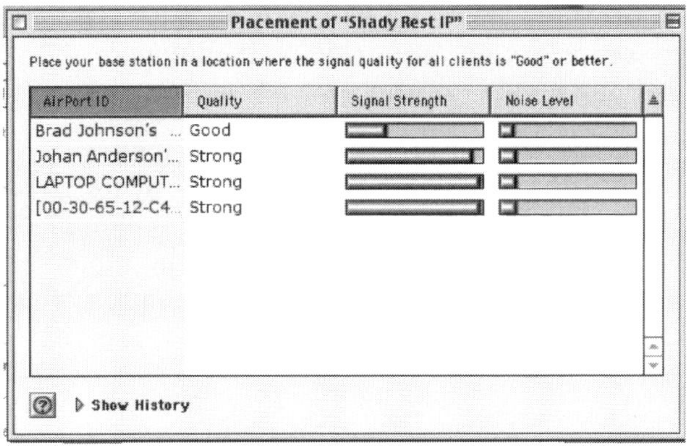

Figure 6-6 La fenêtre Placement montre la qualité des signaux provenant de chaque client réseau

La colonne AirPort ID indique le nom de tous les ordinateurs actuellement connectés au réseau sans fil. Si un ordinateur n'a pas reçu de nom, c'est son adresse MAC qui apparaît.

La colonne Quality donne la qualité de la liaison radio détectée par la station de base. La qualité est une combinaison de la force du signal et du niveau de bruit ; par conséquent, un signal fort et parasité peut avoir une qualité inférieure à celle d'un signal faible non parasité. Si la qualité de signal d'une liaison vaut « Good » (ou au-delà), alors la liaison devrait pouvoir fonctionner à pleine vitesse.

La colonne Signal Strength donne la force mesurée du signal émis par chaque client vers la station de base.

La colonne Noise Level montre le volume d'interférences induit par d'autres réseaux et d'autres services radio que la station de base reçoit sur chaque liaison. Quand le niveau de bruit approche le niveau du signal, alors les performances du réseau se dégradent.

L'option Show History ouvre un autre affichage graphique qui indique l'évolution de la qualité des signaux au fil du temps.

Onglet Internet

L'onglet Internet (figure 6-7) spécifie des informations que la station de base utilise pour connecter le réseau sans fil local à Internet. AirPort Setup Assistant charge ces paramètres automatiquement.

Comme certains paramètres peuvent changer au fil du temps (quand, par exemple, un FSI reconfigure ses serveurs), AirPort Admin Utility permet d'accéder aux paramètres de configuration réseau :

- L'option Connect Using permet à l'administrateur de spécifier une connexion *via* le port Ethernet de la station ou *via* le modem intégré. Avec Connect Using Modem, la station de base place un appel téléphonique pour connecter le réseau sans fil à Internet. Avec Connect Using Ethernet, la station de base emploie la connexion de réseau local pour connecter les clients réseau à Internet.

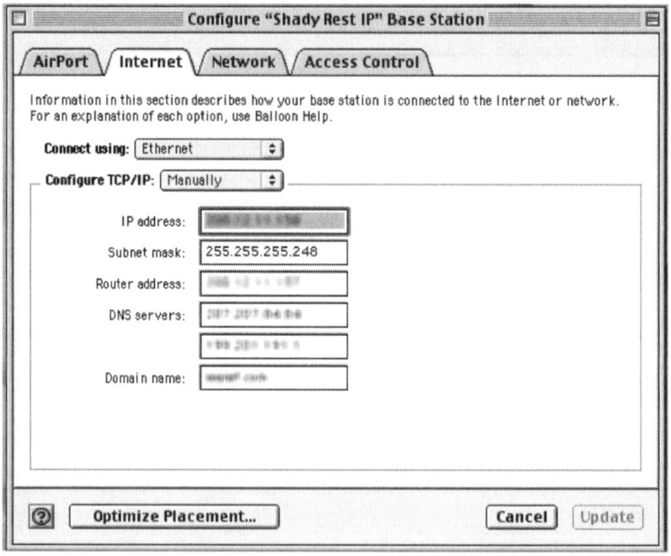

Figure 6-7 L'onglet Internet contient des options de connexion TCP/IP et permet de choisir le type de connexion Internet

- Il existe deux options Configure TCP/IP : l'option DHCP indique à la station de base d'assigner une adresse IP et un masque de sous-réseau à chaque client ; l'option Manual exige de l'utilisateur qu'il entre manuellement ces paramètres sur l'ordinateur.
- Le champ IP Address donne l'adresse IP de la connexion Internet du client réseau.
- Le champ Subnet Mask indique les paramètres de masque de sous-réseau que la station de base utilise pour connecter plusieurs clients *via* une même connexion Internet.
- Le champ Router Address contient l'adresse du serveur de passerelle Internet du réseau.

- Les champs DNS Servers contiennent les adresses des serveurs DNS qui traduisent les noms de domaine Internet en adresses IP.
- Le champ Domain Name est le nom du domaine Internet qui connecte le client à Internet.

Onglet Network

L'onglet Network (figure 6-8) contrôle le pont entre le réseau AirPort et un réseau local filaire.

Avec l'option Distribute IP Adresses, les ordinateurs du réseau sans fil peuvent soit se partager une adresse IP (que le réseau traduit en interne en adresses locales séparées), soit employer une adresse IP distincte pour chaque machine.

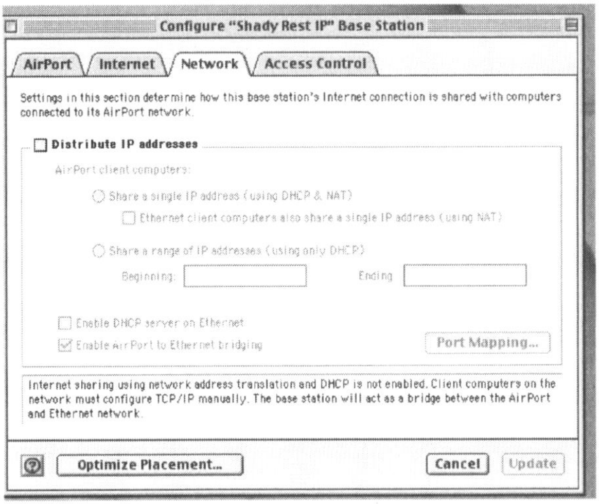

Figure 6-8 L'onglet Network contrôle le pont entre le réseau AirPort et un réseau Ethernet filaire

Onglet Access Control

L'onglet Access Control (figure 6-9) permet de restreindre les accès réseau à des machines bien spécifiées, au lieu que la station de base accepte les connexions de tous les clients à portée de signal. La liste des ordinateurs acceptés montre les AirPort ID de ces machines. Pour ajouter un nœud non-AirPort à un réseau ainsi contrôlé, utilisez l'adresse MAC de la carte sans fil.

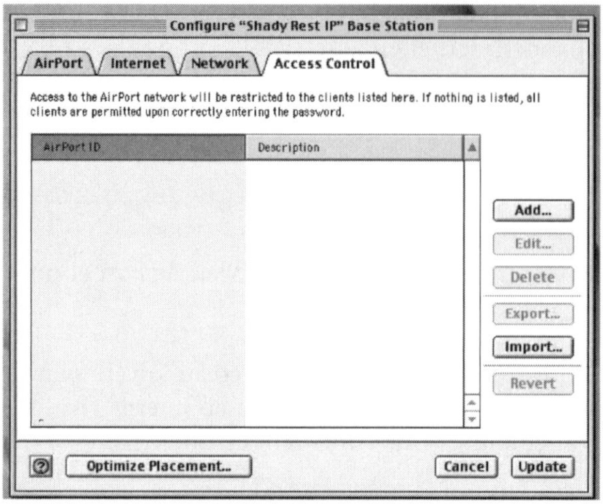

Figure 6-9 L'onglet Access Control est un outil de sécurité qui permet de limiter les accès au réseau

Utilisation d'un réseau AirPort

Une fois le réseau AirPort opérationnel, un Macintosh traite les ordinateurs connectés au réseau *via* des liaisons sans fil comme n'importe quelles autres ressources réseau. Transferts de fichier, accès Internet, imprimantes distantes et autres services sont affichés sur des répertoires tout comme s'ils étaient connectés *via* des câbles Ethernet.

Pour la plupart des usagers, la seule indication qu'il y a une connexion sans fil ce sont les indicateurs du module AirPort Control Strip, au bas de l'écran, qui s'allument et s'éteignent en fonction des variations de la qualité du signal dues aux interférences et à l'activité réseau. À moins qu'un ordinateur du réseau ne soit situé à la limite de la zone de couverture de la station de base ou qu'il ne reçoive beaucoup d'interférences, les connexions au réseau local et à Internet doivent être presque aussi rapides et nettes qu'elles le seraient avec un réseau 10Base-T.

Connexion de clients Macintosh aux autres réseaux

Apple espère que la plupart des utilisateurs Macintosh emploieront ses cartes AirPort pour relier leurs machines à d'autres Mac *via* une station de base AirPort . Mais il existe d'autres solutions pour utiliser un réseau sans fil avec un Macintosh. Setup Assistant automatisant le processus, il est plus facile de connecter des Mac à un réseau AirPort que de construire un réseau sans fil hétérogène utilisant des points d'accès, des cartes réseau et des logiciels de configuration provenant de sources différentes ; mais comme les cartes AirPort respectent les spécifications Wi-Fi en matière d'interopérabilité, elles peuvent communiquer avec des points d'accès 802.11b (et réseaux ad hoc) d'autres fabricants. Cela ne pose donc pas de problème d'employer un Macintosh dans un réseau sans fil (nouveau ou existant) comprenant des clients Windows (ou autre système d'exploitation).

Ainsi, le possesseur d'un PowerBook peut emporter sa machine dans des bureaux ou espaces publics desservis par des réseaux sans fil et se connecter à ces réseaux tout aussi facilement que le possesseur d'un portable Windows. Et un réseau sans fil d'entreprise ou de domicile peut fournir des services à des Mac et à des PC sans qu'il faille modifier sa configuration.

La plupart des possesseurs de Macintosh préféreront sans doute employer une carte AirPort, vu que le logiciel AirPort est très étroitement intégré aux fonctions réseau de Mac OS ; mais on peut aussi installer une autre marque de PC Card ou de carte USB sans fil, à condition de trouver un pilote et un utilitaire de configuration pour la version Mac OS qu'utilise l'ordinateur. Entre autres, il existe des pilotes Macintosh pour les cartes réseau Orinoco, Proxim et Buffalo. Les cartes Orinoco sont d'une conception très ressemblante à celle des cartes AirPort (ce qui n'est pas surprenant, car elles proviennent de la même usine) et certains utilisateurs ont signalé qu'ils ont pu utiliser le logiciel de configuration Orinoco avec leurs cartes AirPort.

Connexion d'une carte AirPort à un point d'accès non-AirPort

Quand un Macintosh doté d'une carte AirPort est à portée d'un signal émis par un point d'accès non-AirPort, la carte AirPort devrait détecter le signal et afficher le SSID du point d'accès dans les menus Choose Network de l'application AirPort ainsi que dans le menu du module AirPort Control Strip.

Quand l'utilisateur sélectionne ce réseau dans le menu, la carte AirPort devrait s'associer au point d'accès tout comme elle s'associerait à une station de base AirPort. Le module Control Strip et l'application AirPort affichent la qualité du signal provenant du point d'accès de la même façon qu'ils affichent une connexion à une station de base Apple.

Sur la plupart des grands réseaux d'entreprise et des grands services sans fil publics, l'administrateur du réseau a certainement préparé un document « comment se connecter à notre réseau » (sur papier ou sur page Web) à l'intention des employés et des visiteurs qui veulent employer leurs portables ou autres machines sur le réseau local sans fil. Ce document énumère les paramètres spécifiques que les utilisateurs doivent modifier dans leurs utilitaires de configuration. Le programme de configuration d'une carte AirPort est AirPort Admin Utility, mais Apple a choisi d'employer des noms différents pour certains paramètres, par exemple « Nom de réseau » pour le SSID et « AirPort ID » pour l'adresse MAC de la carte. Heureusement les utilitaires AirPort détectent automatiquement le nom de réseau et l'ID, de sorte qu'il n'est point nécessaire de les modifier manuellement.

Si le réseau sans fil emploie un serveur DHCP, au niveau du point d'accès ou ailleurs, pour assigner des adresses IP aux clients, ouvrez l'onglet Internet d'AirPort Admin Utility et réglez l'option Configure TCP/IP pour qu'elle accepte les adresses DHCP.

Si le réseau n'emploie pas DHCP, l'administrateur fournira la liste des paramètres de configuration assignés à ce client. Pour configurer un client AirPort pour qu'il se connecte au réseau, réglez l'option Configure TCP/IP sur Manually et entrez ces adresses dans l'onglet Internet d'AirPort Admin Utility. Copiez l'adresse IP, le masque de sous-réseau, les serveurs DNS et le nom de domaine, tels qu'ils ont été fournis par l'administrateur, dans les champs d'Admin Utility. Le paramètre qu'AirPort appelle « Router Address » correspond à ce que partout ailleurs on appelle passerelle. Utilisez l'adresse de passerelle fournie par l'administrateur dans le champ Router Address d'AirPort Admin Utility.

Connexion d'autres clients Wi-Fi à un réseau AirPort

Ce n'est pas parce qu'un réseau sans fil utilise une station de base AirPort comme point d'accès qu'il est limité à des clients AirPort. Un poste client d'un réseau AirPort n'est pas forcément un Macintosh. Comme il n'y a aucune différence entre un réseau AirPort et un autre réseau 802.11b, un ordinateur ayant une autre marque de carte réseau et un autre système d'exploitation n'aura pas de mal à détecter un réseau AirPort.

Pour les cartes réseau des ordinateurs non-AirPort, une station de base AirPort ressemble à n'importe quel point d'accès 802.11b standard. La carte utilise le réseau AirPort pour communiquer avec d'autres ordinateurs et comme passerelle Internet. Du point de vue de la carte, la connexion à une station de base AirPort ne diffère en rien de la connexion à un quelconque autre point d'accès.

La détection du signal est une chose, mais la configuration d'un client pour l'accès au réseau en est une autre, car Apple emploie des noms différents pour certains paramètres classiques de configuration réseau. Si vous ne savez pas faire la traduction entre la terminologie AirPort et la terminologie 802.11b, vous risquez d'avoir des problèmes pour faire fonctionner le réseau correctement. Pas de panique à bord ! Une fois que vous aurez les éléments de traduction qui vont vous être dévoilés dans les pages qui suivent, vous verrez que la situation n'est pas si grave que cela.

Propriétés du réseau

Sous Windows, c'est la fenêtre des propriétés de la connexion réseau qui renferme les paramètres et options concernant la connexion à un réseau TCP/IP. Sur un Macintosh, ces informations sont dans AirPort Admin Utility.

Si AirPort Admin Utility est configuré pour utiliser DHCP, l'utilitaire de configuration client doit aussi accepter DHCP (sous Windows, cochez les options Obtenir une adresse IP automatiquement et Obtenir les adresses des serveurs DNS automatiquement).

Si AirPort Admin Utility est configuré pour un réglage manuel de TCP/IP, le propriétaire d'un client Windows, Unix ou Linux doit entrer les paramètres TCP/IP que voici :

Adresse IP Utilisez l'adresse IP fournie par l'administrateur du réseau local ou par le FSI.

Masque de sous-réseau Copiez l'adresse donnée dans l'onglet Internet d'AirPort Admin Utility. Si vous ne la connaissez pas, essayez 255.255.255.0.

Serveurs DNS Copiez les adresses de serveur DNS données dans l'onglet Internet d'Admin Utility.

Hôte Copiez le nom de réseau affiché par l'onglet AirPort d'Admin Utility.

Domaine Copiez le nom de domaine (s'il y en a un) donné par l'onglet Internet d'Admin Utility.

Passerelle Copiez l'adresse de routeur affiché par l'onglet Internet d'Admin Utility.

Configuration de réseau sans fil

Comme vous le savez, chaque carte sans fil est livrée avec un utilitaire de configuration spécifique. Il existe un utilitaire standard de configuration sous Windows XP ; mais si vous avez une autre version de Windows (ou un autre système d'exploitation), vous devez passer par l'utilitaire fourni avec la carte.

Certains utilitaires de configuration détectent les réseaux sans fil proches et affichent un menu énumérant les SSID de ces réseaux ; d'autres programmes exigent de l'utilisateur qu'il spécifie les SSID des réseaux à utiliser. Quand une carte détecte un réseau AirPort, elle affiche comme SSID la valeur du champ Network Name. Si l'utilitaire de configuration exige un SSID, fondez-vous sur la valeur Network Name donnée dans l'onglet AirPort d'Admin Utility.

Si la carte ne sélectionne pas automatiquement un canal, prenez comme numéro de canal la valeur Channel Frequency fournie dans l'onglet AirPort.

Si le réseau emploie une station de base AirPort, c'est un réseau à infrastructure. Pour créer un réseau ad hoc entre un Macintosh et un client Windows (ou autre), réglez l'option AirPort Network de l'écran Settings d'AirPort Setup Assistant sur Computer-to-Computer.

Une fois qu'est définie la configuration réseau et que le client est associé à la station de base, la qualité de signal affichée sur le client devrait indiquer la qualité de la liaison, et la fenêtre Placement d'AirPort devrait montrer le nom du client réseau et la qualité de la liaison, plus tous les autres ordinateurs du réseau sans fil. À ce stade, toutes les machines du réseau (quels que soient leurs systèmes d'exploitation) devraient apparaître sur les listes de connexions disponibles affichées sur les autres ordinateurs.

Configuration d'une station de base AirPort depuis un client non-AirPort

L'administrateur d'un réseau mixte comprenant des Macintosh et d'autres types d'ordinateurs dispose de deux options pour configurer la station de base : soit il utilise un Macintosh, soit il emploie l'un des programmes de configuration AirPort qu'Apple et d'autres éditeurs ont créés pour Windows et Unix.

Il existe au moins trois éditeurs qui proposent des solutions de remplacement au logiciel Apple de configuration d'une station de base AirPort. La plupart des ces programmes sont écrits pour Windows ou d'autres systèmes d'exploitation, mais l'un au moins existe aussi sous Macintosh.

Ces programmes font tout ce que fait le logiciel Apple, mais organisent différemment les options de configuration. Comme ces programmes s'appuient sur les terminologies standard de 802.11b et de TCP/IP, ils seront peut-être moins déroutants pour les administrateurs de réseau sans fil chevronnés.

AirPort Admin Utility for Windows

L'utilitaire Admin Utility for Windows d'Apple est téléchargeable gratuitement depuis `http://docs.info.apple.com/article.html?artnum=120093`. Le programme ne fonctionne pas avec la station de base AirPort originelle (Graphite), mais c'est un outil utile pour la nouvelle version (Snow).

Comme l'indique son nom, AirPort Admin Utility for Windows fait les mêmes tâches que le programme AirPort Admin Utility for the Macintosh.

AirPort Base Station Configurator

AirPort Base Station Configurator de Jon Sevy est une application Java qui tourne sur tous les hôtes ayant Java Runtime Environment, ce qui est le cas de la plupart des versions de Windows, Unix et Mac OS. Le programme (plus un manuel complet) est téléchargeable depuis `http://edge.mcs.`

`drexel.edu/GICL/people/sevy airport`. La figure 6-10 montre un écran typique du programme.

Il existe plusieurs autres utilitaires AirPort sur ce site, dont un programme qui surveille l'activité modem sur la station de base, un utilitaire qui mesure la force et la qualité du signal sur les liaisons sans fil et un Wireless Host Monitor qui affiche la liste des ordinateurs clients connectés à la station de base.

FreeBase

FreeBase est un programme Windows pour configuration de station de base AirPort, téléchargeable depuis `http://freebase.sourceforge.net`. Le site Web de FreeBase inclut également une « visite guidée » de la station de base AirPort qui explique comment remplacer la carte interne et qui fournit des détails sur les protocoles de communication interne de la station de base et sur le bloc de configuration.

La figure 6-11 montre un écran de FreeBase. À l'instar d'AirPort Base Station Configurator, FreeBase présente tout dans une seule fenêtre à onglets.

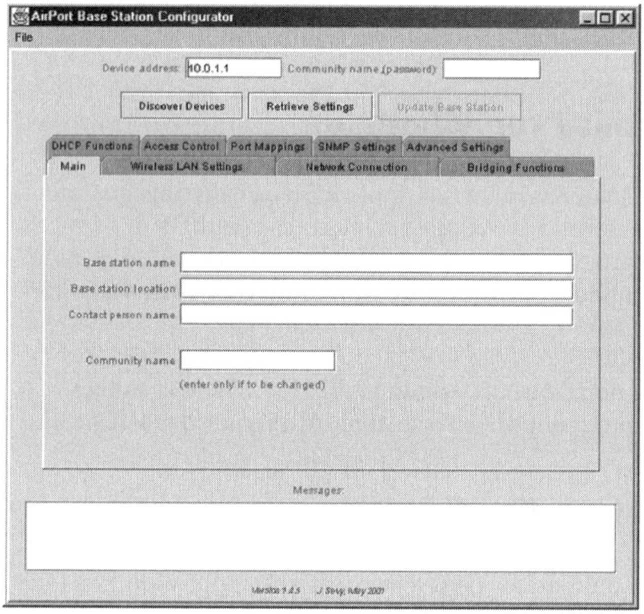

Figure 6-10 AirPort Base Station Configurator présente les options de configuration sous une forme logique que certains utilisateurs préféreront au logiciel Apple AirPort

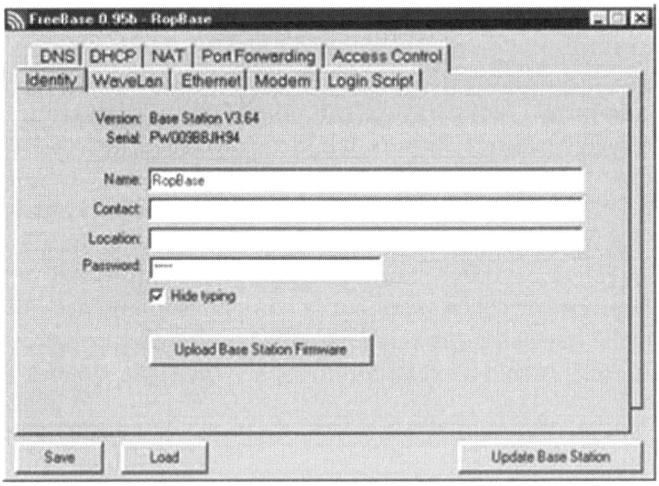

Figure 6-11 FreeBase est un autre programme Windows pour configurer une station de base AirPort

KarlNet Configurator

Comme précédemment mentionné, la station de base AirPort est une version d'un point d'accès conçu par KarlNet. KarlNet ne promet pas que son logiciel KarlNet Configurator fonctionne avec la station de base AirPort (probablement parce qu'il ne veut pas concurrencer un gros client), mais tout porte à croire que c'est le cas. La version Windows de KarlNet Configurator est disponible sur `http://www.karlnet.com/download`. Cependant, le programme de KarlNet étant bien plus limité que les deux autres programmes de configuration pour Windows, il n'y a guère de raison de le prendre à la place de FreeBase ou d'AirPort Base Station Configurator.

AirPort est-il la réponse ?

Comme Apple pouvait contrôler les deux extrémités de son réseau AirPort, à savoir le point d'accès et le client, il a pu mettre au point un système qui automatise les tâches de configuration auxquelles on doit faire face sur la plupart des autres réseaux sans fil, et cela sans rien perdre de la compatibilité avec Wi-Fi. On peut espérer que les outils sans fil de Windows XP iront dans le même sens ; mais, pour le moment, il est plus rapide et plus simple de connecter un groupe de Mac à un réseau AirPort que de les connecter à un réseau utilisant un autre type de point d'accès. Et une fois que vous connaissez les subtilités (à savoir les noms bizarres qu'AirPort donne à certaines fonctionnalités standard), vos cartes réseau non-AirPort s'adapteront sans problème à un réseau AirPort.

Un réseau AirPort est le choix qui s'impose sur un réseau sans fil si la plupart des nœuds sont des Macintosh. Pour le reste des réseaux, la station de base AirPort (éventuellement complétée par un logiciel tierce partie) est un point d'accès tout à fait fonctionnel qui soutient la comparaison avec les produits concurrents. Quelle que soit votre position dans les querelles opposant les fanatiques de tel ou tel système d'exploitation, sachez qu'Apple a bien joué ici.

CHAPITRE 7

Wi-Fi pour Linux

Chaque carte sans fil (exception faite de la carte Apple AirPort) est livrée avec des pilotes et des outils de configuration pour Microsoft Windows, mais cela ne veut pas dire pour autant que Windows est le seul système d'exploitation à reconnaître la carte. Un réseau TCP/IP ne se soucie pas de savoir quels sont les systèmes d'exploitation des ordinateurs du réseau. Il se contente de recevoir des bits et des octets depuis un port d'ordinateur, puis de les faire circuler. Vous pouvez employer un réseau sans fil avec toutes sortes d'ordinateurs, du moment que vous avez les bons pilotes pour la carte réseau. Cela est vrai pour Linux et différentes versions d'Unix, au même titre que c'est vrai pour Windows et Macintosh. Ce chapitre va montrer comment connecter une machine Linux à un réseau Wi-Fi et présenter certains utilitaires qui facilitent les choses. Le chapitre 8 traitera de l'utilisation d'Unix sur un réseau Wi-Fi.

Trouver le pilote idoine n'est pas toujours aussi facile qu'il y paraît. Ce chapitre va expliquer comment trouver les pilotes Linux pour un certain nombre de cartes, comment les installer et comment les utiliser pour se connecter à un réseau sans fil. Si vous n'utilisez pas déjà Unix ou Linux, le réseau sans fil n'est généralement pas une raison suffisante pour se mettre à l'un de ces systèmes d'exploitation. Ce chapitre s'adresse donc aux utilisateurs qui ont suffisamment d'expérience sur Linux pour créer et utiliser une connexion sans fil. Pour plus de détails concernant le poste client Linux, demandez au gourou du coin ou procurez-vous un manuel généraliste sur Linux.

Pilotes, conducteurs et tout le toutim

Avant de nous plonger dans les arcanes de la connexion de nœuds Linux à des réseaux sans fil, revoyons ce que fait exactement un pilote et en quoi les pilotes sont importants. Plus loin dans ce chapitre, vous apprendrez à trouver les bons pilotes pour telle ou telle marque de carte sans fil puis à utiliser ces pilotes pour connecter des machines Linux à un réseau sans fil.
Un pilote est l'interface logicielle entre le système d'exploitation de l'ordinateur et les E/S d'un périphérique relié à l'ordinateur. Le pilote contient des instructions qui traduisent les commandes et données provenant du périphérique pour les rendre compréhensibles par le système d'exploitation et qui, en sens inverse, traduisent les commandes émises par le système d'exploitation en commandes spécifiques de contrôle du périphérique. Le pilote gère la mémoire et le timing, spécifie le port d'E/S et les interruptions que le périphérique utilise pour communiquer avec le système d'exploitation. La figure 7-1 illustre les relations entre l'ordinateur et un quelconque pilote de périphérique.

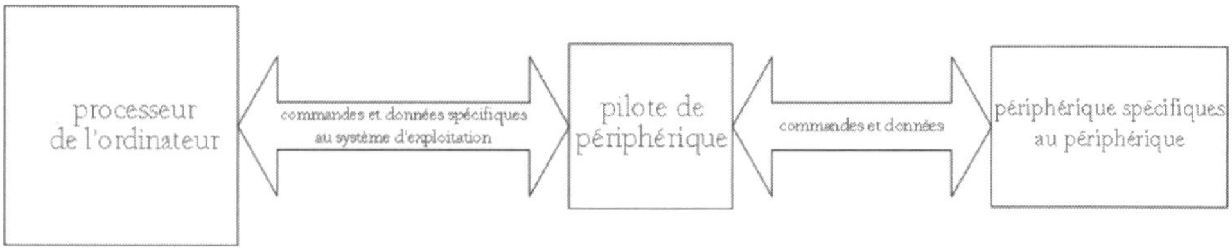

Figure 7-1 Un pilote de périphérique sert d'interface de données et de contrôle entre l'ordinateur et un périphérique

Chaque périphérique, entre autres une carte sans fil, exige un pilote qui convertit les instructions de l'ordinateur en commandes de contrôle assurant les fonctionnalités spécifiques du périphérique. Sans pilote, un périphérique ne fonctionne pas. Sans le bon pilote, le périphérique ne pourra servir que de presse-papiers ou de cale-porte.

Par exemple, le pilote d'un clavier dit à l'ordinateur quel est le port d'E/S qui amène les données vers et depuis le clavier, convertit les frappes de touche en données d'entrée, active ou désactive les témoins lumineux VERR MAJ, VERR NUM et ARRET DEFIL. Un pilote d'imprimante inclut les instructions de contrôle spécifiques qui font la différence entre une imprimante matricielle et une imprimante laser. Le pilote d'un périphérique d'entrée ou de sortie spécifie si le périphérique emploie un port parallèle ou série, un port

USB, un connecteur PCMCIA ou l'un des connecteurs d'extension internes de la carte mère. Le pilote d'une carte sans fil spécifie, entre autres, le numéro de canal que la radio utilise pour émettre et recevoir, la force du signal radio et la vitesse de transmission de la carte.

Le pilote d'une carte Ethernet sans fil gère les couches physiques de la communication TCP/IP : il traite uniquement les données dont la carte a besoin pour établir et utiliser une liaison radio avec un réseau, d'autres couches se chargeant du formatage et de l'interprétation des données. Cette philosophie garantit que la carte pourra traiter toutes sortes de formats de données et que les données pourront passer par toutes sortes de cartes réseau.

C'est grâce aux pilotes qu'un même équipement est reconnu par différents systèmes d'exploitation. Le pilote convertit les signaux produits par le système d'exploitation en commandes natives au matériel, et vice versa. Le pilote d'un certain matériel reçoit des instructions dont la forme varie selon le système d'exploitation, puis les traduit en un ensemble d'instructions de contrôle propres au périphérique. De ce fait, si vous travaillez sous Linux, vous aurez besoin de pilotes de périphérique écrits spécifiquement pour Linux.

Vous pouvez comparer un pilote à un manuel opératoire. Que le manuel soit écrit en breton, en catalan ou en basque, il contient le même ensemble d'instructions, mais celles-ci sont rédigées en des langues différentes. Pour un pilote de périphérique, l'équivalent des langues humaines ce sont les systèmes d'exploitation.

Le pilote est un logiciel distinct du programme de configuration, mais nombre d'éditeurs combinent les deux en un même package d'installation. L'utilitaire de configuration offre des commandes qui émettent des instructions et des affichages qui reçoivent des données, dans les deux sens, entre le pilote et la carte réseau.

Où trouver les pilotes

Pour pouvoir utiliser votre carte sans fil, il faut donc un pilote qui soit adapté au système d'exploitation de votre ordinateur. Dans le cas favorable, ce pilote est fourni avec le système d'exploitation ou présent sur le CD-ROM livré avec la carte.

Une bonne partie des cartes sans fil du marché sont des marques de distributeur qui sont, en fait, fabriquées par des firmes dont le nom ne figure nulle part sur l'emballage ni sur le matériel. Il faut souvent jouer les Sherlock Holmes pour savoir quel est le pilote qui convient à une certaine carte. Orinoco et Cisco sont particulièrement actifs sur le marché des cartes à enseigne de distributeur. Les fabricants de cartes n'ont pas toujours envie d'indiquer qui crée les équipements qu'ils distribuent, mais les gens qui développent des pilotes Linux tierce partie se débrouillent souvent pour savoir que telle ou telle marque fonctionne avec tel ou tel pilote.

Le premier endroit où chercher un pilote Linux pour votre carte sans fil est le CD accompagnant la carte. Quelques fabricants livrent des pilotes Linux en plus de leurs pilotes Windows, mais n'y comptez pas trop. Si le CD contient un pilote, c'est autant de gagné, encore qu'il pourrait y avoir une version plus récente quelque part en ligne.

Si vous avez le choix, mieux vaut acheter une carte qui est livrée avec le pilote dont vous avez besoin pour votre système d'exploitation. Les fabricants de cartes ayant produit des pilotes Linux se sont souvent bien débrouillés pour rendre ces pilotes accessibles aux utilisateurs potentiels ; en revanche, dans l'état actuel du marché sans fil, il est rare de trouver des pilotes pour des systèmes autres que Windows. En outre, quand un pilote est fourni par le fabricant, vous pouvez espérer qu'il a été testé par le fabricant, ce qui vous évitera de vous retrouver dans la situation très irritante où le fabricant de la carte et l'éditeur du pilote se renvoient la balle quand vous vous demanderez de l'aide.

À mesure que les réseaux Wi-Fi s'imposeront, de plus en plus de fabricants de cartes seront incités à fournir des pilotes pour les systèmes d'exploitation minoritaires. Quand le nombre total d'utilisateurs sans fil approchera les dizaines de millions, les 5 % ou moins de consommateurs qui veulent faire du sans fil avec Linux commenceront à représenter un créneau commercial intéressant.

Si la carte n'est pas livrée avec le pilote dont vous avez besoin, consultez le site Web du fabricant pour voir s'il y a des pilotes téléchargeables. Maints fabricants font figurer les adresses de leurs sites Web sur leurs produits et sur leurs manuels ; si vous ne trouvez pas, essayez `http://www.[marque].com` ou bien cherchez dans l'un des annuaires de pilotes, tels `http://www.windrivers.com`, `http://www.driverzone.com` ou `http://www.driversplanet.com`. Ce genre de sites a tendance à se focaliser sur les pilotes pour Windows ; mais, une fois que vous aurez suivi un lien vers la page des pilotes d'un fabricant, vous trouverez généralement des pilotes pour les autres systèmes d'exploitation (à supposer qu'il y en ait).

Si vous avez déjà une carte fabriquée par une entreprise qui ne fait pas du Linux, vous devrez quitter le monde relativement sain et stable du logiciel commercial pour explorer la *terra incognita* des groupes d'utilisateurs, des forums et autres sites Web plus ou moins confidentiels. Il existe des communautés composées de gens qui veulent optimiser les performances de leurs systèmes d'exploitation favoris et de personnes qui consacrent une bonne partie de leur temps (et des ressources de leurs employeurs) à diffuser des informations et à répondre aux questions. À l'intérieur de ces communautés, vous trouvez des dizaines de développeurs qui ont créé des pilotes et des utilitaires de configuration pour cartes sans fil.

Pilotes Linux

Il existe plus de quatre-vingts marques de cartes sans fil à porter le label Wi-Fi, mais presque toutes sont construites autour des mêmes quatre ou cinq jeux de circuits électroniques. Il suffit donc d'une poignée de pilotes Linux pour gérer la quasi-totalité des cartes.

Quelques entreprises, dont Cisco, Intel, Orinoco, Addtron et Samsung, offrent leurs propres pilotes Linux pour leurs cartes sans fil. Si votre fabricant ne fournit pas de pilote Linux, vous pourrez souvent utiliser l'un des pilotes intégrés à votre distribution Linux ou bien télécharger un pilote depuis un éditeur tiers. Le tableau 7-1 donne une liste partielle de pilotes Linux.

Carte	Source de pilotes
Cartes utilisant les puces Intersil Prism II (Actiontec, Addtron, Bromax, Compaq, D-Link, GemTek, Linksys, Nokia, Samsung, SMC, Z-Com, ZoomAir, etc.)	Téléchargez la dernière version des pilotes wlan-ng depuis `http://www.linux-wlan.com/pub/linux-wlan-ng`, ou bien essayez les pilotes HostAP sur `http://www.epitest.fi/Prism2`
Orinoco	Les pilotes Linux sont sur le CD d'accompagnement et sur `http://www.orinocowireless.com`. Pour plus de détails sur des pilotes de remplacement, consultez `http://www.hpl.hp.com/personal/Jean_Tourrilhes/Linux/Orinoco.html`.
Apple	Les cartes AirPort sont des versions distributeur de produits Orinoco. Essayez de télécharger les pilotes depuis `http://www.orinocowireless.com`, ou bien consultez `http://www.hpl.hp.com/personal/Jean_Tourrilhes/Linux/Orinoco.html`.
BreezeCom DS11	`http://www.xs4all.nl/~bvermeul/swallow`

Carte	Source de pilotes
Cisco 340 et 350	http://www.cisco.com/public/sw-center/sw-wireless.shtml. Une version un peu différente de ce pilote figure dans le package Linux PCMCIA et dans le noyau Linux en tant que airo.o (versions PCI et ISA) et airo_cs.o (version PCMCIA).
Dell TrueMobile 1100	Voir Cisco 340
D-Link DWL-500	ftp://ftp.dlink.com/Wireless/DWL- 500/Driver/DWL500_linux_driver_034.tar.gz
Ericsson 11Mb DSSS WLAN	http://www.ericsson.com/wlan/su_downloads11.asp
Intel PRO/Wireless 2011	http://appsr.cps.intel.com/scripts-df/Product_Filter.asp?ProductID=450
Lucent	Voir Orinoco (ci-dessus)
Nokia C110/C111	http://www.nokia.com/phones/productsupport/wlan/c110_c111/
Samsung MagicLan	http://www.magiclan.com/product/magiclan/download/mlist.jsp
Symbol Spectrum24 High Rate	http://sourceforge.net/projects/spectrum24
3Com AirConnect	http://sourceforge.net/projects/spectrum24
3Com WLAN XJack	http://www.xs4all.nl/~bvermeul/swallow
D-Link DWL-650+ et 22 Mb/s d'autres fournisseurs	Presque toutes ces cartes utilisent une nouvelle circuiterie TI qui, à l'heure où nous écrivons ces lignes, n'est pas reconnue par Linux. Pour plus d'informations sur les développements futurs, consultez http://www.hpl.hp.com/personal/Jean_Tourrilhes/Linux.

Tableau 7-1 Pilotes de carte sans fil pour Linux

Si votre carte n'est pas sur cette liste, consultez le site Web « Wireless LAN Resources for Linux » sur `http://www.hpl.hp.com/personal/Jean_Tourrilhes/Linux`. Ce site centralise les informations concernant l'utilisation de réseaux sans fil avec Linux. Toutes les informations citées sur ce site ne s'appliquent pas aux réseaux 802.11b, mais vous y trouverez une foule de détails utiles.

La communauté Linux est réputée pour l'aide qu'elle apporte aux novices. Si vous avez besoin d'un pilote pour votre carte Schmilblick-SansFil-OSS117, dites-vous qu'il y a des chances qu'un quidam ait déjà publié des tuyaux pertinents dans un forum Linux. Le forum *comp.os.linux.networking* est l'endroit où poser des questions concernant la recherche de pilotes pour cartes sans fil. Avant de poster vos questions, consultez les archives pour essayer de trouver des réponses antérieures à votre problème ; les habitués du forum seront généralement plus enclins à vous aider s'ils savent que vous avez déjà essayé de trouver la réponse par vous-même. Regardez dans la section comp.os.linux de `http://groups.google.com` pour chercher une archive interrogeable contenant des questions et des réponses antérieures.

Les puces Intersil Prism se retrouvent dans bon nombre de cartes sans fil de toutes marques. Le site Web d'Intersil contient la liste courante des utilisateurs de Prism, sur `http://www.intersil.com/design/prism/prismuser/index.asp`. Si votre carte s'appuie sur des puces Prism, vous pouvez employer le pilote linux-wlan, téléchargeable depuis `http://www.linux-wlan.com/download.html`.

Si votre carte ne figure pas sur la liste Prism et qu'aucune des sources précédentes ne vous dit où trouver un pilote Linux, vous devez identifier la puce de votre carte. Vous pourrez presque toujours obtenir cette information en repérant le code FCC ID donné sur l'étiquette de la carte, puis en tapant ce code dans la page de recherche FCC ID de la Federal Communications Commission, à `http://www.fcc.gov/oet/fccid`. Cette base de données fournit des liens vers une base de données contenant la copie des documents que le fabricant a fournis avec sa demande d'approbation ; ce dossier inclut généralement une description technique, plus un ou plusieurs diagrammes de circuits. Quelques minutes de lecture devraient vous permettre de savoir qui a fabriqué la puce, et à partir de là de trouver un pilote idoine.

Autres utilitaires sans fil pour Linux

Certains pilotes Linux sont accompagnés d'utilitaires de configuration qui contrôlent l'assignation des canaux, la sélection des SSID, etc. Il existe aussi des logiciels vendus séparément qui facilitent la configuration et la mise en œuvre d'une connexion sans fil à un réseau sans fil.

Plusieurs de ces logiciels s'appuient sur l'API Wireless Extensions for Linux, incluse dans la plupart des versions récentes de Linux, et sur les programmes Wireless Tools qui utilisent les extensions sans fil. Vous trouverez une documentation combinée sur Wireless Extensions et Wireless Tools à l'adresse `http://www.hpl.hp.com/personal/Jean_Tourrilhes/Linux/Linux.Wireless.Extensions.html`.

À mesure que sortiront de nouveaux logiciels sans fil pour Linux, la page Wireless Tools for Linux (`http://www.hpl.hp.com/personal/Jean_Tourrilhes/Linux/Tools.html`) sera sans doute l'une des meilleures sources d'informations.

Si un pilote est compatible avec les extensions sans fil, l'utilisateur peut modifier la configuration réseau sans être obligé de redémarrer le pilote. Les extensions sans fil étant désactivées par défaut, l'utilisateur doit activer l'option CONFIG_NET_RADIO au niveau de la configuration du noyau.

Wireless Tools

Les Wireless Tools forment un ensemble de programmes articulés autour des extensions sans fil. Vous pouvez les télécharger depuis `http://www.hpl.hp.com/personal/Jean_Tourrilhes/Linux/Tools.html`. Les Wireless Tools sont des programmes du genre ligne de commande, mais il existe d'autres logiciels qui s'appuient sur les Wireless Tools pour y ajouter une interface graphique.

Les Wireless Tools contiennent une entrée /proc et trois programmes : iwconfig, iwspy et iwpriv. Les Wireless Tools sont plus une architecture de développement qu'une ressource pour utilisateurs finaux. Comme ils font le véritable travail pour d'autres *programmes (voir plus loin)*, il est bon toutefois de savoir qu'ils existent et ce qu'ils font. En fonctionnement réel, des programmes comme KOrinoco et gWireless sont beaucoup plus faciles à utiliser pour tout le monde sauf pour les fanatiques de la ligne de commande.

/proc/net/wireless

L'entrée /proc est un listing du pseudo-système de fichiers /proc qui donne des informations statistiques sur l'interface sans fil. Comme les entrées /proc fonctionnent comme des fichiers, la commande CAT /PROC/NET/WIRELESS affiche les statistiques sans fil :

```
>cat /proc/net/wireless
Inter- |sta| Quality            |Discarded packets
face   |tus| link  level noise  |nwid crypt misc
eth2:   f0  15.   24.   4        181  0     0
```

Voici l'interprétation de cette abomination :

- La valeur status indique l'état courant du nœud réseau.
- Les valeurs Quality donnent la qualité de signal de la liaison, le niveau de signal sur le récepteur et le volume de bruit sur le récepteur quand il n'y a pas de signal présent.
- Les valeurs Discarded packets indiquent le nombre de paquets rejetés pour cause d'ID réseau invalide (nwid) ou parce que la carte n'a pas pu déchiffrer le contenu des paquets.

iwconfig

Le programme iwconfig contrôle les options de configuration de la carte sans fil. Sur un réseau 802.11b, voici les paramètres concernés :

- channel   Numéro de canal employé par la carte.
- nwid   ID de réseau. Sur un réseau 802.11b, nwid correspond au SSID.
- name   Type de réseau sans fil ou nom du protocole en usage sur ce réseau. Il peut s'agir du type de carte ou d'un nom générique comme « 802.11b ».
- enc   Clé de chiffrement en cours d'utilisation.

La commande IWCONFIG, sans argument, donne une liste de valeurs iwconfig et /proc/net/wireless courantes.

iwspy

Le programme iwspy définit et affiche l'adresse IP et l'adresse MAC du poste local.

iwpriv

Le programme iwpriv offre une prise en charge supplémentaire pour des extensions spécifiques au périphérique.

KOrinoco

KOrinoco est un programme qui utilise les informations et les paramètres de configuration de Wireless Tools pour les présenter sous forme d'affichages graphiques et de boîtes de dialogue compatibles avec l'environnement graphique KDE. KOrinoco simule l'outil Orinoco Client Manager for Windows. Bien que le programme ressemble à celui fourni avec les cartes Orinoco, il doit fonctionner avec d'autres marques du moment que les pilotes compatibles avec les extensions sans fil pour Linux. Pour plus de détails sur le programme et son téléchargement, allez sur `http://korinoco.sourceforge.net`.

La fenêtre d'état principale de KOrinoco donne des informations essentielles sur la connexion courante : force du signal, numéro de canal et SSID de la connexion réseau en cours. KOrinoco Configuration Editor offre toutes les options requises par l'association à un point d'accès ou la connexion à un réseau ad hoc.

gWireless

gWireless est une autre famille de programmes fondés sur les Wireless Tools. Elle comprend une applet Gnome qui passe du rouge à l'orange et de l'orange au vert à mesure que s'améliore la qualité de la connexion en cours, et une interface graphique reprenant les options et informations contrôlées par IWCONFIG. L'interface graphique est encore en cours de développement, mais le projet semble très prometteur. La page d'accueil de gWireless est `http://gwifiapplet.sourceforge.net`.

NetCfg

NetCfg est un utilitaire de configuration réseau pour l'environnement Gnome, qui permet à l'utilisateur de créer et d'administrer des profils de connexion et aussi de modifier en temps réel les paramètres réseau. La page d'accueil de NetCfg est `http://netcfg.sourceforge.net`.

Wavemon

Wavemon emploie ncurses pour surveiller et configurer les cartes sans fil. Il contient un écran Overview reprenant sous forme graphiques toutes les informations majeures de Wireless Tools, un « niveau d'alarme » déclenché quand la force du signal tombe au-dessus d'un seuil prédéfini, plus un historique qui montre les variations du niveau de signal, du niveau de bruit et de la qualité de signal au fil du temps. À cela s'ajoute un outil de configuration à base de menus qui facilite la configuration.

Pour plus de détails sur Wavemon et pour avoir des liens vers la dernière version du programme, consultez `http://www.jm-music.de/projects.html`.

Programmes d'affichage d'état

Il existe plusieurs programmes qui importent les informations des listings /proc/net/wireless pour les afficher sous forme graphique. La principale différence entre ces programmes semble être le format d'affichage.

Wvlanmon

Wvlanmon est une applet Gnome qui affiche la qualité de la liaison sous la forme d'une barre de couleurs. Vous trouverez wvlanmon sur `http://tobi.tildesoftware.net/index/projects/wvlanmon/`.

E-Wireless

E-Wireless est une applet Enlightenment qui surveille et affiche les données de qualité du signal provenant des listings /proc/net/wireless. Vous trouvez le programme sur `http://www.bitshift.org/wireless.shtml`.

Wmwave

Wmwave est une dockapp qui montre la qualité de liaison, le niveau de signal et le niveau de bruit dans une petite fenêtre arrimable. Vous trouverez le produit sur `http://www.schuermann.org/~dockapps/`.

GKrellMwireless

L'utilitaire de surveillance GKrellM affiche sous forme graphique des informations système et peut employer des thèmes pour refléter l'apparence de maints gestionnaires de fenêtres. Le plug-in GKrellM Wireless ajoute à l'outil de surveillance des informations concernant les connexions sans fil. Pour plus de détails sur GKrellM, allez sur le site Web principal `http://web.`

wt.net/~billw/gkrellm/gkrellm.html. Pour plus de détails sur le plug-in, consultez http://gkrellm.luon.net/gkrellmwireless.phtml.

WireStat

WireStat affiche les connexions réseau sans fil dans le format Xload. Vous pouvez le télécharger depuis http://www.bogor.net/idkf/idkf/software/linux-hack/wlan/.

Surveillance à distance

L'entrée /proc/net/wireless ressemble à un fichier, de sorte qu'il est possible d'obtenir, via le réseau, des informations d'état sur les clients distants. Les programmes Signal Level Server and Clients de Steven Hanley présentent ces données sous forme graphique. Pour tous détails et téléchargements, allez sur http://wibble.net/~sjh/wireless.

Configuration d'un point d'accès

Exception faite de la station de base Apple AirPort, la plupart des utilitaires de configuration de point d'accès emploient une interface Web, ou une interface interne ligne de commande utilisée depuis un terminal distant, ou les deux ; peu importe donc le système d'exploitation de l'hôte qui se connecte au point d'accès. Les commandes, contrôles et affichages d'état du point d'accès sont les mêmes sur n'importe quelle machine.

La station de base Apple AirPort présente une autre problématique. Le logiciel interne fourni avec la station de base suppose que vous faites la reconfiguration depuis un Macintosh, via les outils AirPort Setup Assistant et AirPort Admin Utility.

Pour configurer une station de base AirPort depuis un hôte Linux, il faut un programme de configuration Linux. À l'heure où nous écrivons ces lignes, un seul programme, à savoir AirPort Base Station Configurator, semble correspondre à cette description. Il existe des versions distinctes du programme pour les deux versions de la station de base AirPort (« Snow » et l'ancienne « Graphite ») sur le site http://edge.mcs.drexel.edu/GICL/people/sevy/airport.

Comme il a été écrit sous forme d'application Java, le programme AirPort Configurator tourne sur n'importe quel ordinateur ayant JRE (*Java Runtime*

Environment). Cela inclut les plates-formes Windows, Solaris et Linux. Pour obtenir un exemplaire de JRE, allez sur `http://java.sun.com/products/jdk/1.2/jre`.

CHAPITRE 8

Wi-Fi pour Unix

Les utilisateurs des diverses variantes d'Unix ont un choix limité en matière d'options sans fil, mais le sans-fil est quand même possible. L'univers des pilotes de carte sans fil et des logiciels réseau pour systèmes Unix est moins riche que celui de Linux, mais il y a suffisamment de produits sur le marché pour que vous puissiez connecter à un réseau sans fil des ordinateurs tournant sous les principales versions d'Unix. Avec Unix, plus encore qu'avec Linux, il faut vérifier l'existence d'un pilote idoine avant d'acheter une carte, car pour certains types de carte, il n'existe tout bonnement pas de pilotes pour toutes les versions d'Unix. Pour Orinoco, Cisco et les puces internes les plus répandues, vous trouverez généralement des pilotes ; mais ce ne sera pas forcément le cas pour les marques peu connues.

Pilotes Unix

Si vous avez déjà une carte sans fil et que vous voulez l'utiliser sur une machine Unix, essayez les pilotes standard ou bien consultez les archives des forums et autres ressources qui concernent votre version d'Unix. Même si vous avez un autre Unix, la page de recherche de FreeBSD, à `http://www.freebsd.org/search/search.html`, est une ressource des plus utiles pour celui qui veut savoir quel est le pilote qui fonctionne avec telle carte. Mais ne vous étonnez pas d'apprendre que la meilleure solution est souvent de changer de carte.

Si vous n'avez pas encore de carte, il semblerait préférable de prendre pour un poste Unix une carte prise en charge par les pilotes wi et an. D'autres cartes pourraient fonctionner, mais cela risquerait de vous coûter pas mal de temps et d'embarras. Les pages man de chaque version d'Unix donnent la syntaxe exacte et tous les détails concernant l'emploi des pilotes wi et an.

FreeBSD, OpenBSD et NetBSD incluent des pilotes et des utilitaires similaires pour la prise en charge de nombre de cartes sans fil courantes. Le pilote wi reconnaît les cartes Orinoco ainsi que les cartes fondées sur les puces Intersil Prism, entre autres les produits 3Com, Samsung, SMC, Addtron, Linksys et Microsoft. Le pilote an (pour Aeronet, entreprise absorbée depuis lors par Cisco) d'OpenBSD reconnaît les cartes Cisco 340 et 350.

Si vous arrivez à identifier la puce interne de la carte, vous pourrez généralement découvrir quel est le pilote à utiliser. Le plus souvent, le nom de la puce employée par la carte figure quelque part dans le dossier soumis au FCC. Si vous ne savez pas quelle est la puce qu'utilise votre carte, servez-vous de l'utilitaire de recherche d'ID du FCC, à `http://www.fcc.gov/oet/fccid`, pour trouver les descriptions techniques détaillées de la plupart des cartes.

Utilitaires de configuration

Chaque version d'Unix BSD inclut des programmes de configuration qui contrôlent les paramètres et options des cartes utilisant les pilotes an et wi. Certaines commandes ont des noms légèrement différents, mais les fonctionnalités sont *grosso modo* les mêmes. Le tableau 8-1 énumère les commandes de configuration de différentes versions d'Unix BSD.

Version d'Unix	Configuration wi	Configuration an
FreeBSD	Wi wiconfig	Pilote non utilisé
NetBSD	wiconfig	ifconfig et ifmedia
OpenBSD	wicontrol	ancontrol

Tableau 8-1 Utilitaires de configuration Unix

À mesure que les réseaux Wi-Fi s'imposeront, il y aura sans doute de plus en plus de versions d'Unix qui géreront des services Ethernet sans fil. Comme toujours, les listes de diffusion, les forums et les sites Web, officiels ou non, consacrés à chaque version, publieront les nouveautés en matière de pilotes et de prise en charge des fonctionnalités réseau.

wiconfig et wicontrol

Les programmes de configuration du pilote wi permettent de définir tous les paramètres concernant le réseau et la carte. La syntaxe des commandes wiconfig et wicontrol est la même dans les trois versions d'Unix qui les contiennent.

Voici la syntaxe de wiconfig sur un réseau 802.11b :

```
wiconfig [interface] [-o] [-e 0|1] [-k key [-v 1|2|3|4]]
  [-t tx rate] [-n network name] [-s station name] [-p
  port type]
  [-m MAC address] [-d max datalength] [-r RTS threshold]
  [-f frequency] [-A 0|1] [-M 0|1] [-P 0|1] [-T 1|2|3|4]
```

La syntaxe de wicontrol est identique.

L'argument *interface* identifie le nom d'interface logique de la carte. Les noms sont généralement wi0, wi1, *etc*. Si la machine ne contient qu'une carte sans fil, elle apparaît sous le nom wi0.

Pour afficher la configuration courante de la carte, tapez la commande (wiconfig ou wicontrol) et le nom d'interface sans autre argument. La clé WEP n'apparaîtra que si vous avez l'accès root au système.

Les autres options sont données par le tableau 8-2.

Option	Description
–o	Affiche les compteurs de statistiques pour cette interface.
–e	Active ou désactive WEP. Tapez –e 0 pour désactiver le chiffrement, –e 1 pour l'activer. Par défaut, il n'y a pas de chiffrement.
–k clé [-v 1/2/3/4]	Définit les clés WEP. Sans le paramètre –v, la commande définit la première clé.
–T 1/2/3/4	Identifie la clé WEP que la carte utilisera pour chiffrer les paquets sortants.

Option	Description
–t tx taux	Définit la vitesse de transmission. Les valeurs tx sont 1 — 1 Mb/s 2 — 2 Mb/s 3 — vitesse sélectionnée automatiquement (valeur par défaut) 4 — 4 Mb/s 5 — 6 Mb/s 11 — 11 Mb/s
–n nom de réseau	Définit le nom (SSID) du réseau que le client rejoint. La valeur par défaut est une chaîne vide, ce qui indique au client de s'associer au premier point d'accès trouvé. Cette option exige que le paramètre –p soit réglé sur le mode BSS.
–s nom de station	Définit le nom qui identifiera le client sur le réseau.
–p type de port	Identifie le mode opératoire qu'utilisera le client. Prenez –p 1 pour mode infrastructure, –p 2 pour mode ad hoc.
–m adresse MAC	Modifie l'adresse MAC de la carte sans fil ; il est rare que l'on ait à modifier l'adresse MAC définie par le fabricant.
–d long_données_max	Modifie la taille de trame maximale (en octets). La valeur par défaut est 2 304.
–r RTS seuil	Définit le seuil RTS/CTS (en octets). La valeur par défaut est 2 347.
–f fréquence	Définit le numéro de canal de la carte. En mode infrastructure, la plupart des cartes balaient automatiquement tous les canaux disponibles pour trouver des points d'accès ; cette option ne servira donc que si vous voulez choisir un canal précis dans un environnement présentant plus d'un seul signal.
–M	Active ou désactive l'option qui réduit les interférences dues aux fours à micro-ondes. Prenez 0 pour désactiver l'option, 1 pour l'activer.
–P 0/1	Active ou désactive l'économie d'énergie.

Tableau 8-2 Options de wiconfig et wicontrol

Tous cela paraît plus compliqué que ce n'est en réalité. Dans la pratique, si le noyau reconnaît la carte et si les paramètres de la carte concordent avec ceux du point d'accès et des autres cartes du réseau, vous devriez pouvoir vous connecter sans aucun problème. Si le noyau ne trouve pas la carte, reconstruisez-le.

Pour créer une nouvelle connexion, il est plus facile de saisir chaque option en tant que commande distincte plutôt que de taper en une seule fois une chaîne abominable. Voici les commandes les plus courantes :

wiconfig –p 1 Configure le client pour fonctionnement en mode infrastructure avec un ou plusieurs points d'accès.

wiconfig –s Portable de Bernadette Identifie le nœud sous le nom « Portable de Bernadette ».

wiconfig –e 1 Active le chiffrement WEP.

wiconfig –k [clé WEP] Définit la clé WEP.

Outre les paramètres sans fil, il faut souvent configurer les options TCP/IP standard. C'est le travail de la commande ifconfig dans la plupart des versions Unix.

Lorsque vous aurez configuré votre carte sans fil et votre connexion réseau, l'ensemble fonctionnera comme n'importe quelle autre connexion réseau. Vous pourrez exécuter des utilitaires comme ping, des navigateurs Web, des clients de messagerie, *etc.*, et vous connecter aux ressources réseau comme vous le feriez avec une connexion filaire.

Bien évidemment, votre liaison sans fil vous permettra de vous connecter depuis un système Unix à n'importe quel autre ordinateur du réseau, quel que soit son système d'exploitation. Si les ordinateurs sont interconnectés *via* le même réseau, ils n'auront aucun problème pour échanger des signaux radio et des données.

Utilitaires pour Unix

Certains des utilitaires Linux de configuration et d'affichage d'état décrits au chapitre précédent ont été portés vers une ou plusieurs versions d'Unix, mais le choix est loin d'être aussi riche que ce qui existe sous Linux ou Windows. Les utilitaires originels sont encore plus rares, mais il en existe au moins deux.

Xwipower

Xwipower est un utilitaire qui affiche la force du signal dans une icône et qui inclut un graphe décrivant l'évolution de la force du signal au fil du temps. Comme le montre la figure 8-1, l'icône représente la force du signal reçu sous la forme de barres. L'icône affiche un message en japonais quand la carte n'arrive pas à détecter de signal (la traduction donne quelque chose comme « hors de portée de signal »).

Figure 8-1 Xwipower représente sous forme d'icône la force d'un signal radio

La même icône indique aussi le niveau de la pile. Quand la pile affichée sur l'icône est pleine, c'est que la pile est chargée à bloc ou que la machine utilise le secteur. L'icône de la pile apparaît sous forme de contour quand le niveau de la pile descend en dessous des 10 %.

Xwipower fonctionne sous FreeBSD et NetBSD. Vous pouvez le télécharger depuis `http://iplab.aist-nara.ac.jp/member/masafu-o/xwipower`.

WEP

WEP est un utilitaire permettant de configurer le chiffrement WEP sous FreeBSD. Vous pouvez l'obtenir depuis la même source que celle de Xwipower.

Bsd-airtools

Bsd-airtools est un ensemble d'utilitaires BSD permettant de détecter et d'analyser les réseaux 802.11b, et de contrôler les cartes sans fil à base de puces Prism. La page d'accueil de bsd-airtools est `http://www.dachb0den.com/projects/bsd-airtools.html`.

Bsd-airtools inclut les programmes que voici :

dstumbler Détecte et affiche des informations concernant les points d'accès qui sont à portée du récepteur de la carte sans fil.

dweputils Ensemble d'utilitaires pour l'audit et la sécurité des réseaux WEP, et pour la restauration (euphémisme pour « cassage ») des clés WEP.

prism2ctl Interface vers les modes débogage de la puce Prism2, entre autres vers le mode moniteur.

prism2dump Utilitaire d'analyse de protocole pour trafic 802.11.

CHAPITRE 9

Wi-Fi pour PDA et autres matériels de poche

Les réseaux Wi-Fi ne se limitent pas aux ordinateurs et systèmes d'exploitation de bureau. De nos jours, Palms, Handspring Visors, Pocket PC et autres PDA (*Personal Digital Assistant*) de poche peuvent employer des liaisons Wi-Fi pour synchroniser leurs données avec d'autres ordinateurs, envoyer et recevoir du courrier, ou télécharger des données depuis Internet. Demain verra apparaître une nouvelle catégorie de matériels hybrides qui commuteront automatiquement entre réseaux cellulaires relativement lents à large couverture et réseaux Wi-Fi beaucoup plus rapides dans lesquels un point d'accès ne couvre que quelques centaines de mètres.
Il existe des PDA capables de fonctionner avec d'autres services radio, par exemple avec le réseau téléphonique cellulaire GSM (*Global System for Mobile communications*) ; mais, en règle générale, si votre PDA peut se connecter à un réseau local filaire, il y a probablement un moyen de le faire fonctionner sur une liaison Wi-Fi. S'il n'existe pas encore de cartes, il y a de bonnes chances que quelqu'un en sorte une prochainement.

Un PDA compatible Wi-Fi peut être extrêmement utile quand vous êtes loin de votre domicile ou de votre bureau, par exemple pour échanger du courrier ou consulter une source de données en ligne depuis un point chaud (*hot spot*) public situé dans un aéroport, un café ou même dans la rue.

Utilisation d'un ordinateur de poche dans un réseau Wi-Fi

Dans un réseau Wi-Fi, la même structure de réseau qui gère les ordinateurs portables et les ordinateurs de bureau gère aussi les équipements de poche. Un ou plusieurs points d'accès servent de concentrateurs pour le réseau sans fil et font en même temps office de ponts vers la portion filaire du réseau local et vers Internet. Comme un même réseau peut desservir des machines de poche et des ordinateurs classiques, il est tout à fait adéquat d'employer une liaison sans fil pour synchroniser un PDA avec une autre machine.

Pour pouvoir utiliser un PDA dans un réseau sans fil, le PDA doit avoir une carte réseau, un pilote de carte et des outils de configuration de liaison. Comme le monde des matériels de poche ne dispose pas de normes universelles d'interfaçage matériel, chaque type de PDA exige une carte spécifiquement conçue pour lui.

Il existe toutes sortes de formes et de tailles pour les matériels de poche, avec plusieurs systèmes d'exploitation rivaux. Il n'existe donc pas de type standard de carte réseau (du genre PC Card) qui convient à tous les matériels. Le format CompactFlash est le plus répandu, surtout chez les Pocket PC, mais nombre de PDA exigent des cartes ou des modules spécifiquement conçus pour s'adapter à leurs interfaces propriétaires. Si, par exemple, vous employez un module sans fil avec votre Palm m500, vous ne pouvez pas utiliser ce module dans un iPAQ ou dans un Handspring Visor.

La connexion d'un PDA à un réseau sans fil repose sur les mêmes étapes fondamentales que la connexion d'un ordinateur portable ou d'un ordinateur de bureau : installation de la carte, puis modification des paramètres réseau pour satisfaire aux exigences du réseau sans fil. Pour ce qui concerne le point d'accès, le PDA n'est qu'un nœud réseau de plus. Le format des données contenues dans chaque paquet est peut-être différent, mais le réseau n'en a cure ; il travaille avec les trames que la carte réseau ajoute au début et à la fin de chaque paquet.

Windows CE

Windows CE, et plus récemment Windows CE .NET, est un système d'exploitation Microsoft pour ordinateurs de poche et équipements embarqués. Les ordinateurs Windows CE les plus répandus sont le Compaq iPAQ, le Casio Cassiopeia, le HP Jornada et le URThere @migo-600C. Il existe deux types d'ordinateurs de poche : les Handheld PC sont plus gros que les Pocket PC, mais plus petits que les ordinateurs portables classiques. Le système d'exploitation Handheld PC sert dans des ordinateurs de toutes formes : tablettes, écrans « pliables » avec clavier, etc. La toute dernière version de Windows CE .NET intègre la prise en charge des réseaux 802.11.

Comme il n'existe pas de standard unique en matière de port ou de connecteur d'E/S pour les matériels Windows CE, les cartes sans fil ne sont pas interchangeables universellement. Chaque marque (voire chaque modèle) exige un type de carte différent. Certains modèles emploient les mêmes PC Card que celles utilisées avec les ordinateurs portables (avec des pilotes différents), alors que d'autres exigent une carte CompactFlash plus petite. Le tableau 9-1 énumère quelques PDA Windows CE très courants, avec les cartes qu'ils utilisent pour un accès sans fil.

Fabricant	Modèle	Type de carte
Audiovox	Maestro	CompactFlash
Casio	Cassiopeia BE300	CompactFlash
Compaq	iPAQ	CompactFlash ou PC Card
Hewlett-Packard	Jornada	CompactFlash ou PC Card
URThere	@migo-600c	PC Card
NEC	MobilePro	CompactFlash, PC Card ou les deux
Toshiba	Pocket PC e740	Carte intégrée

Tableau 9-1 Quelques PDA Windows CE très courants avec leurs cartes sans fil

Presque tous les matériels Windows CE ayant aussi des ports USB, il devrait être possible d'utiliser une carte USB pour la connexion à un réseau Wi-Fi ; mais il n'est guère commode d'accrocher un câble USB et une carte externe plus grande que le PDA lui-même à un appareil destiné à tenir dans le creux de la main. En pratique, comme personne ne propose de pilotes USB sans fil pour Windows CE, ce n'est pas une option réelle. En revanche, une liaison USB entre un PDA et un ordinateur plus gros peut être très utile pour charger pilotes et autres logiciels dans le PDA.

Vous pouvez vous représenter une carte CompactFlash comme une version réduite d'une carte PCMCIA (PC Card). La taille d'une CompactFlash est à peu près celle d'une petite boîte d'allumettes (moins du quart de la taille d'une carte PCMCIA), mais les cartes sans fil sont généralement un peu plus grosses que cela, étant donné que les antennes intégrées dépassent du connecteur. Vous trouverez des cartes sans fil CompactFlash chez, entre autres, Intel, Kyocera, D-Link, Pretec, Socket et Symbol. La figure 9-1 montre une carte Symbol.

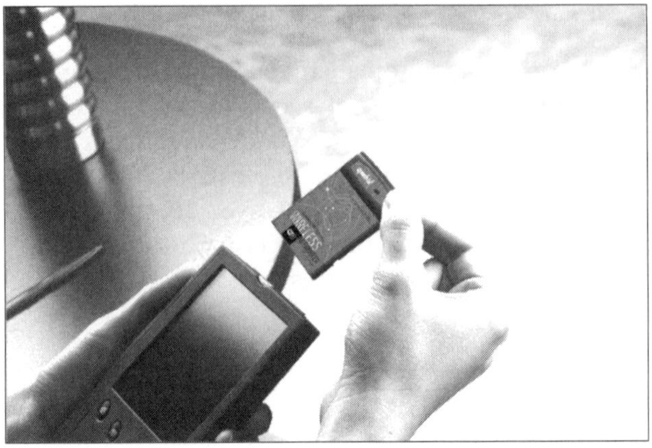

Figure 9-1 La carte Symbol Wireless Networker est une carte CompactFlash

Il existe un certain nombre de Pocket PC plus gros, entre autres chez NEC, Hewlett-Packard et Compaq, qui ont des connecteurs PCMCIA au lieu de connecteurs CompactFlash, ce qui fait qu'ils peuvent employer les mêmes cartes sans fil PC Card que celles utilisées dans les ordinateurs portables, à condition que vous trouviez un pilote Windows CE. Heureusement, presque tous les grands fabricants (et aussi pas mal de petits fabricants) proposent des pilotes pour Windows CE. Pour une liste actualisée de pilotes avec des liens vers des sites de téléchargement, consultez le site Chris De Herrera's Windows à `http://www.cewindows.net/peripherals/pccardwirelesslan.htm`.

Si vous disposez déjà d'une PC Card que vous voulez utiliser avec votre matériel Windows CE, consultez le site du fabricant de la carte pour tout savoir sur les derniers pilotes. Si le fabricant ne propose pas de pilote Windows CE, trouvez le FCC ID inscrit sur la carte et recherchez-ledans la base de données de `http://www.fcc.gov/oet/fccid` afin de savoir si c'est une version distributeur d'une carte pour laquelle existe un pilote.

Installation et configuration d'une carte sans fil

Le logiciel qui accompagne un pilote inclut systématiquement un utilitaire de configuration sans fil. Le téléchargement et l'installation du pilote et du logiciel de configuration varient selon la carte, mais on retrouve toujours les mêmes étapes générales :

1. Insertion de la carte dans le PDA.
2. Connexion du PDA à une machine Windows (de bureau ou portable).
3. Emploi de l'utilitaire Microsoft Active Sync pour transférer le logiciel du PC vers le PDA. Dans certains cas, il faut commencer par télécharger le logiciel depuis le fabricant ; dans d'autres cas, c'est un seul et même processus.
4. Saisie des paramètres de configuration pour la connexion du PDA au réseau local sans fil et à Internet. Si le réseau local emploie un serveur DHCP, réglez le PDA pour qu'il accepte une adresse IP automatique ; autrement, spécifiez manuellement l'adresse assignée au PDA ainsi que l'adresse du serveur passerelle.
5. Saisie du SSID du réseau sans fil, ou configuration du PDA pour qu'il détecte et affiche tous les SSID situés à proximité.
6. Si le réseau utilise le chiffrement WEP, saisie de la clé de chiffrement.
7. Débranchement du câble reliant le PDA au PC.
8. Tentative de création d'une liaison, afin de vérifier que le réseau fonctionne correctement. Si votre utilitaire de configuration inclut une commande ping, c'est un bon outil.

Une fois terminées l'installation et la configuration, faites Démarrer/Programmes/Connexions, et sélectionnez la nouvelle connexion réseau. Votre PDA doit alors se connecter au réseau. Vous pouvez maintenant exécuter les mêmes applications réseau que celles que vous activez via un modem ou un réseau filaire.

Palm OS

Les possesseurs de Palm et autres PDA utilisant le système Palm OS n'ont pas autant d'options sans fil. Comme chaque type de matériel Palm exige un package spécifique pour l'interface réseau, en matière de cartes sans fil, la catégorie Palm OS n'est pas un marché aussi prometteur que Windows CE où un même produit CompactFlash ou PCMCIA peut servir sur plusieurs appareils.

La division Xircom d'Intel propose des cartes 802.11b pour les séries Palm m500 et m125 et pour les Handspring Visors, alors que la série SPT de Symbol, fondée sur Palm, a des interfaces sans fil intégrées au matériel. Symbol a aussi une licence pour fabriquer des lecteurs de code barre

Palm OS qui emploient des réseaux Wi-Fi pour relayer les données à un ordinateur hôte. Mais si vous avez un autre modèle de Palm, ou peut-être un Sony Clié, alors vous risquez de ne pas avoir de chance.

Palm m500 et m125

Une liaison 802.11b vers Internet offre une solution plus rapide que le service Palm.Net qui fait la connexion via le système téléphonique cellulaire. Le produit Intel Xircom Wireless LAN Module for Palm Handhelds remplace le socle Palm standard qui connecte l'appareil de poche à un PC. Quand le Palm est équipé du module sans fil, l'utilisateur peut se servir d'une liaison Wi-Fi pour connecter le PDA à un ordinateur hôte à des fins d'échange de données HotSync et d'accès Internet. La figure 9-2 montre le module Xircom avec un Palm m500.

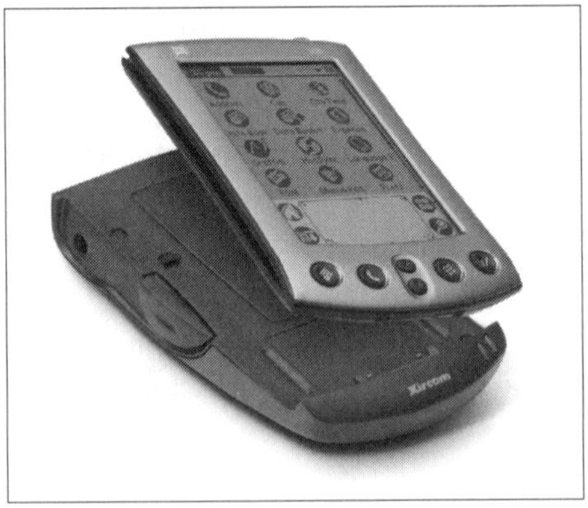

Figure 9-2 Xircom Wireless LAN Module est un socle qui se branche sur un Palm m500 ou m125

Une connexion Wi-Fi via une carte Xircom ou PDA Symbol demande le même genre de paramètres de configuration que n'importe quel autre client sans fil. Les paramètres client (DHCP, WEP, adresses IP, etc.) du Palm doivent concorder avec la configuration du point d'accès.

Handspring Visor

Un Handspring Visor est un autre type de matériel Palm OS, physiquement très différent des équipements de poche propres à Palm. Il ne peut donc pas utiliser les mêmes cartes sans fil. Xircom SpringPort Wireless Ethernet Module se branche sur le haut du boîtier Visor ; comme le module a sa propre pile, il ne tire pas sur la pile interne du Visor.

Pour utiliser un SpringPort, branchez le module sur le haut du Visor. Le Visor reconnaît automatiquement le SpringPort et affiche un écran de configuration à cinq options : Client Settings, Network Settings, HotSync Settings, Status et Tips.

L'écran Client Settings contient les options de configuration qui identifient le Visor auprès du réseau et créent la liaison. Utilisez cet écran pour assigner un nom de client, spécifier le SSID du réseau et activer ou désactiver WEP et l'économie d'énergie.

L'écran Network Settings offre des instructions pour ajouter les options SpringPort courantes à la configuration réseau du Visor.

L'écran Status affiche l'état de la connexion en cours. Il montre la force du signal et la condition des deux piles (celle du Visor et celle du SpringPort). L'option Advanced Status ouvre un menu contenant les options IP Information et Software Information. L'option IP Information ouvre un écran affichant l'adresse IP courante du SpringPort, le masque de sous-réseau, les adresses des serveurs DNS, l'état DHCP courant et l'adresse MAC du SpringPort.

Autres matériels de poche

Si quelqu'un fabrique actuellement des cartes 802.11b pour Blackberry, Psion ou autre variété de PDA, qu'il le dise ! La situation pourrait changer si les réseaux sans fils continuent de s'imposer et si de nouveaux modèles de poche apparaissent. Mais nombre de modèles actuels n'auront jamais accès aux réseaux Wi-Fi ; sans compter, bien évidemment, que nombre de matériels de poche, tels le Blackberry et certains Palm, ont été construits autour de radios intégrées utilisant un autre service sans fil, de sorte qu'ajouter une radio 2,4 GHz au produit ne serait pas très logique. D'autres appareils de poche ont un créneau commercial si étroit qu'aucun fabricant sensé n'aura envie de perdre de temps et de l'argent à créer une interface Wi-Fi.

Il se pourrait donc que vous soyez dans l'impossibilité d'ajouter tel ou tel PDA à un réseau Wi-Fi. Si vous ne pouvez pas vous passer de ce genre d'appareil, votre seule possibilité consiste à le remplacer par un autre modèle ou à utiliser une quelconque autre méthode d'accès au reste du monde. Mieux vaut parfois reconnaître que l'on ne peut pas communiquer partout et se faire une raison.

La taille ne fait pas forcément la différence

L'écran Palm OS standard ne fait que 160 x 160 pixels. Les écrans Windows CE peuvent être plus grands (jusqu'à 640 x 480), mais la taille physique de l'écran est beaucoup plus petite que celle d'un ordinateur portable ayant des valeurs similaires. Par conséquent, une image qui rend bien sur un écran classique peut être inutilisable sur un appareil de poche. À mesure que les appareils de poche seront de plus en plus nombreux à se connecter à Internet, on verra surgir de plus en plus de sites et de services adaptés à ces écrans riquiqui. Il n'est pas très réaliste d'escompter avoir autant d'informations sur quelques centimètres carrés que sur un écran de PC traditionnel ; aussi les services Web pour PDA utilisent généralement des écrans spécifiquement conçus pour les besoins particuliers du public visé. En pratique, cela signifie qu'un bon service Web pour appareils de poche n'affiche que peu de données sur chaque écran au lieu de présenter de grandes pages que l'on fait défiler. La technique la plus courante consiste à imbriquer un grand nombre de pages.

Compte tenu de la petitesse des écrans et du fait que la plupart des PDA ont été conçus pour travailler avec des connexions réseau relativement lentes, ne cherchez pas à utiliser votre Palm ou votre iPAQ en ligne de la même façon que vous vous servez de votre ordinateur portable ou de votre ordinateur de bureau. Les fonctionnalités se ressemblent beaucoup, mais les contenus sont souvent très différents.

Wi-Fi dans les années à venir

La prochaine génération d'interfaces Wi-Fi sera encore plus petite que celles utilisées dans les cartes CompactFlash actuelles. SyChip, entreprise dérivée de Bell Labs, a présenté un prototype de module minuscule d'interfaçage qui ajoutera des fonctionnalités 802.11b internes aux téléphones cellulaires et autres appareils ; et plusieurs sociétés sont en train de développer de nouveaux produits de « téléphonie intelligente » qui combineront téléphone cellulaire, PDA et client Wi-Fi dans un même boîtier de poche ou de la taille d'un porte-monnaie. Ces gadgets permettront à l'usager de créer une connexion Internet haut débit quand ils seront à portée d'un hot spot 802.11b et de commuter vers une connexion cellulaire plus lente quand il n'y aura pas d'autre possibilité d'accès sans fil. D'autres appareils pourraient combiner services Wi-Fi et Bluetooth à des fins de connexion sans fil à des périphériques situés à proximité.

Retenez qu'un réseau Wi-Fi ne se soucie pas de la nature des données qu'il achemine, ni de la nature du poste client qui envoie ou reçoit ces données. Du moment que trames, paquets et méthodes de modulation respectent les spécifications 802.11b, le réseau fait passer les données ; de sorte que les mêmes technologies qui aujourd'hui connectent votre ordinateur portable à Internet seront reprises demain dans des modules embarqués offrant des services complètement nouveaux. Ainsi, les appareils domestiques, les machines de bureau et les automobiles transmettront des informations de diagnostic à des centraux de surveillance qui détecteront les problèmes à venir et enverront un réparateur avant que le problème ne se fasse réellement sentir chez l'usager. Des compteurs d'eau et d'électricité interrogeables à distance permettront d'établir les factures sans avoir besoin d'envoyer un employé relever les compteurs sur chaque site. Certaines de ces applications utiliseront probablement Bluetooth au lieu de Wi-Fi, mais dans les années à venir on verra sans doute apparaître également des appareils Wi-Fi embarqués.

Malgré un intérêt pour le sans-fil, 3G, Wi-Fi et ses successeurs semblent avoir le vent en poupe pour toutes sortes d'utilisations sur toutes sortes d'équipements.

CHAPITRE 10

Extension du réseau au-delà de vos murs

L'idée originale sous-jacente à la norme 802.11b était de fournir des connexions sans fil à des réseaux locaux bien délimités géographiquement, situés par exemple dans une entreprise, dans une maison ou dans un organisme public. Wi-Fi devait être une simple extension de l'incontournable Ethernet destinée aux portables et autres ordinateurs pour lesquels les connexions filaires ne sont pas pratiques. D'autres services radio étaient censés fournir les accès sans fil à Internet depuis des lieux publics.

Telle était l'idée originelle. Mais comme le matériel Wi-Fi est bon marché, qu'il n'exige pas de licence et qu'il est relativement facile à installer et à utiliser, on a vu apparaître toute une culture de « guérilleros du réseau » qui a engendré des utilisations non prévues de la technologie, lesquelles permettent de faire sortir les réseaux 802.11b des bureaux, des salles de classes et des foyers qui les hébergent. Passionnés et communautaristes installent des antennes sur les toits et les collines pour qu'elles fournissent à tout le voisinage des accès sans fil, publics ou privés, à Internet et créent des liaisons de données point-à-point sur des distances de plusieurs kilomètres. Moult lycées et universités ont ajouté des points d'accès extérieurs à leurs réseaux de campus, et certaines villes ont commencé à créer des réseaux Wi-Fi publics qui, une fois terminés, couvriront toute l'agglomération.

Pour l'instant, cette contre-culture émane de la base et reste essentiellement l'apanage de « techno-dingues » et de pirates ; mais elle a le potentiel de rivaliser sérieusement avec les réseaux sans fil 3G (cellulaire 3e génération), coûtant des milliards d'euros, qui sont censés être la nouvelle vague de la connectivité mobile. Si ces réseaux non commerciaux, faits de bric et de broc, parviennent un jour à offrir des solutions sans fil à 6 Mb/s qui soient largement accessibles, bon marché et fiables, alors les développeurs du 3G auront de gros problèmes à nous convaincre d'acheter leurs coûteux services à 384 Kb/s. Les opérateurs commerciaux de réseaux cellulaires et de réseaux sans fil suivent donc de très près le mouvement des réseaux de communauté.

Il est relativement facile d'installer et d'utiliser un réseau Wi-Fi pour transférer des données entre des immeubles ou pour fournir des accès réseau depuis votre jardin, votre parking ou tout autre espace ouvert. On trouve partout des antennes extérieures, mais vous pouvez aussi les fabriquer vous-même.

Ce chapitre présente certains problèmes juridiques et pratiques que posent la mise en œuvre et l'utilisation d'un réseau sans fil hors de locaux. Il fournit également des informations techniques sur les points d'accès et les antennes extérieurs. Au chapitre suivant, vous apprendrez à utiliser le matériel Wi-Fi pour mettre en œuvre des liaisons réseau point-à-point.

Législation

Les réseaux Wi-Fi n'exigent pas de licences, mais le FCC et d'autres administrations ont établi des règles concernant les transmissions radio sur lesquelles s'appuie les réseaux Wi-Fi. La plupart de ces règles sont là pour minimiser le risque d'interférences entre les réseaux sans fil, les téléphones sans fil et les autres services qui se partagent les mêmes fréquences radio, et pour éviter ainsi qu'une seule personne monopolise les transmissions.

Quand vous essayez de créer un réseau 802.11b qui ne doit pas se contenter de desservir uniquement les ordinateurs situés dans vos locaux, la puissance des signaux radio émis par vos points d'accès et vos cartes réseau devient un problème majeur. Il existe une relation directe entre la force du signal et la distance qu'il peut parcourir, de sorte qu'il est essentiel de comprendre très exactement ce que permet la législation.

Les règles spécifiques qui s'appliquent aux matériels sans fil 802.11b aux États-Unis figurent dans la partie 15, section 15.247 de la réglementation du FCC. Voici ce qu'elles disent :

(b) La puissance maximale de sortie de l'émetteur intentionnel ne doit pas dépasser les valeurs suivantes :

(1) Pour [...] tous les systèmes à séquence directe : 1 watt.

(3) Exception faite des contextes cités aux paragraphes (b)(3)(i), (ii) et (iii) de cette section, si l'on emploie des antennes émettrices dont le gain directionnel est supérieur à 6 dBi, la puissance maximale de sortie de l'émetteur intentionnel doit être diminuée de manière appropriée de façon à tomber en deçà des valeurs énoncées au paragraphe (b)(1) ou (b)(2) de cette section, la valeur de la diminution étant égale au montant en dB dont le gain directionnel dépasse 6 dBi.

(i) Les systèmes fonctionnant dans la bande 2 400–2 483,5 MHz qui servent uniquement à des opérations point à point fixes, peuvent employer des antennes de transmission dont le gain directionnel est supérieur à 6 dBi, à condition que la puissance maximale de sortie de l'émetteur intentionnel soit diminuée de 1 dB pour chaque 3 dB dont le gain directionnel de l'antenne dépasse 6 dBi.

Que signifie tout cela ? *Primo*, la législation permet aux émetteurs des points d'accès et des cartes réseau d'avoir une puissance maximale de 1 watt. *Secundo*, le gain d'antenne maximal est de 6 dBi, sauf si vous diminuez la puissance de l'émetteur quand vous augmentez le gain. Les systèmes point-à-point hautement directionnels sont autorisés à utiliser plus de gain d'antenne que les systèmes point-à-multipoint. La puissance maximale pour l'antenne ne peut pas dépasser 1 watt, mais vous pouvez utiliser une antenne directionnelle pour augmenter jusqu'à 4 watts la puissance effectivement diffusée.

Pour une stricte conformité avec la réglementation FCC, chaque antenne doit être certifiée pour le point d'accès spécifique avec lequel vous comptez l'employer. Ces certifications doivent être disponibles chez le fournisseur qui vend les antennes.

Quand vous calculez la puissance émettrice d'une radio, il faut tenir compte de l'atténuation du signal dans le câble reliant la radio à l'antenne. Ainsi, vous pourriez avoir un point d'accès dont la sortie vaut 20 dBm (ce qui fait moins de 0,5 watt) et un câble d'antenne qui perd 6 dB à 2,4 GHz. Auquel cas, l'antenne ne recevrait que 14 dBm de la radio. Comme c'est très inférieur à 1 watt, il y a de la marge pour du gain d'antenne.

Les radios intégrées à la plupart des points d'accès et des cartes Wi-Fi n'émettent qu'à seulement 0,030 watt ou à peu près, de sorte qu'elles sont largement dans les limites légales, sauf si vous reliez l'émetteur à une méga-antenne disposant d'un gain pharamineux. Un amplificateur RF (*Radio*

Frequency) placé entre la radio et l'antenne pourrait gonfler la puissance au-delà de la limite de 1 watt, mais cela constituerait une infraction.

Il y a deux types de signaux Wi-Fi qui pourraient bénéficier d'une plus grande puissance de transmission : les signaux point-à-point, où le surcroît de puissance permet d'augmenter la distance entre les deux sites ; les signaux point-à-multipoint, où un surcroît de puissance au niveau du point d'accès permet d'étendre la zone de couverture du réseau. Une liaison point-à-point emploie généralement, aux deux extrémités, des antennes directionnelles à gain élevé ; dans un système point-à-multipoint, le point d'accès utilise généralement une antenne omnidirectionnelle ou sectionnelle qui couvre une large zone, alors que les cartes des clients peuvent utiliser des antennes directionnelles.

En fait, les restrictions de puissance définies par le FCC pour les émetteurs radio de la bande 2,4 GHz sont trop sévères. Ce serait agréable de pouvoir envoyer, disons, 5 watts dans une antenne à gain élevé pour créer une liaison de données propre et fiable sur une distance de 10 ou 15 km (voire plus), ou encore d'utiliser un seul point d'accès pour couvrir une vaste zone. Cependant, les compagnies de téléphonie et les autres fournisseurs de services de données ont suffisamment de poids auprès des autorités pour que soient conservées telles quelles ces restrictions de puissance ; la limite de 1 watt va donc probablement perdurer, sauf peut-être dans les zones rurales.

En tant que contribuable respectueux des lois, prenez très au sérieux toutes ces règles. En tant qu'auteur non moins respectueux des lois, je ne vous encourage nullement à enfreindre la législation. Toutefois, il est fort peu probable qu'un individu ou une petite entreprise dont l'antenne à gain élevé amplifierait par trop le signal de son réseau sans fil attire l'attention des autorités ; sauf si le signal crée des interférences significatives pour un autre réseau ou pour un service radio, ou s'il a attiré l'attention d'une compagnie de téléphonie ou d'un grand FSI. Et même s'il y avait plainte, il pourrait se révéler difficile d'identifier la source du signal illicite (sauf si l'antenne surdimensionnée était plantée sur le toit du contrevenant au vu et au su de tous). Faites fonctionner votre réseau de façon qu'il respecte la législation, mais c'est un peu dommage vu que techniquement rien ne vous empêcherait d'amplifier votre signal.

En règle générale, le FCC ne gaspille pas son temps à s'occuper de plaintes d'interférences pour les fréquences sans licence de la bande 2,4 GHz utilisée par les réseaux Wi-Fi. Mais la loi c'est la loi ; et comme vous êtes une personne sensée (c'est d'ailleurs pour cela que vous avez acheté ce livre), vous n'allez pas vous amuser à booster vos points d'accès et cartes réseau, ni à utiliser des antennes à gain extrême.

La réglementation du FCC ne s'applique qu'aux États-Unis. Chaque pays a sa propre réglementation, qui est parfois plus restrictive que celle des États-Unis, et ses propres modalités d'application, lesquelles peuvent être très répressives ; il faut consulter des spécialistes techniques et juridiques du pays avant d'installer une antenne à haut gain ou un amplificateur RF. En France, la législation actuelle est assez draconienne ; pour tous renseignements, consultez le site de l'ART (*Autorité de régulation des télécommunications*) sur `www.art-telecom.fr`.

La puissance de sortie de la plupart des réseaux sans fil (avec ou sans antennes à fort gain) est, en principe, très en deçà du seuil d'atteinte à l'intégrité physique de l'utilisateur, mais il est généralement déconseillé d'avoir à côté de soi une antenne à fort gain ou une antenne amplifiée. Nombre de points d'accès contiennent des avertissements à propos des dangers que représente pour le corps humain (et notamment les yeux) la proximité de l'équipement ; c'est encore plus vrai si vous employez des amplificateurs et des antennes à gain élevé.

Antennes et points d'accès extérieurs

Plusieurs facteurs conditionnent la force du signal (et donc la portée) d'une liaison radio entre un point d'accès et un client Wi-Fi :

- le gain de l'antenne ;
- la puissance de l'émetteur ;
- la hauteur de l'antenne ;
- l'atténuation du câble.

N'oubliez pas qu'une liaison Wi-Fi transfère des données dans les deux sens : du point d'accès vers la carte réseau, et de la carte vers le point d'accès. Les antennes et les radios impliquées dans la liaison doivent donc être capables d'émettre et de recevoir des signaux. Heureusement, comme le facteur de gain et les caractéristiques directionnelles d'une antenne sont les mêmes dans les deux sens, la même antenne qui amplifie la puissance effective d'un signal sortant augmente aussi la sensibilité du récepteur vis-à-vis d'un signal entrant faible.

Une antenne extérieure doit aussi être en mesure de résister aux contraintes de l'environnement physique. Un vent violent peut faire bouger une antenne directionnelle et lui faire perdre la cible prévue ; l'accumulation de glace et de neige peut affaiblir le signal et augmenter le poids pesant sur le support de l'antenne ; le soleil peut abîmer un recouvrement en plastique, *etc.* C'est pourquoi de nombreuses antennes sont scellées dans des radômes ou autres emballages offrant une protection supplémentaire.

Il existe toutes sortes de formes et de tailles pour les antennes 2,4 GHz. Une antenne omnidirectionnelle se présente parfois sous la forme d'un élément unique, de quelques centimètres de long, avec ou sans enveloppe protectrice. Les antennes intégrées aux cartes PCMCIA sont encore plus courtes. Les antennes directionnelles les plus courantes sont les yagis (versions réduites des antennes TV de toiture), les antennes patch, ressemblant à des détecteurs de fumée, les réflecteurs paraboliques pouvant faire jusqu'à 1 mètre de hauteur et les grands panneaux dotés d'angles d'ouverture pouvant être extrêmement larges.

Comme un réseau 802.11b emploie des signaux radio numériques, une puissance plus élevée, une antenne tarabiscotée ou une antenne de toiture n'apportera rien de plus si vous arrivez à échanger des signaux adéquats à l'aide de matériels plus petits et moins chers. Si une antenne à gain modeste donne des signaux acceptables, vos données ne seront pas meilleures si vous prenez une antenne plus grosse et plus coûteuse. Sans compter que les petites antennes sont beaucoup plus discrètes, ce qui diminue le risque d'ennuis avec les voisins ou les organismes de zonage locaux.

Caractéristiques des antennes

Les nœuds d'un réseau sans fil emploient les mêmes antennes pour émettre et recevoir les signaux radio. Une antenne consomme beaucoup plus d'énergie pour émettre que pour recevoir, mais les caractéristiques de performances sont identiques. La même antenne qui augmente la puissance effective diffusée d'un signal émis amplifie également la sensibilité d'un récepteur dans les mêmes proportions ; ainsi, une antenne connectée à un point d'accès ou à une carte Wi-Fi améliore la force des signaux circulant dans les deux directions d'une liaison radio. Les caractéristiques les plus importantes qui définissent les performances d'une antenne sont l'*angle d'ouverture et le gain.*

L'angle d'ouverture d'une antenne est l'angle ou l'arc à l'intérieur duquel l'antenne diffuse ou détecte de l'énergie à une puissance ou sensibilité maximale. Si, par exemple, l'angle d'ouverture d'une antenne est de 20 degrés, alors la « fenêtre » de force maximale du signal s'étend de 10 degrés de part et d'autre du devant de l'antenne. La force du signal décroît quand chacune des deux antennes impliquées dans une liaison radio n'est pas dans l'angle d'ouverture de l'autre. La figure 10-1 illustre l'effet du placement de deux antennes de telle façon qu'elles soient orientées l'une vers l'autre.

Les antennes intégrées équipant nombre de points d'accès et la plupart des cartes réseau ne sont pas directionnelles, ce qui fait qu'elles émettent et détectent les signaux de manière homogène dans toutes les directions. Les spécifications d'une antenne non directionnelle (appelée aussi antenne omnidirectionnelle) n'indiquent pas d'angle d'ouverture (qui serait, en fait, de 360 degrés). Comme le laisse entendre le nom, les antennes d'une liaison point-à-point sont orientées directement l'une vers l'autre, et donc leurs angles d'ouverture peuvent être très étroits.

Le gain d'une antenne décrit sa puissance de sortie ou sa sensibilité effective par rapport à une antenne dipolaire standard. Donc, si vous mesurez les signaux émis par deux émetteurs identiques ou le même signal reçu par deux récepteurs distincts, le signal qui passe par une antenne ayant un gain de 3 dBi est plus fort de 3 dB qu'un signal qui passe par une antenne dipolaire de référence. Le gain d'une antenne augmente avec la taille de l'antenne ; il augmente aussi quand le signal est concentré dans une fenêtre d'ouverture étroite.

Cela peut aider de faire une analogie entre angle/gain d'antenne et faisceaux lumineux concentrés. Une ampoule standard diffuse la même quantité de lumière dans toutes les directions (sauf vers le socle de l'ampoule). En revanche, si vous placez un réflecteur derrière un côté de la source lumineuse, ou si vous concentrez la lumière dans une certaine direction, l'intensité apparente de la lumière augmente à l'intérieur de la zone ciblée mais diminue quand vous vous éloignez de cette zone. L'ampoule émet toujours la même quantité de lumière, mais une bonne partie de cette lumière se concentre à certains endroits.

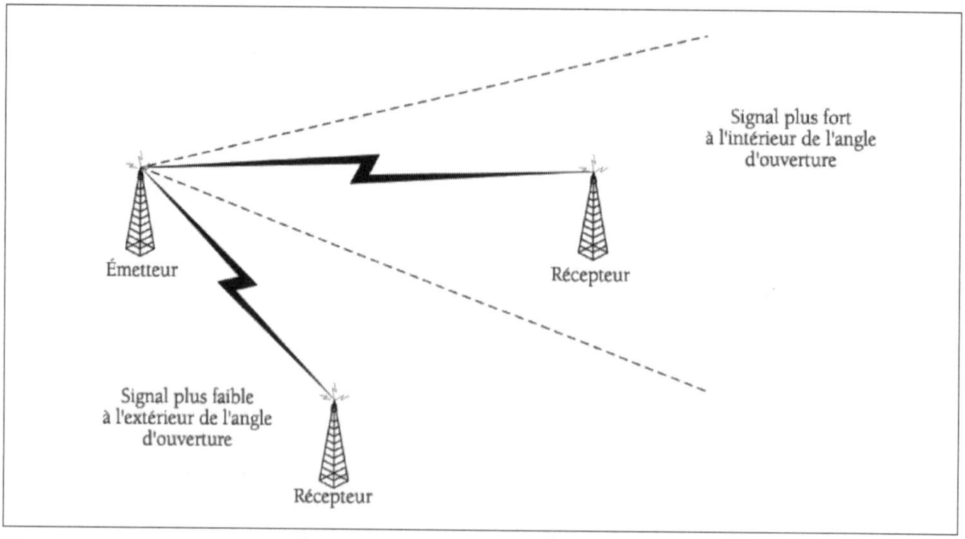

Figure 10-1 Les antennes directionnelles augmentent la force du signal en concentrant la même quantité de puissance vers une zone plus petite

Les antennes radio fonctionnent de la même façon, ou à peu près. Une antenne non directionnelle émet des quantités égales d'énergie dans toutes les directions, alors qu'une antenne directionnelle concentre davantage d'énergie dans certaines directions.

Les antennes directionnelles à angles d'ouverture étroits sont utiles pour les liaisons point-à-point, mais ce n'est pas la seule utilisation possible d'une antenne directionnelle dans un réseau sans fil. Quand vous avez un problème potentiel d'interférences dues à d'autres signaux radio, il est souvent utile de placer une antenne directionnelle de telle sorte que la source d'interférences soit désaxée par rapport à l'angle d'ouverture ; ainsi, l'antenne réceptrice sera bien moins sensible aux interférences qu'au signal qui vous intéresse. Et quand vous essayez de fournir une couverture réseau à vos propres locaux sans trop empiéter sur vos voisins, vous pouvez placer une ou plusieurs antennes directionnelles à la frontière de la zone à couvrir et de là viser les antennes situées à l'intérieur de la zone.

Plus la surface de l'antenne est grande et plus l'antenne est efficace, mais la taille exacte de l'antenne est aussi très importante. Quelle que soit la fréquence radio, l'antenne idéale a une longueur qui est très exactement égale à la longueur d'onde de cette fréquence ou à un certain multiple ou fraction de cette longueur d'onde. Il est donc important d'employer dans votre réseau 802.11b une antenne qui a été spécifiquement conçue pour fonctionner à 2,4 GHz (2 400 MHz). Une antenne ayant la bonne taille émettra et recevra les signaux Wi-Fi de manière bien plus efficace qu'une antenne choisie au petit bonheur la chance.

Puissance

La puissance maximale produite par un émetteur 802.11b dépend de la conception de la radio ; l'utilisateur ne peut généralement pas la modifier et, quand il le peut, il n'a souvent le choix qu'entre « fort » et « faible ». Cependant, comme la puissance de sortie d'une telle radio est nettement inférieure au maximum légal, vous pouvez souvent augmenter la puissance envoyée à l'antenne sans pour autant violer la loi.

Comme vous ne pouvez généralement pas amplifier la puissance produite par l'émetteur, la seule façon d'accroître la puissance du signal radio émis par un point d'accès ou une carte réseau est de placer entre la radio et l'antenne un appareil appelé amplificateur RF. Vous pouvez vous représenter un amplificateur RF comme une boîte noire qui prend en entrée un signal à faible puissance et donne en sortie un signal plus fort sans en modifier le contenu.

Certains amplificateurs RF sont destinés à une utilisation à l'intérieur des locaux, près du point d'accès, du routeur ou de la carte réseau. D'autres se placent à l'extérieur, sur la tour ou le mât, à côté de l'antenne. Les amplificateurs intérieurs sont généralement plus faciles à installer et à maintenir, et ils sont bien plus faciles à brancher sur une source de courant alternatif ; mais ils sont moins efficaces, car le long câble qui les relie à l'antenne absorbe une partie de la puissance RF sortant de l'amplificateur. Un amplificateur inséré dans une enveloppe résistante aux intempéries et placé à côté de l'antenne fournit davantage de puissance à l'antenne, mais il est plus difficile d'y accéder quand il faut le réparer ou le remplacer. Si vous prenez quand même un amplificateur extérieur, cherchez-en un qui soit alimenté en courant via le câble d'antenne.

HyperLink Technologies et d'autres fabricants proposent des amplificateurs RF pour la bande 2,4 GHz. Nombre de ces appareils amplifient les signaux tant entrants que sortants. C'est là une fonctionnalité intéressante, car cela permet d'installer un amplificateur à une seule extrémité de la liaison tout en amplifiant le signal dans les deux sens.

Hauteur

Les signaux radio à 2,4 GHz circulent le long d'une ligne de mire, de sorte que vous pouvez augmenter la portée du signal en élevant l'une des antennes ou les deux. Voilà pourquoi il est d'usage de placer les antennes radio sur les toits, les buttes et les tours. Plus on veut que le signal aille loin, plus il faut accroître la hauteur moyenne des deux antennes pour compenser la courbure de la Terre.

La « ligne de mire » (ou ligne de visibilité) radio est en fait plus large que le chemin visuel reliant les deux antennes. Les ondes radio circulent à l'intérieur d'une région en forme de cigare, appelée zone de Fresnel, qui englobe le chemin direct reliant l'antenne émettrice à l'antenne réceptrice. Pour que la transmission soit optimale, il faut que la zone de Fresnel ne contienne ni collines, ni immeubles, ni autres obstacles.

Donc, la portée maximale du signal d'un réseau sans fil dépend de la hauteur moyenne des deux antennes, sans oublier la courbure de la Terre et le niveau d'encombrement de la zone de Fresnel. Le tableau 10-1 énumère quelques hauteurs minimales estimées pour différentes distances, pour la bande 2,4 GHz. Retenez qu'il s'agit d'estimations, de sorte que vos données pourront parfois aller un peu plus loin.

Distance moyenne	Hauteur d'antenne
2 km	4 m
5 km	9 m
8 km	12 m
12 km	16 m
16 km	20 m
24 km	28 m
32 km	40 m

Source : HyperLink Technologies, Inc.

Tableau 10-1 Relation entre hauteur de l'antenne et portée maximale du signal

Notez que la hauteur des deux antennes est la hauteur moyenne par rapport au terrain moyen ; si une antenne est plus haute que la hauteur moyenne, l'autre antenne peut être plus près du sol. De sorte que si une extrémité d'une liaison de 5 km est située sur une colline ou sur le toit d'un immeuble de 8 étages, l'autre extrémité de la liaison pourrait être plus près du sol pour peu qu'il n'y ait pas d'obstacles entre les deux extrémités.

Quand vous essayez de fournir une couverture de réseau Wi-Fi à une vaste zone, il est plus efficace de placer l'antenne du point d'accès le plus haut possible plutôt que de placer en hauteur un tas d'antennes de client.

Atténuation du câble

Le câble qui transporte le signal entre un émetteur radio et une antenne, ou entre une antenne et un récepteur, n'est pas un support de transmission idéal ; chaque pied de câble absorbe une petite, mais non négligeable, quantité de puissance. Par conséquent, plus le câble est long et plus la puissance effective fournie diminue.

L'effet de cette atténuation est généralement insignifiant si le câble est court ; en revanche, si le câble est long, cela peut faire une sacrée différence. Si l'antenne est tout en haut d'une tour ou sur un toit, ou si vous essayez d'évaluer la gain d'antenne nécessaire à une longue liaison point-à-point, tenez compte de l'atténuation du câble quand vous calculez la force du signal qui atteindra l'antenne. Le degré d'atténuation de tel ou tel type de câble dépend du diamètre du câble et des matériaux qui le composent. Les spécifications de chaque type de câble incluent le degré d'atténuation, souvent exprimé en dB par 100 pieds (33,33 mètres) à différentes fréquences.

Si l'atténuation du câble est de 6,80 dB à 2 500 MHz, vous pouvez estimer qu'un câble de 20 pieds (7 mètres) à 2,4 GHz perd environ 1,3 dB. Si la puissance de sortie d'un point d'accès ou d'une carte réseau est de 20 dBm, alors l'antenne ne reçoit que 18,7 dBm du câble. Donc, quand vous envoyez ce signal via une antenne ayant un gain de 6 dBi, la puissance effectivement diffusée sera d'environ 24,7 dB (20 – 1.3 + 6 = 24,7).

Comme chaque pied de câble accroît les pertes, placez vos points d'accès et vos cartes réseau le plus près possible de l'antenne. Si l'antenne est montée sur un toit ou sur le mur d'un immeuble, essayez de placer la radio dans une armoire électrique proche ou dans tout autre endroit ayant un accès au courant alternatif et aux câbles Ethernet. Il est bien plus efficace de tirer un câble Ethernet plus long vers le point d'accès et un câble plus court vers l'antenne.

Quand vous installez un câble d'antenne, il est conseillé de laisser un peu de jeu à chaque extrémité afin de faciliter la connexion et la déconnexion du câble entre l'antenne et la radio. Mais ne laissez pas traîner par terre une longue portion de câble sous le prétexte que le câble préfabriqué est plus long que nécessaire. Une longueur de câble excessive ne fait que gaspiller du signal sans aucun avantage en contrepartie.

Réseaux de campus

Un réseau de campus, dans son sens le plus général, fournit des accès sans fil à Internet, et parfois à un réseau local, à des usagers qui sont situés dans deux ou plusieurs bâtiments ou dans les espaces ouverts qui entourent ces bâtiments. Un « réseau de campus » ne concerne pas obligatoirement un campus universitaire, car ce concept peut s'appliquer à d'autres contextes géographiques. On pourrait avoir, par exemple, un réseau de campus dans une Zac ou dans une ZI, dans un espace public du genre parc d'attractions ou foire commerciale, voire dans une ferme ou une marina. Il existe des villes qui ont installé des réseaux de campus dans leurs quartiers d'affaires, pour fournir des accès Internet publics. On pourrait aussi avoir des réseaux de campus temporaires à l'occasion de tel ou tel événement spécial : festival de musique celte, garden-party à Buckingham Palace, rassemblement de collectionneurs de Bugatti, *etc*.

Les réseaux de campus les plus simples sont le résultat d'accidents : les signaux émis par les points d'accès sur lesquels s'appuie le réseau intérieur à un immeuble traversent les murs du bâtiment, de sorte qu'une personne située dans un parking ou dans une cour peut créer une liaison sans fil vers le réseau. Un réseau de campus spécifiquement conçu comme tel dispose généralement de points d'accès supplémentaires situés dans des endroits stratégiques, soigneusement sélectionnés pour permettre au réseau de desservir des clients qui sont sur la pelouse du lycée ou à la cafétéria d'en face.

Un réseau de campus peut compléter un ensemble de liaisons sans fil reliant deux ou plusieurs immeubles à un même réseau, mais le concept est différent ; un réseau de campus couvre un large espace extérieur, alors qu'une liaison point-à-point permet d'étaler un même réseau local sur des espaces situés à l'intérieur de plusieurs bâtiments. Le chapitre 11 détaillera la création et l'utilisation des liaisons point-à-point.

Création d'un réseau de campus

En général, les règles de conception d'un réseau Wi-Fi interne à un bâtiment s'appliquent aussi à un réseau de campus. Positionnez vos points d'accès de telle sorte que leurs signaux couvrent le plus d'espace possible, et arrangez-vous pour que les zones de couverture de deux points d'accès adjacents se superposent d'environ 20 %. Chaque paire de zones adjacentes doit employer un canal radio différent.

Dans presque tous les cas de figure, les points d'accès desservant un réseau extérieur doivent disposer de connecteurs pour antennes externes au lieu d'utiliser les antennes qui sont intégrées à nombre de points d'accès conçus pour une utilisation intérieure. Prenez une antenne qui présente les caractéristiques optimales pour vos besoins particuliers et servez-vous d'un câble pour la relier à un point d'accès situé à l'abri.

Connexion des points d'accès à un réseau local et à Internet

Si tous vos points d'accès sont dans des bâtiments qui ont déjà des services réseau, vous pouvez traiter les points d'accès munis d'antennes extérieures comme une simple extension du réseau existant. Si vous n'avez pas encore de connexion réseau au niveau de votre point d'accès, il faut en créer une.

Pour connecter votre réseau de campus à un réseau local ou à Internet, vous devez fournir un point de présence réseau à chaque point d'accès. La connexion peut se faire via un câble Ethernet, via un circuit de données loué à une compagnie de téléphonie ou via une liaison point-à-point.

Tout point d'accès exige une alimentation électrique, mais vous n'êtes pas toujours obligé de tirer une rallonge depuis la prise de courant la plus proche. Nombre de fabricants de points d'accès offrent une option « Power over Ethernet » qui permet d'amener le courant au point d'accès à travers le câble transportant les données Ethernet.

Les câbles Ethernet sont faciles à connecter à un point d'accès, mais ce n'est pas le choix optimal pour des liaisons entre immeubles, sauf cas très particuliers. *Primo*, il faut trouver un chemin sécurisé pour le câble (vous n'allez pas le tendre entre deux arbres ou lui faire traverser la pelouse comme ça !). Dans un lycée, on peut parfois tirer les câbles dans les tunnels de chauffage ou autres ; mais cette solution n'est généralement pas pratique dans les autres endroits. Et même si vous avez un itinéraire pour tirer le câble entre les deux immeubles, sachez que la distance pratique maximale pour un câble à paire torsadée 10Base-T/100Base-T n'est que de 100 mètres environ. Si votre point d'accès est à plus de 100 mètres du concentrateur réseau, vous devrez ajouter un ou plusieurs répéteurs à la ligne ou bien remplacer la paire torsadée par de la fibre optique. Dans l'un ou l'autre cas, cela risque de coûter plus cher qu'une liaison radio.

Il peut arriver que l'emplacement idéal d'un point d'accès soit sur un immeuble qui a déjà des services Internet mais qui ne fait pas partie du réseau local que vous voulez utiliser pour votre réseau de campus. En pareil cas, vous pouvez créer une liaison de réseau privé virtuel (VPN) qui, via Internet, crée un « tunnel » vers votre propre réseau . Le point d'accès achemine les données de votre réseau via le réseau privé virtuel, tout comme s'il était connecté par un câble court.

La troisième solution est souvent la plus commode. Utilisez des liaisons sans fil point-à-point entre le concentrateur et chacun de vos points d'accès distants. Vous trouverez des routeurs d'extérieur, ainsi que des matériels complémentaires et des logiciels spécifiquement conçus pour cet usage, chez Orinoco, D-Link et nombre d'autres fabricants. Le chapitre suivant reviendra en détail sur les liaisons point-à-point.

Quelle est la taille de vos cellules ?

Pour la conception d'un réseau sans fil, la recherche d'une couverture maximale pour tous les points d'accès n'est pas toujours l'idéal. Comme c'est le cas avec les systèmes de téléphonie cellulaire, c'est la demande en matière d'accès réseau qui doit dicter le volume de bande passante disponible. Une zone ayant beaucoup d'utilisateurs, par exemple la salle de lecture d'une bibliothèque, pourrait avoir deux ou plusieurs points d'accès dont les couvertures se recoupent, alors qu'une zone ayant des utilisateurs occasionnels, par exemple un parking, pourrait se contenter d'un seul point d'accès. Quand vous concevez votre réseau, fondez-vous sur les caractéristiques directionnelles et les gains des différentes antennes pour optimiser les emplacements.

Public ou privé ?

L'accès à un réseau de campus peut être réservé aux membres de la communauté en charge du réseau, ou au contraire être ouvert à quiconque se trouve dans la portée du signal. Autre cas de figure : le réseau est configuré de façon à permettre à tout un chacun de se connecter à Internet, mais pas aux autres ordinateurs locaux. Par exemple, l'administrateur réseau d'un lycée pourrait fournir des accès Internet sans fil aux élèves et aux enseignants, mais pas au grand public. Autre exemple : une entreprise pourrait fournir à ses employés des accès illimités au réseau de l'entreprise et à Internet, les visiteurs ayant accès uniquement à Internet.

Le contrôle d'accès sur un réseau de campus ne diffère en rien du contrôle d'accès sur un quelconque réseau sans fil : réseau de campus ou réseau intérieur, ce sont les mêmes outils qui permettent de refouler les intrus. Ces outils incluent les fonctionnalités de chiffrement WEP et de filtrage d'adresse MAC intégrées aux points d'accès, plus des pare-feux externes qui obligent l'usager à fournir un nom et un mot de passe avant de se connecter au réseau.

Utilisation d'un réseau de campus

Pour l'utilisateur, un réseau de campus ressemble à n'importe quel autre réseau Wi-Fi : la carte sans fil de l'ordinateur détecte un signal radio et, si elle reconnaît le SSID et les autres options de sécurité, crée une liaison. Certains réseaux de campus permettent uniquement d'accéder à Internet, alors que d'autres permettent aussi d'accéder à un réseau local ou à un réseau étendu.

Si votre ordinateur ne détecte pas un signal qui est assez fort pour permettre la création d'une liaison réseau, il est toujours bon d'essayer de changer d'endroit. Des obstacles mineurs, du genre arbres, murs d'immeubles réfléchissant les signaux, *etc.*, peuvent interférer avec le chemin bidirectionnel de signal qui relie votre machine au point d'accès le plus proche. Il suffit parfois de bouger de un ou deux mètres pour améliorer considérablement la qualité du signal.

Réseau de voisinage

Entre le réseau sans fil domestique très simple et le réseau de campus très complexe, il existe une solution intermédiaire qui consiste à étendre un réseau de domicile ou de petite entreprise : vous pouvez partager une connexion Internet haut débit avec vos voisins ou permettre à votre secrétaire d'emporter son portable chez son coiffeur qui est de l'autre côté de la rue. Si vous voulez que vos enfants puissent jouer à des jeux multi-utilisateurs avec leurs copains de la maison d'à côté, ou si vous voulez pouvoir vous connecter à Internet depuis votre Palm ou Pocket PC quand vous prenez le thé chez la voisine, un réseau de voisinage peut être la solution.

Avant de vous décider à placer une antenne sur votre garage, étudiez très précisément ce que vous voulez faire avec votre voisinage et réfléchissez à la façon dont vous gérerez la sécurité sur le reste de votre réseau. Si vous désirez ajouter un certain emplacement à votre réseau (par exemple, le jardin du voisin ou le bistro qui est devenu votre succursale *de facto*), employez une antenne directionnelle qui concentrera votre signal vers cet emplacement particulier. En revanche, si vous voulez fournir un hot spot Internet à quiconque passe dans le quartier, vous pouvez placer une antenne omnidirectionnelle à gain élevé au sommet de votre immeuble. Et si vous utilisez le même réseau local pour la maison et pour le voisinage, assurez-vous de prendre un pare-feu qui isolera vos machines de la partie publique du réseau.

Si votre carte réseau dispose d'un connecteur pour antenne externe, vous serez peut-être amené à acheter ou à fabriquer une antenne directionnelle que vous pourrez pointer vers le point d'accès le plus proche du réseau communautaire. Il est très possible que vous découvriez des signaux proches qui n'avaient pas été détectés par l'antenne omnidirectionnelle à faible gain intégrée à la carte. Vous apprendrez à fabriquer une antenne au chapitre suivant.

Faites en sorte que votre FSI garde le sourire

Voici une idée qui, *a priori*, paraît être l'idée du siècle : vous partagez votre connexion haut débit DSL ou modem câble avec votre voisin de palier, ou avec tous les habitants de l'immeuble ou du quartier, afin de diviser les coûts.

Seulement, votre FSI pourrait considérer ce partage de connexion comme une menace (réelle ou potentielle) sur ses revenus et comme une infraction au contrat qui vous lie à lui. Certains FSI de premier plan, comme AT&T Broadband, SBC et Time Warner Cable, ont des politiques spécifiques qui interdisent au client de partager sa connexion par le biais de réseaux de voisinage. Nombre d'autres FSI s'en moquent, voire encouragent cette pratique.

Les FSI s'inquiètent, de façon très légitime, que les réseaux de voisinage risquent de gonfler la demande de bande passante bien au-delà des estimations prévues. Quand on planifie et construit un réseau de communications, on calcule la capacité maximale du réseau en se fondant sur la demande maximale prévisible. Si on calcule juste, le réseau pourra faire face à la demande et même avoir de la marge pour les pics ponctuels ; mais si la demande s'accroît au-delà de ce qui avait été prévu, tout le système se retrouve saturé et il faut alors ajouter de la capacité.

Ce genre de planification vaut pour les systèmes de téléphonie, pour les autoroutes, pour les transports urbains, *etc.*, et pas seulement pour les connexions Internet. Si vous avez suffisamment de bus (ou de bande passante) pour faire face aux moments de pointe, le système fonctionne à merveille et les rentrées financières couvrent les frais. Mais il suffit qu'une usine s'implante à une extrémité de la ligne pour que vous vous retrouviez d'un coup avec 500 passagers de plus. Si vous n'ajoutez pas des bus supplémentaires, les véhicules sont bondés et tous les clients se plaignent.

L'expérience peut vous donner une estimation assez précise de la demande à tel ou tel moment : peut-être que vous ne savez pas exactement qui est en ligne à 10 h 15 le mardi matin, mais vous pouvez prédire combien il faut de bus ou de bande passante pour faire face à la demande globale.

Dans le cas de comptes Internet, le FSI a mis en œuvre suffisamment de bande passante pour gérer les pics de consommation. Si à un moment donné il faut doubler la bande, il devra acheter et installer des équipements supplémentaires et trouver une source de revenus pour financer cet investissement. Naturellement, il cherche à empêcher l'apparition de pics imprévus qui risqueraient de faire s'effondrer le système. Ou, plus précisément, il cherche à prévoir et à planifier une telle surconsommation, et éventuellement à facturer en conséquence.

Vous avez donc deux possibilités : soit vous demandez à votre FSI quelle est sa politique en matière de connexions partagées et vous fonder là-dessus (ou alors changer de FSI), soit vous y allez franco et vous installez des points d'accès de voisinage en espérant que la compagnie de téléphone, le service de câble ou le FSI ne s'en apercevra pas.

Sécurité du réseau : tout le monde est votre voisin

En matière de réseau de voisinage, la configuration la plus simple consiste en un seul point d'accès à large zone de couverture et en une connexion Internet non protégée. Quiconque ayant une carte réseau passant à portée de votre signal peut alors se servir de votre réseau pour échanger des données via Internet. Il peut s'agir de voisins, mais aussi d'une personne garée dans la rue qui utilise votre réseau pour visiter des sites scabreux.

À moins que vous ne vouliez vraiment créer un hot spot pour tous ceux qui passent devant chez vous, utilisez un des outils de sécurité intégrés à la norme 802.11b ou plusieurs :

- Activez le chiffrement WEP. C'est vrai qu'un pirate chevronné peut casser une clé WEP en moins d'une heure, mais cela suffit à décourager le petit futé qui ne fait que passer.
- Utilisez le filtrage d'adresse MAC pour que votre réseau ne soit accessible qu'à des cartes réseau bien spécifiques. Certes, il existe des logiciels qui permettent de truquer les adresses MAC, mais cela fait toujours un obstacle de plus pour les intrus occasionnels.
- Désactivez la fonctionnalité DHCP qui assigne automatiquement une adresse IP à chaque client, puis affectez une adresse spécifique à chaque utilisateur habilité.
- Activez la fonctionnalité de pare-feu intégrée à votre point d'accès ou routeur.

- Utilisez un serveur ou autre pare-feu externe qui oblige l'utilisateur à spécifier un nom et un mot de passe pour se connecter à Internet.
- Créez un réseau privé virtuel.

Si vous utilisez le même réseau pour relier plusieurs machines vous appartenant, servez-vous d'un pare-feu pour isoler cette partie du réseau du point d'accès public. De plus, incitez les utilisateurs à faire très attention au partage de fichiers, afin que des personnes venues de l'extérieur ne puissent pas lire ou modifier les données sur les ordinateurs des utilisateurs habilités.

Enfin, n'oubliez pas de changer le mot de passe administratif du point d'accès. Ne gardez pas *admin*, ou quelque autre mot de passe par défaut que tout le monde connaît. Le pirate qui s'introduirait dans votre point d'accès pourrait provoquer des dégâts considérables sur votre réseau.

CHAPITRE 11

Liaisons point-à-point et répéteurs

L'emploi de la radio pour étendre un réseau local n'est pas une idée nouvelle. Depuis dix ans au moins, il existe des matériels et des logiciels qui permettent d'ajouter aux réseaux des clients distants. Écoles, centres de recherches, entreprises et FSI, tout ce beau monde a utilisé des liaisons sans fil à spectre étalé pour étendre réseaux locaux et services Internet vers des endroits où les connexions filaires se révélaient malcommodes ou impossibles. Cependant, le coût et la complexité de la chose faisaient que c'était le domaine réservé des professionnels et des consultants onéreux.

La disponibilité nouvelle de matériels Wi-Fi à bas prix fait que, désormais, nombre d'usagers envisagent de pointer une antenne vers un immeuble proche ou vers une colline située à quelques kilomètres de distance pour créer une liaison de données haut débit à faible coût. Certains bricoleurs disposant de beaucoup de temps et de peu d'argent ont même inventé leurs propres antennes, faites de boîtes de conserve, d'emballages de chips ou de matériaux divers et variés provenant de leurs ateliers domestiques. Ils ont souvent constaté que les liaisons Wi-Fi permettent d'acheminer des données, de façon fiable, sur une bonne distance. Ce chapitre explique comment concevoir et utiliser des liaisons sans fil point-à-point.

Une liaison sans fil point-à-point peut faire partie d'un grand réseau Wi-Fi, peut servir de pont simple entre deux réseaux locaux filaires ou encore peut permettre d'ajouter un site distant à un réseau local existant. Les services point-à-point diffèrent des autres réseaux 802.11b, en ce sens qu'ils transfèrent des données entre deux emplacements spécifiques au lieu de diffuser un signal radio vers tous les clients du réseau qui se trouvent dans la portée du signal. Une liaison 802.11b peut aussi faire partie d'une passerelle sans fil apportant des accès Internet à une communauté ou à un emplacement isolé où le câblage se révèle impossible ou trop coûteux.

Pourquoi étendre un réseau sans fil ? Les liaisons point-à-point peuvent avoir plusieurs fonctions :

- Permettre d'étendre un réseau de façon qu'il puisse desservir des usagers répartis dans plusieurs bâtiments. Qu'il s'agisse d'un parc d'entreprises, d'un campus universitaire ou d'une entreprise, si l'entité concernée s'étale sur plus d'un bâtiment, alors des liaisons sans fil permettent à tous les utilisateurs, quels que soient leurs emplacements, de se partager les services de réseau local.
- Permettre aux données de franchir une barrière telle qu'une autoroute ou une rivière. Pour peu qu'il y ait une ligne de mire bien dégagée, une liaison sans fil permet de sauter par-dessus un obstacle qui rend difficile ou impossible la pose de câbles entre deux bâtiments.
- Permettre d'apporter des accès de réseau local et des accès Internet haut débit à des utilisateurs ou des ordinateurs en libre-service qui sont dans des endroits distants. Une liaison sans fil permet d'étendre une connexion large bande vers des emplacements qui ne sont pas desservis par des services Internet large bande (à base de DSL ou de modem câble), ou même qui ne sont pas desservis par des lignes téléphoniques ordinaires.
- Permettre de créer des liaisons réseau sans fil là où des lignes louées coûteraient plus cher. Un circuit de données privé, fourni par une compagnie de téléphone ou autre transporteur, implique normalement un coût d'installation ponctuel, plus un abonnement mensuel. Le coût annuel d'une ligne louée est souvent x fois plus élevé que le coût ponctuel que représentent l'achat et l'installation d'une liaison radio.

En un sens, une liaison point-à-point 802.11b est très différente d'un réseau local sans fil. Tous les deux emploient les mêmes technologies radio, et il est très possible d'étendre un réseau local sans fil au-delà des limites d'un immeuble ; mais une liaison point-à-point pourrait, tout aussi facilement, s'appuyer sur un autre type de modulation radio à une autre fréquence, au lieu de DSSS à 2,4 GHz, pour faire les mêmes choses. Plus loin dans ce chapitre, vous découvrirez des références concernant d'autres méthodes pour la connexion de sites distants à un réseau.

Extension du réseau local

Une liaison sans fil point-à-point relie un réseau local à un poste client isolé, ou bien sert de pont entre deux réseaux locaux. En d'autres termes, les extrémités de la liaison sont soit un ordinateur (ou tout autre équipement) individuel, soit un réseau complet.

Un réseau local sans fil ayant un client distant (figure 11-1) fonctionne de la même façon qu'un réseau ayant deux ou plusieurs points d'accès dans un même immeuble. La seule différence est que l'un au moins des points d'accès connectés au réseau local emploie une antenne extérieure pointée vers le client distant. Le poste distant apparaît pour le réseau comme n'importe quel autre nœud de ce réseau.

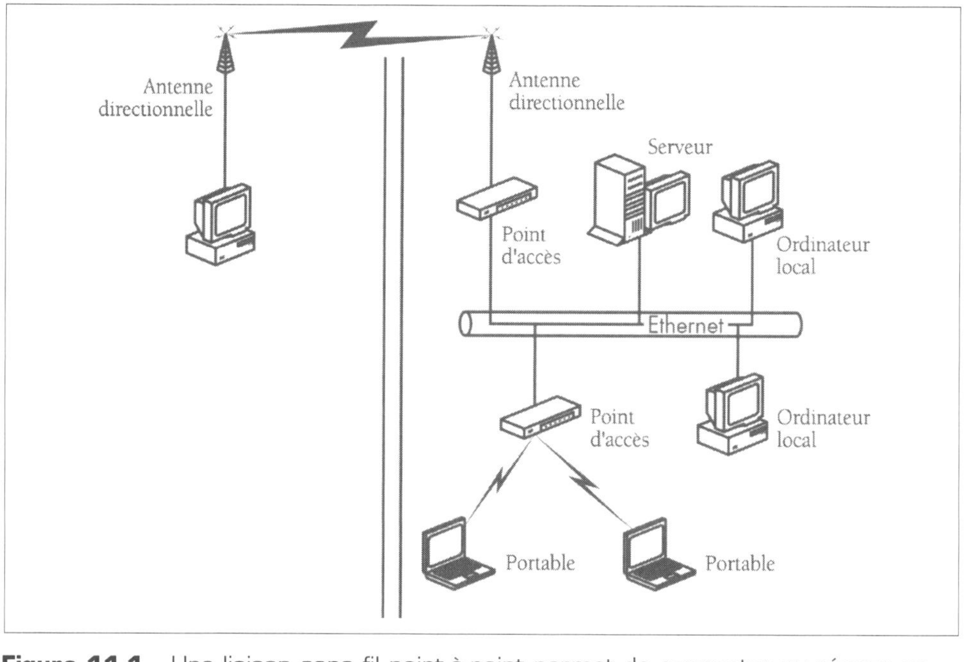

Figure 11-1 Une liaison sans fil point-à-point permet de connecter au réseau un nœud distant

Un pont sans fil (figure 11-2) est une liaison entre deux segments d'un même réseau local. Les deux segments peuvent être distants de quelques centaines de mètres, ou de plusieurs kilomètres (voire plus).

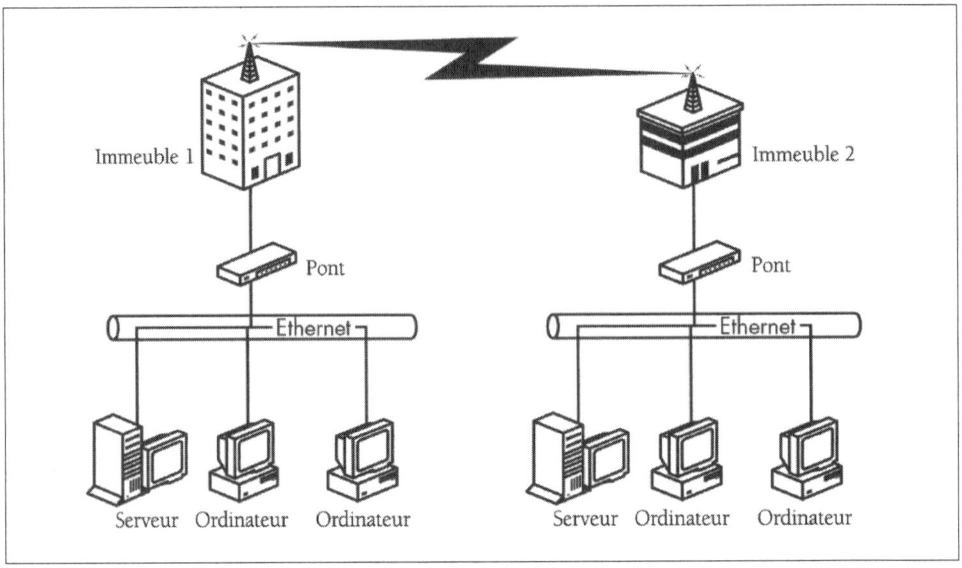

Figure 11-2 Une liaison sans fil permet aussi d'étaler un même réseau local sur deux immeubles

Si la distance entre les extrémités est trop grande pour être couverte par une seule liaison radio, ou s'il y a des obstacles sur le chemin du signal, alors la liaison point-à-point peut inclure un ou plusieurs répéteurs, situés en des points de relais sur le chemin entre l'origine et la destination. Un point de relais peut se trouver en un endroit isolé, par exemple sur une tour radio ou un toit, ou bien en un endroit contenant des clients réseau, par exemple sur un troisième immeuble situé entre les deux extrémités de la liaison.

Une liaison point-à-point peut utiliser n'importe quel point d'accès et n'importe quelle carte réseau, pourvu qu'il y ait des connecteurs pour antennes externes. Néanmoins, plusieurs fabricants proposent des routeurs sans fil qui ont été spécifiquement conçus pour les solutions à base de pont extérieur, et c'est souvent un meilleur choix. Les routeurs de Plexus, d'HyperLink, d'Orinoco et d'autres fabricants combinent point d'accès et routeur, de sorte qu'ils facilitent grandement la construction du réseau.

Point-à-point et point-à-multipoint

Un point d'accès intérieur utilise soit une antenne omnidirectionnelle qui diffuse la même quantité d'énergie dans toutes les directions depuis le milieu de la zone de couverture prévue, soit une antenne directionnelle à grand angle d'ouverture placée à un bord (ou un coin) de la zone de couverture. Un point d'accès fournissant des services sans fil à tout l'intérieur d'une certaine zone (par exemple, un bureau ou une maison) est un service *point-à-multipoint* ; il peut échanger des données avec beaucoup de clients réseau en même temps.

Une liaison *point-à-point* répond à un besoin différent : elle transfère entre deux emplacements fixes le plus possible des signaux émis. Comme les signaux radio circulent sur la liaison dans les deux sens, chaque point d'accès, routeur ou carte réseau, emploie la même antenne pour l'émission et la réception. Le but ici étant de concentrer le signal vers l'antenne située à l'autre bout de la liaison, l'une au moins des extrémités devant utiliser une antenne directionnelle. Si la liaison couvre une longue distance, il faut que les deux antennes soient directionnelles afin que l'on ait le signal le plus fort possible.

Sur un campus ou une autre zone similaire où le réseau relie plusieurs bâtiments, on peut « fractionner » les liaisons radio et distribuer les services réseau depuis un site central vers des sites distants situés dans plusieurs directions. Dans ce genre de système, le point d'accès central emploie une antenne non directionnelle et chaque site distant emploie une antenne directionnelle (figure 11-3). Dans le cas où deux sites distants sont *grosso modo* dans la même direction, le choix optimal pourrait être une antenne directionnelle à grand angle. Un système plus complexe pourrait s'appuyer sur une combinaison d'antennes directionnelles et d'antennes omnidirectionnelles.

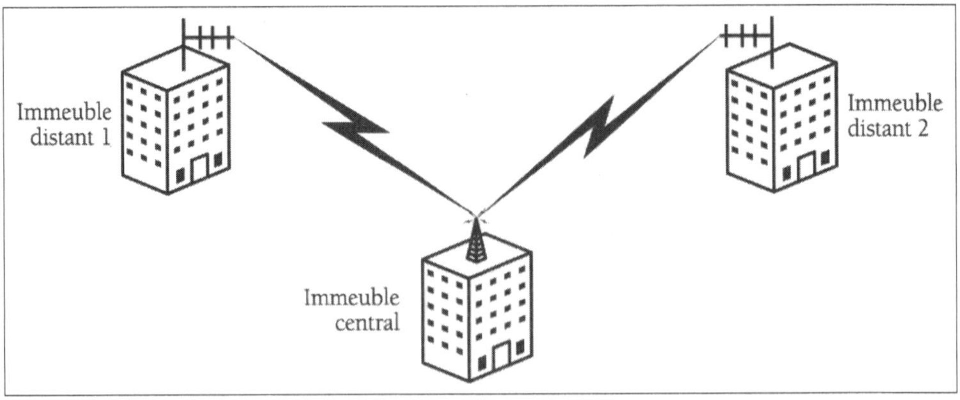

Figure 11-3 Une antenne omnidirectionnelle permet de distribuer des signaux vers deux ou plusieurs sites distants en même temps

Installation d'une liaison point-à-point

La première étape d'une étude de site point-à-point consiste à identifier un chemin possible pour le signal. En théorie, il devrait être possible de calculer la hauteur requise pour les deux antennes et d'identifier le chemin entre elles ; mais dans la plupart des cas, cela ne fonctionne pas ainsi. Il faut presque toujours une certaine dose de tâtonnement avant de mettre en marche les radios et d'émettre des données. Vous pouvez effectuer une étude préliminaire à l'aide d'une bonne carte (par exemple, une carte topographique détaillée) mais, tôt ou tard, vous serez obligé de grimper sur le toit (ou de vous pencher par la fenêtre) pour vérifier qu'il y a une ligne de mire vers l'endroit où vous comptez placer l'autre extrémité de la liaison. Si le chemin fait plus de deux cents mètres, prenez une paire de jumelles.

Vous pouvez généralement placer une antenne sur votre immeuble sans autorisation spéciale ; mais si vous voulez utiliser le toit d'un immeuble commercial, vous aurez besoin en principe de la permission du propriétaire et peut-être de celle de l'agence locale d'urbanisme ou d'une autre administration. Cela ne devrait pas poser problème si vous montez une antenne discrète, mais ce ne sera peut-être pas le cas si vous devez employer une antenne à large plateau ou un autre modèle peu discret. Si vous vous servez d'un pylône ou d'une tour existante pour placer l'antenne, vérifiez que vous ne créez pas d'interférences pour d'autres antennes et que vous ne recevez pas d'interférences de celles-ci.

Grimper sur un pylône ou une tour avec une ceinture pleine d'outils pour orienter, de manière très précise, une grosse antenne à 10 mètres ou plus de hauteur n'est pas exactement une partie de plaisir. Ne vous lancez pas dans ce travail sans équipements de sécurité appropriés, notamment un casque pour les personnes impliquées : une clé à molette qui tombe, et vous voilà avec un mort sur la conscience. Si vous n'avez pas l'habitude de ce genre de travail, n'hésitez pas à faire appel à un spécialiste. Votre vendeur d'antenne point-à-point pourra vous indiquer où trouver un monteur qualifié.

Choix d'un chemin de signal

Pour installer une liaison, la première chose à faire est de définir exactement où elle doit aller. Si vous ne faites qu'étendre le réseau au-delà d'un parking ou d'une voie rapide, le chemin est évident ; choisissez un endroit tel que vous ne soyez pas gêné par le cèdre qui est devant l'immeuble. En revanche, si la liaison doit faire plusieurs centaines de mètres, vous devez généralement commencer par tracer le chemin sur une carte.

Ce sont les cartes topographiques, qu'elles soient sur papier ou en ligne, qui vous donneront le meilleur niveau de détail. Pour les États-Unis, consultez le site `www.topozone.com` ; pour les cartes du Canada, voyez `toporama.cits.rncan.gc.ca`. Si les positions exactes des deux extrémités de la liaison ne sont pas évidentes d'après la carte, un équipement GPS (*Global Positioning System*) pourra vous fournir des coordonnées géographiques précises.

Liaison longue portée

La distance couverte par la majorité des liaisons sans fil point-à-point se mesure en mètres plutôt qu'en kilomètres, de sorte que l'installation est relativement simple. Comme l'autre extrémité de la liaison est en visibilité directe, il est facile de faire pointer les antennes l'une vers l'autre. La force du signal n'est généralement pas un problème sur des distances courtes, surtout avec des antennes directionnelles.

Avec une liaison plus longue, les choses se compliquent compte tenu que le signal est plus faible et qu'il devient très délicat de faire pointer correctement les antennes l'une vers l'autre. La figure 11-4 montre pourquoi un récepteur est d'autant plus difficile à trouver que l'on s'éloigne davantage de l'émetteur.

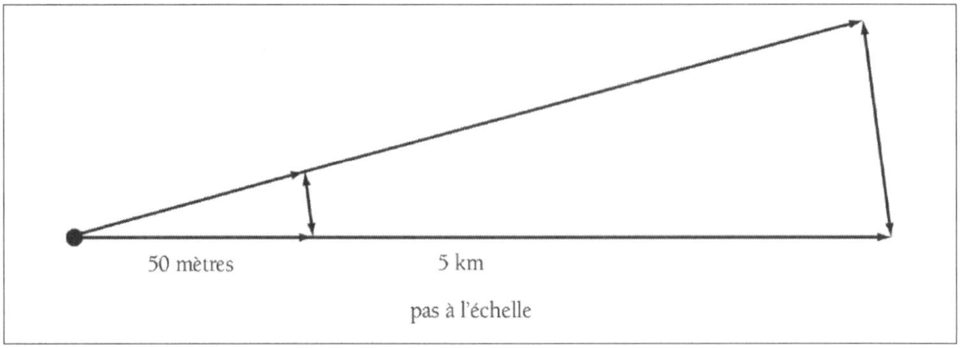

Figure 11-4 Un tout petit changement au niveau de l'orientation d'une antenne risque d'avoir un effet considérable sur un récepteur situé à plusieurs kilomètres de distance

Comme il devient très difficile de repérer à l'œil nu un bâtiment particulier, ou tout autre extrémité, sur une colline ou dans une vallée distante encombrée d'immeubles, le télescope ou la paire de jumelles est un composant essentiel de votre trousse à outils. Mettez-vous à l'endroit où la connexion réseau est déjà installée, puis essayez de repérer le site cible depuis le toit ou depuis une fenêtre d'un étage supérieur. Si vous arrivez à le trouver, c'est que vous pouvez sans doute installer une liaison réseau entre les deux points.

Néanmoins, l'une au moins des antennes impliquées dans une liaison longue portée doit être suffisamment haute pour surmonter les obstacles dus aux interférences de la zone de Fresnel et à la courbure de la terre. Cela n'est pas un gros problème pour une liaison de deux à trois kilomètres (le toit d'un immeuble de deux étages est généralement assez haut pour fournir une ligne de mire dégagée, sauf s'il existe de nombreux arbres entre les deux extrémités) ; mais quand il s'agit d'envoyer un signal à une dizaine de kilomètres ou plus, la hauteur de l'antenne devient un critère majeur. Voilà pourquoi les tours radio sont souvent sur des collines ou des immeubles élevés.

Alignement des antennes

Pour des performances optimales, une antenne directionnelle doit être pointée dans la direction de l'antenne qui est à l'autre extrémité de la liaison. Si les deux antennes sont directionnelles, il faut les orienter correctement toutes les deux. Le plus souvent, le meilleur emplacement pour une antenne est sur un toit ou sur une tour, ou peut-être contre un mur extérieur ; dans certains cas, il est possible de placer l'antenne à l'intérieur près d'une fenêtre, pour peu qu'il y ait une ligne de mire dégagée vers l'autre extrémité de la liaison. La plupart des antennes du commerce sont livrées avec une documentation relative à leur *modèle de rayonnement*, lequel indique les endroits où le signal est le plus fort dans les dimensions horizontale et verticale. Dans le doute, référez-vous à cette documentation, parce qu'il n'est pas toujours évident de savoir où sont les points de signal optimal pour telle ou telle antenne. Les antennes yagi, par exemple, sont plus fortes à une légère distance du centre, et sur une liaison à longue portée cela pourrait faire toute la différence entre succès et échec.

Il est tout à fait possible d'aligner une paire d'antennes en observant l'affichage de la puissance du signal dans votre logiciel de configuration Wi-Fi ; mais, avec des liaisons à longue portée et des signaux faibles, un analyseur de spectre donne des informations beaucoup plus précises. Un analyseur de spectre est un récepteur radio très cher qui affiche sous forme d'image une partie du spectre radio. L'écran affiche chaque signal détecté sous la forme d'un pic, lequel s'élargit quand l'intensité du signal s'accroît. L'affichage facilite donc l'optimisation des positions de vos antennes.

Malheureusement, les analyseurs de spectre capables d'afficher un signal à 2,4 GHz sont des matériels très coûteux : un analyseur neuf coûte généralement plusieurs milliers d'euros. Le mieux est de le louer ou de l'emprunter pour un jour ou deux, le temps d'installer les antennes. Si vous n'arrivez pas à vous procurer d'analyseur, pas de panique : l'affichage du signal dans le logiciel Wi-Fi fonctionne presque aussi bien.

Installer et aligner les antennes d'une liaison point-à-point ne peut pas se faire avec une seule personne. Au minimum, vous aurez besoin d'une personne pour régler la position de l'antenne et d'une autre personne pour observer l'écran de l'ordinateur ou de l'analyseur afin de trouver le signal optimal. Si vous pouvez mettre une équipe à chaque extrémité de la liaison avec un téléphone ou une radio bidirectionnelle pour communiquer avec l'autre équipe, vous économiserez pas mal de temps et d'efforts.

Pour pointer correctement les antennes, procédez ainsi :

1. Choisissez l'emplacement exact de chaque antenne, puis montez de manière fiable le pylône ou la perche qui supportera l'antenne.
2. Utilisez le matériel de montage fourni avec l'antenne pour l'attacher à un pylône, à une perche ou tout autre structure de support. Orientez l'antenne vers l'autre extrémité de la liaison, mais ne serrez pas encore à fond les écrous de montage ; vous aurez besoin, en effet, de peaufiner la position de l'antenne.
3. Tirez les câbles entre l'antenne et le routeur sans fil, le point d'accès ou la carte réseau. Si vous disposez d'un analyseur de spectre pouvant fonctionner à 2,4 GHz, connectez-le au câble qui part de l'antenne.

4. Connectez les routeurs ou points d'accès à leurs réseaux respectifs, puis allumez les radios aux deux extrémités. Si vous employez un analyseur de spectre, réglez-le sur la fréquence du canal radio qu'utilise votre point d'accès ou routeur. Si vous n'avez pas d'analyseur, exécutez l'utilitaire de configuration de votre nœud réseau. S'il y a une seule antenne directionnelle impliquée dans la liaison, c'est elle qu'il va falloir régler.
5. Déplacez lentement l'antenne reliée au routeur ou à l'analyseur de spectre. Vous devez voir un pic dans l'affichage du signal quand l'antenne pointe directement vers l'autre extrémité de la liaison. Bougez l'antenne dans le sens horizontal, avant de peaufiner l'angle vertical. Quand l'écran de l'utilitaire ou de l'analyseur indique le signal maximal, serrez les écrous de montage de l'antenne afin d'en figer la position.
6. Si l'autre antenne est elle aussi directionnelle, répétez ce processus d'optimisation du signal. Si vous disposez d'une équipe à l'autre bout, elle peut régler l'antenne tout en communiquant par radio ou téléphone avec les gens situés à l'autre extrémité de la liaison.
7. Si le câble d'antenne n'est pas encore connecté au nœud réseau, reliez le câble à votre routeur, point d'accès ou carte réseau.

À ce stade, vous devriez pouvoir échanger des données entre les deux extrémités, et ce dans les deux sens. Si le signal produit par la liaison n'est pas assez fort pour donner une connexion réseau qui soit utilisable, vous devrez peut-être amplifier le signal à l'aide d'un amplificateur RF ou bien remplacer les antennes par des antennes à gain plus élevé.

Obstacles et relais

Chaque antenne d'une liaison point-à-point doit disposer d'une ligne de mire bien nette vers l'antenne située à l'autre extrémité. Si un immeuble ou une colline obstrue la vue, alors il faut trouver un moyen pour que le signal passe au-dessus ou à côté de l'obstacle. Si le chemin du signal traverse une zone boisée, essayez de faire votre étude de site au printemps ou en été ; en effet, tel signal qui passe à travers les branches nues sans aucun problème ne passera plus aussi bien quand il y aura des feuilles. En matière de feuillage, vous pouvez compter sur une perte de 3 dB, soit la moitié de la puissance du signal, par arbre.

Comme le signal radio ne peut contourner un obstacle , vous devez obligatoirement placer un répéteur à un endroit depuis lequel il existe une ligne de mire vers chaque extrémité de la liaison. Un répéteur peut être soit un routeur ayant de la place pour deux radios, par exemple l'Orinoco Outdoor Router, soit deux routeurs séparés reliés par un câble Ethernet, soit une paire de points d'accès reliés par un concentrateur réseau. Pour diminuer les effets des interférences entre les deux antennes, chaque segment d'une liaison multisegment devrait employer un canal radio spécifique.

Le routeur qui relaie le réseau vers une seconde radio peut aussi fournir des services réseau au bâtiment sur lequel est situé le relais ; il peut aussi permettre de fractionner le réseau et de relayer les signaux vers deux ou plusieurs sites distants. Ainsi, le point de contrôle central d'un réseau Wi-Fi pourrait se trouver au fond d'une vallée, avec une liaison vers un point de relais situé sur une colline ou sur un immeuble proche. Depuis ce répéteur, le réseau pourrait s'étendre, dans diverses directions, vers deux ou plusieurs sites distants.

Solutions de remplacement à 802.11b

Pour connecter des clients distants à un réseau local, il existe d'autres solutions, souvent plus faciles ou plus fiables, que les liaisons 802.11b à longue portée.

Ce qui justifie principalement l'emploi des matériels Wi-Fi dans une liaison point-à-point, c'est qu'ils sont très répandus et relativement bon marché, qu'ils ne demandent pas de licence et que la liaison peut faire partie d'un réseau sans fil existant. Mais l'on peut aussi utiliser d'autres radios qui emploient des fréquences (avec ou sans licence) différentes ou des types de signal différents.

La norme IEEE 802.11 (sans le b) recouvre les radios utilisant la modulation DSSS (*Direct-Sequence Spread Spectrum*) ou FHSS (*Frequency-Hopping Spread Spectrum*). Dans un environnement radio où les interférences dues à d'autres réseaux locaux sans fil est un problème, une technologie différente permet souvent d'éviter le bruit et de produire un flot de données plus fort et plus net.

Chaque type de radio offre une combinaison différente de débit des données et de portée du signal. Ainsi, la gamme Alvarion (ex BreezeCom) PRO.11 de produits sans fil emploie des radios FHSS capables de transférer les données à 3 Mb/s sur une distance de 50 km. Un pont BreezeNET Workgroup Bridge assure la connexion directe à un réseau local Ethernet 10Base-T.

Si les 11 Mb/s de 802.11b ne suffisent pas à vos besoins, sachez qu'il existe des matériels susceptibles de fournir des connexions plus rapides, encore qu'ils ont généralement des portées inférieures à celle d'une liaison Wi-Fi. Les matériels 802.11a ont un débit maximal d'environ 54 Mb/s à 5 GHz. OverLAN HS 100 de C-SPEC offre un débit maximal d'environ 100 Mb/s, mais la portée du signal est nettement plus courte que celle d'une liaison 802.11b.

Barry McLarnon a compilé des données concernant des dizaines de produits pour réseau local sans fil, produits qui utilisent diverses fréquences, dont 915 MHz, 2,4 GHz et 5,8 GHz. Son site Web, `http://hydra.carleton.ca/info/wlan.html`, est une excellente source de comptes-rendus de matériels, d'articles et de liens vers les sites de fabricants.

Bien que ce livre soit consacré aux réseaux sans fil, il ne faut pas oublier que l'objectif prioritaire est la connexion réseau et non la liaison sans fil. S'il existe déjà sur le site distant une connexion Internet large bande, utilisez-la. Ce n'est pas parce que l'on peut mettre en œuvre une liaison sans fil point-à-point qu'il faut privilégier systématiquement cette solution.

Ainsi, un réseau privé virtuel peut offrir tous les avantages d'une liaison sans fil point-à-point sans imposer ce fardeau qu'est la pose d'une paire d'antennes. Pour ce qui concerne les usagers du réseau, un réseau fondé sur un tunnel VPN reliant deux ou plusieurs bâtiments ressemble à un réseau fondé sur une liaison radio. Autre solution, souvent efficace : tirer des câbles entre deux bâtiments, en utilisant des conduits de service existants.

Antennes pour cartes réseau

Si vous utilisez une liaison point-à-point pour atteindre un client distant individuel, vous avez besoin d'une carte réseau qui accepte une antenne externe. Plusieurs fabricants, dont Zoom et Orinoco, proposent des cartes sans fil PC Card dotées de connecteurs d'antenne. Le modèle ZoomAir Model 4103 (figure 11-5) est livré avec une antenne omnidirectionnelle détachable, que vous pouvez remplacer par un câble et une antenne directionnelle.

Les cartes PCMCIA d'Orinoco incluent deux antennes internes, ainsi qu'un connecteur pour antenne externe. Le connecteur se trouve sous une minuscule languette située sur le bord de la carte (figure 11-6). Pour enlever la languette, servez-vous d'une épingle.

Comme la carte Orinoco emploie un connecteur propriétaire, elle demande un câble spécial, appelé pigtail, qui a un connecteur standard de câble d'antenne à une extrémité et à l'autre un système qui va dans le connecteur

Orinoco. Un câble pigtail de marque Orinoco risque de coûter plus cher que la carte réseau, mais vous trouverez des pigtails tout aussi fonctionnels pour beaucoup moins cher chez plusieurs autres sources, dont Fleeman Anderson & Bird (`http://www.fab-corp.com`), HyperLink Technologies (`http://www.hyperlinktech.com`) et Invictus Networks (`http://www.invictusnetworks.com`).

Figure 11-5 La carte ZoomAir Model 4103 utilise une antenne externe

Figure 11-6 Le connecteur d'antenne d'une carte Orinoco se trouve sur le bord de la PC Card

Antenne maison ?

Nombre de bidouilleurs fanatiques construisent leurs propres antennes, faites de toutes sortes de matériaux bizarres : pièces d'écartement en plastique, fils de cuivre, boîtes de conserve, emballages de chips, etc. Selon ce que vous avez dans votre débarras ou dans votre garde-manger, les composants d'une antenne directionnelle à fort gain faite maison ne coûtent pas plus de 3 ou 4 euros, non compris le contenu initial des boîtes de conserve ou autres. Si vous devez acheter toutes les pièces et tous les outils requis pour la construction d'une antenne maison, comptez dans les 20 euros ou plus.

Néanmoins, si vous ajoutez le temps requis par l'assemblage de l'antenne et par le réglage pour obtenir des performances optimales, il n'est pas du tout certain qu'une antenne maison revienne moins cher qu'une antenne bon marché du commerce. Il n'est pas rare qu'il faille de trois à six heures, voire plus, pour fabriquer l'une des ces antennes maison « pas chères ». Quelques minutes de recherche en ligne (rubrique « antenne 2,4 GHz ») devraient vous permettre de trouver des sources d'antennes directionnelles à moins de 50 euros, qui fonctionnent au moins aussi bien que les antennes maison. N'oubliez pas que votre point d'accès ou que votre carte client ne transmet qu'une fraction de watt, de sorte que vous n'avez pas obligatoirement besoin d'une antenne capable de traiter une forte puissance ; vous pouvez vous en tirer avec une antenne relativement légère.

Le type le plus courant d'antenne directionnelle pour communications point-à-point s'appelle une « yagi » ou, plus exactement, une antenne Yagi-Uda. Le nom vient de deux ingénieurs japonais, Hidetsugu Yagi et Shintaro Uda, de l'université Tohuku, qui inventèrent ces antennes vers 1926. Une antenne yagi typique, comme celle de la figure 11-7, a un seul élément actif dont la longueur fait exactement la moitié de la longueur d'onde de la fréquence radio à laquelle fonctionnera l'antenne (pour 2,4 GHz, cela donne à peu près 6 cm). Elle fonctionne aussi avec des éléments à quart de longueur d'onde. D'autres éléments, appelés « réflecteurs » et « directeurs », sont placés parallèlement à l'élément actif, à des intervalles très précis qui dépendent de la taille de l'élément actif. Les réflecteurs sont derrière l'élément actif, alors que les directeurs sont devant. La plupart des antennes TV de toiture que l'on trouvait avant l'ère du câble et du satellite étaient des yagis.

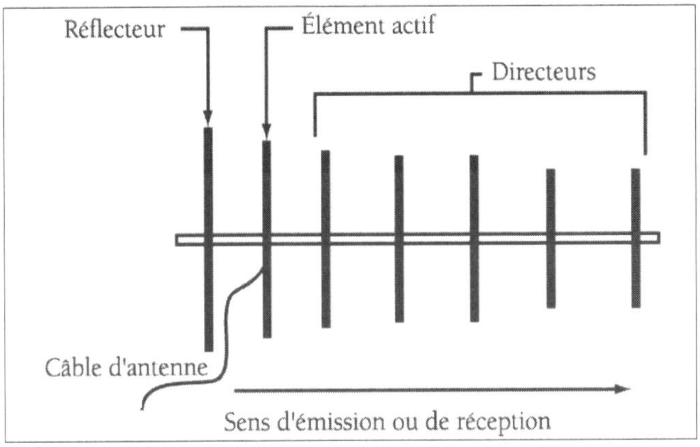

Figure 11-7 Une antenne yagi a un élément actif, un réflecteur, et plusieurs directeurs

Une yagi a toujours un seul réflecteur, dont la longueur fait à peu près 5 % de plus que celle de l'élément actif, et plusieurs directeurs, dont la longueur fait à peu près 5 % de moins que celle de l'élément actif (chaque directeur supplémentaire doit être un peu plus court que celui qui est derrière). Plus il y a d'éléments dans une yagi, plus elle offre de gain. Si vous envisagez de fabriquer une yagi de votre composition, jetez un œil sur l'antenne de Rob Flickenger construite dans une boîte de chips Pringles (`www.oreillynet.com/cs/weblog/view/wlg/448`).

Nombre de yagis à 2,4 GHz maison utilisent des baguettes de 2,54 cm (1 pouce) comme réflecteurs, directeurs et éléments actifs. Elles fonctionnent mais ce n'est pas l'idéal, et ce pour deux raisons : *primo*, à 2,437 GHz (fréquence médiane du canal 6) un élément actif à quart de longueur d'onde doit faire à peu près 2,95 cm de long, de sorte que ces baguettes font environ 16 % de moins que la taille qui donnerait des performances optimales ; *secundo*, le réflecteur et les directeurs ont la même taille que l'élément actif, ce qui diminue le gain (ou la sensibilité) de l'antenne. Mais, si l'on considère que le tout revient à environ 7 euros, l'approximation est assez bonne. Si une paire de ces antennes fait circuler le signal à un débit convenable, peu importe que les réflecteurs et les directeurs aient la même taille.

Le modèle plus classique à 13 éléments de Darren Fulton (`www.users.bigpond.com/Darren.fulton/yagi/13_element_yagi_antenna_for_2.htm`), montré sur la figure 11-8, emploie des éléments en fil de laiton ou de cuivre à fort diamètre et un réflecteur en papier alu.

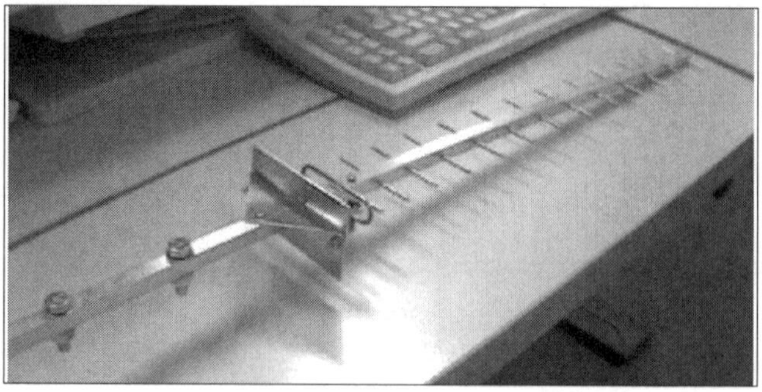

Figure 11-8 L'antenne yagi maison de Darren Fulton comprend en tout 13 éléments

Une antenne directionnelle maison n'est pas obligatoirement une yagi. Les antennes à guide d'ondes, dans lesquelles un élément rayonnant est placé à l'intérieur d'un cylindre ou d'un cône métallique réflecteur, est un autre modèle très efficace. Les performances de l'antenne dépendent de la taille de l'enveloppe, de la longueur de l'élément rayonnant et de sa position exacte. Greg Rehm explique en ligne comment assembler une antenne à guide d'ondes à partir d'une boîte de conserve (`www.turnpoint.net/wireless/cantennahowto.html`).

Si vous voulez amplifier votre gain de signal dans toutes les directions, il faut utiliser une antenne omnidirectionnelle. Le modèle discone de Tim Kyle, à `kyleti.aswwc.net/index.php?page=projects&old_project=80211b_Discone`, est a priori un bon point de départ.

Si l'on se fonde sur les tests et les mesures publiés sur Internet pour les antennes maison (qu'il s'agisse des modèles précédemment mentionnés ou d'autres types), il semble qu'elles soient tout à la fois efficaces et bon marché, surtout si l'on ne tient pas compte du temps passé. Tout cela est une question de point de vue : si, en lisant une recette d'antenne maison vous vous dites « vingt dieux, ça a l'air sympa ! », allez-y. En revanche, si vous n'appréciez guère l'idée de devoir passer une journée à jouer avec un fer à souder, rappelez-vous qu'il existe dans le commerce des antennes pas chères qui font tout aussi bien l'affaire.

CHAPITRE 12

Réseaux publics et réseaux de communauté

Les mêmes technologies Wi-Fi qui fournissent des accès aux réseaux sans fil dans les entreprises et les foyers permettent aussi aux usagers de connecter leurs portables ou leurs ordinateurs de poche à Internet depuis les hôtels, les centres de conférences, les aéroports, etc. Nombre de FSI, d'entreprises de téléphonie cellulaire et de services indépendants de réseau sans fil ont créé des hot spots Internet publics. De plus en plus de cafés, de restaurants et d'autres établissements du même genre hébergent de tels hot spots, afin de satisfaire les clients qui consomment pendant qu'ils consultent leur messagerie ou naviguent sur Internet.

Les utilisateurs de réseaux sans fil au bureau et à domicile peuvent se servir des mêmes portables et des mêmes cartes réseau pour envoyer et recevoir du courrier, naviguer sur Internet et échanger des fichiers via les services sans fil publics. Ces services offrent des accès aux utilisateurs, lesquels paient à la connexion ou au mois. Quand ils existent, ces réseaux peuvent fournir des accès commodes et rapides à Internet et aux réseaux d'entreprise ; ils représentent une solution de remplacement, relativement bon marché, vis-à-vis des connexions commutées.

La technologie Ethernet sans fil a aussi suscité une nouvelle génération d'enthousiastes et de communautaristes qui installent des antennes sur les toits et les collines, d'où ils peuvent desservir tout le voisinage à l'aide de connexions de réseau public sans fil.

Jusqu'à présent, nous vous avons montré comment mettre en œuvre votre propre réseau sans fil et comment connecter des ordinateurs à ce réseau. Ce chapitre explique où et comment trouver des réseaux publics, et comment configurer votre ordinateur pour utiliser leurs services.

La différence majeure entre réseau privé sans fil et réseau public concerne le degré et le type de contrôle d'accès que le propriétaire et l'administrateur du réseau imposent à leurs usagers. Un réseau privé situé dans une entreprise, une usine ou un campus universitaire risque d'employer une certaine combinaison de mots de passe, de chiffrement WEP et de SSID secret pour refouler les intrus. En comparaison, la plupart des réseaux publics sont configurés pour être des « utilitaires d'informations », ouverts et accessibles à quiconque possède une carte réseau et une carte de crédit.

Avant l'avènement du sans-fil, la plupart des gens qui voulaient se connecter à Internet ou à un réseau d'entreprise quand ils n'étaient pas chez eux ou à leurs bureaux utilisaient un modem commuté et une ligne téléphonique pour établir la connexion. Cela fonctionne, mais ce n'est pas toujours évident de trouver un téléphone public ayant la bonne prise, de caler son portable sur l'étagère de la cabine publique et de trouver un numéro local de FSI qui ne sonne pas occupé en permanence ; avec un peu de chance, on arrive parfois à se connecter à un gros et gras 56 Kb/s. Par rapport aux connexions commutées, l'accès sans fil à Internet offre plusieurs avantages de taille : rapide, instantané et, comme il utilise des signaux radio au lieu de câbles, l'utilisateur n'est pas obligé de courir après une prise téléphonique.

Et la connexion via téléphone cellulaire ? C'est faisable, mais elle exige souvent une séquence fastidieuse et longuette de composition de numéro, d'ouverture de session, de connexion, de vérification, etc., avant que l'utilisateur commence à se servir du réseau. En outre, une fois que l'on est connecté, la liaison est lente et sujette aux interruptions. Il existe d'autres services sans fil comme le CDPD (*Cellular Digital Packet Data*) qui sont plus simples et plus fiables que les téléphones cellulaires et les modems, mais leur vitesse maximale est un effrayant 19,2 Kb/s. Les connexions Wi-Fi sont quasi instantanées et le débit est nettement plus élevé.

La plupart des gens qui se connectent à des réseaux publics sans fil s'en servent pour aller sur Internet ou sur le réseau de leur employeur. Contrairement aux usagers d'un réseau local privé, les gens n'emploient pas généralement un réseau public pour partager des fichiers avec d'autres machines du réseau, ni pour envoyer des documents à une imprimante locale. Les réseaux ad hoc et les liaisons infrarouges sont de biens meilleures méthodes pour ce genre de transfert générique de fichier.

Réseaux publics

Les réseaux publics vendent des accès Internet sans fil à la minute ou à la journée ; en outre, ils offrent souvent des forfaits mensuels donnant droit à une durée illimitée de connexion. Ces réseaux se trouvent généralement dans les lieux où les utilisateurs mobiles sont susceptibles d'avoir besoin d'accès rapides et faciles à la messagerie et aux services Internet, ainsi que dans des restaurants ou cafés dont les propriétaires espèrent que leurs clients consommeront un maximum en navigant sur le Web ou en lisant leurs messages. On trouve même des réseaux publics sans fil dans des laveries automatiques.

Depuis que les services sans fil ont fait leur apparition dans les hôtels et les centres de conférences, les organisateurs de ces ennuyeux exposés, où l'on gave le public de diapositives PowerPoint, ont commencé à remarquer qu'une partie de l'auditoire prête plus d'attention à ses ordinateurs portables qu'aux conférenciers. Peut-être que telle personne écoute d'une oreille distraite l'exposé du nouveau plan quinquennal de marketing ; mais d'autres lisent les messages ou les pages Web ; d'autres encore sont en train de poster leurs comptes-rendus personnels, concernant la conférence, à des journaux Web ou de les envoyer à des collègues qui n'ont pas pu venir. Est-ce que cet état de fait va obliger les présentateurs à rendre leurs exposés plus intéressants ? Ne vous faites pas trop d'illusions. En revanche, cela va permettre aux spectateurs d'employer la messagerie instantanée pour commenter en direct les propos des conférenciers (à condition de ne pas rire au mauvais moment).

Le marché des réseaux publics sans fil en est encore à ses balbutiements. On trouve le sans-fil dans quelques aéroports et hôtels, ainsi que dans quelques centaines de cafés, en Amérique du Nord et en Europe, mais les années à venir devraient voir exploser le nombre d'emplacements publics dotés du sans-fil, surtout quand les cartes sans fil internes deviendront la norme dans les ordinateurs portables.

Pour l'heure, il faut avoir plusieurs comptes séparés, associés à plusieurs services sans fil publics ou communautaristes, pour obtenir une couverture assez large. Si vous transportez votre portable ou votre PDA depuis un aéroport desservi par Boingo vers un café doté d'un hot spot hereUare, vous avez besoin d'un compte distinct pour chacun de ces deux services. Quand l'industrie des WISP (*Wireless Internet Service Provider*) gagnera en taille et en maturité, il deviendra courant de circuler entre des hot spots gérés par des WISP différents, un compte unique permettant de se connecter à une multitude d'emplacements. Les WISP sont en train de concocter des systèmes d'itinérance qui permettront à l'abonné d'utiliser son compte dans le premier point d'accès venu, même s'il appartient à un autre fournisseur de services.

En fin de compte, les services sans fil devraient devenir aussi transparents que la téléphonie cellulaire ; il suffira d'allumer son ordinateur et, pour peu que l'on soit à portée d'un point d'accès public, on pourra se connecter illico. Toutefois, nous n'en sommes pas encore là.

Configuration d'une connexion à un réseau public

À l'instar de presque tout ce qui se rapporte à l'Ethernet sans fil, l'accès à un réseau public demande généralement un certain bricolage des paramètres réseau de l'ordinateur. Si vous avez lu (ou même effleuré) le début de ce livre, vous en savez sans doute plus sur la configuration des réseaux sans fil que 90 % des usagers de réseaux sans fil publics ; de sorte que l'ajout de nouveaux paramètres pour WayPort, ou quelque autre réseau public, ne devrait pas vous poser de problème.

Recherche d'un réseau

Il y a deux façons de trouver un réseau sans fil public : vous consultez un annuaire (sur papier ou en ligne), ou alors vous allumez votre ordinateur sur site et vous voyez s'il y a des réseaux à proximité. Si votre utilitaire de configuration de réseau sans fil n'affiche pas automatiquement les SSID des signaux réseau qu'il détecte, le mieux est de consulter les annuaires de tous les fournisseurs de services avant d'essayer de vous connecter. Mais si vous utilisez une machine qui détecte les signaux proches et permet de sélectionner le réseau qui vous intéresse, vous découvrirez peut-être des réseaux publics qui ne figurent dans aucun annuaire.

Cependant, c'est l'une des « fonctionnalités » qui varient d'une marque de carte sans fil à une autre. Il se peut que votre utilitaire de configuration affiche la liste des réseaux détectés et vous laisse en choisir un. Si vous utilisez un Apple PowerBook avec une carte et du logiciel AirPort, le module Control Strip et l'application AirPort affichent un menu qui énumère les réseaux sans fil proches. L'utilitaire Windows XP de configuration de réseau sans fil fait la même chose. Avec certains utilitaires Windows et Linux, si le SSID n'est pas spécifié ou s'il est réglé sur « ANY », la carte s'associe d'autorité au premier réseau qu'elle détecte. Si votre carte est configurée pour détecter les réseaux inconnus, elle devrait trouver un réseau public dès qu'il y en a un à portée.

Naturellement, nombre des réseaux que vous découvrirez ainsi sont des réseaux locaux privés et non des réseaux publics. Certains de ces réseaux peuvent être accessibles aux utilisateurs extérieurs, du fait que les propriétaires ont omis d'appliquer le chiffrement WEP et d'autres fonctions de sécurité de la norme 802.11b ; n'empêche qu'il y a bien une différence entre vol de service et utilisation de réseau public.

Il est généralement plus facile de rejoindre un réseau connu que de rechercher un signal au hasard. Quand vous configurez un compte avec l'un des services réseau publics, vous pouvez définir un profil de configuration alternatif qui détecte ce réseau. Certains utilitaires de configuration examinent automatiquement leurs listes de profils, alors que d'autres exigent de l'utilisateur qu'il change de profil à la main. Dans l'un ou l'autre cas, quand votre portable est à portée de ce service, il s'associe immédiatement au réseau que vous voulez rejoindre.

Chaque service public actif a sur son site Web une page « Où nous trouver », qui énumère tous les emplacements actifs. Si donc vous arrivez dans un aéroport desservi par Boingo ou dans un café disposant d'un réseau T-Mobile, vous pouvez activer le profil de configuration associé à ce service puis vous connecter sans avoir à rechercher de service. En outre, plusieurs sites Web, dont `http://www.wifinder.com` et `http://www.80211hotspots.com`, offrent des annuaires combinés qui incluent des points d'accès et des hot spots gérés par différents fournisseurs de services.

Si vous ignorez quel est le service public sans fil qui a le contrat de service réseau à l'aéroport où vous êtes en transit ou au centre de congrès où vous suivez une conférence, vous serez obligé de laisser votre ordinateur rechercher un signal. Si vous n'avez pas de compte pour le fournisseur de services sans fil concerné, pas de panique : la plupart des fournisseurs permettent à l'utilisateur de créer un compte sur place. Avec un peu de chance, le fournisseur de services aura un accord d'itinérance avec un service auquel vous êtes déjà abonné, vous évitant ainsi de créer un nouveau compte.

Il est souvent possible de se connecter à un réseau public depuis un emplacement extérieur à l'entreprise qui gère le point d'accès. Ainsi, *Tully's Coffee* est une chaîne de cafés, basée à Seattle, qui a pour stratégie d'ouvrir ses enseignes à proximité des points d'accès Starbucks. Ces cafés n'offrent pas encore d'accès Wi-Fi (cela devrait se faire à l'avenir), mais bon nombre de leurs clients se connectent via le point d'accès du Starbucks voisin. Le patron de *Tully*, Tom O'Keefe, a dit dans le *Seattle Times* : « C'est très simple : nos clients sont assis dans nos établissements en train de boire une tasse de notre excellent café Tully et de grignoter l'une de nos succulentes brioches, et en même temps ils sont connectés à Wi-Fi via le Starbucks d'en face. Comme vous le savez, Wi-Fi circule. »

La procédure exacte de recherche d'un réseau sans fil varie selon le système d'exploitation et l'utilitaire de configuration, mais le canevas est toujours le même. Avant de modifier les paramètres réseau et le profil de connexion de votre ordinateur, commencez par noter les paramètres originels dans un carnet ou tout autre endroit adéquat. Vous aurez besoin de reprendre ces paramètres quand vous serez revenu au bureau ou à la maison.

Voici comment rechercher un réseau sans fil :

1. Si ce n'est pas encore fait, insérez la carte sans fil dans l'emplacement PCMCIA de l'ordinateur ou bien branchez-la sur le port USB.
2. Allumez l'ordinateur, si ce n'est pas encore fait.
3. Utilisez l'utilitaire de configuration TCP/IP de l'ordinateur pour indiquer que la machine devra obtenir une adresse IP depuis un serveur DHCP.
4. Enregistrez les nouveaux paramètres réseau, puis redémarrez la machine si nécessaire.
5. Ouvrez l'utilitaire de configuration de réseau sans fil.
6. Si vous connaissez le nom du service réseau à utiliser, prenez ce nom comme SSID dans le profil de connexion actif. Si vous voulez rechercher un réseau, réglez le SSID sur « ANY » ou laissez-le vide.
7. Faites du nouveau profil de configuration votre profil actif.
8. Ouvrez l'utilitaire d'état de la connexion sans fil.

Si votre ordinateur est à portée d'un réseau sans fil, l'utilitaire d'état affiche la force et la qualité du signal et, selon le programme, le nom du réseau.

Recherche de réseau sous Windows XP

Sous Windows XP, la recherche de réseau est encore plus simple :

1. Insérez la carte sans fil dans l'emplacement PCMCIA de l'ordinateur, ou bien branchez-la sur le port USB.
2. Allumez l'ordinateur, si ce n'est pas déjà fait.
3. Cliquez deux fois sur l'icône Réseau dans la barre des tâches (à côté de l'heure). Si la carte sans fil détecte un ou plusieurs signaux proches, la fenêtre Etat de Connexion réseau sans fil (figure 12-1) s'affiche.

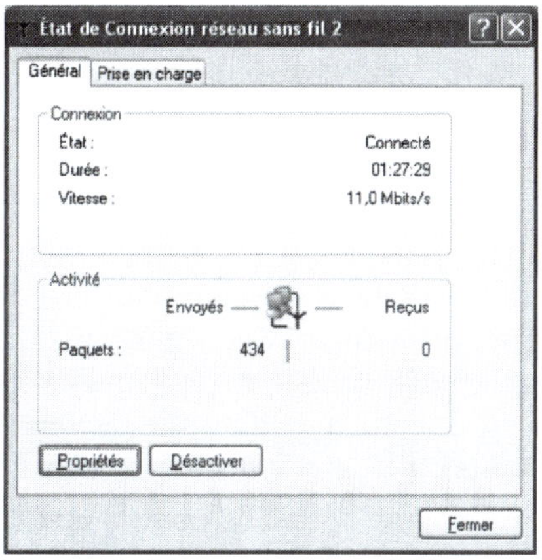

Figure 12-1 La fenêtre Etat de Connexion réseau sans fil affiche le contexte de la liaison sans fil

4. Cliquez sur le bouton Propriétés puis sur l'onglet Configuration réseaux sans fil, afin d'ouvrir la fenêtre Propriétés de Connexion réseau sans fil (figure 12-2).

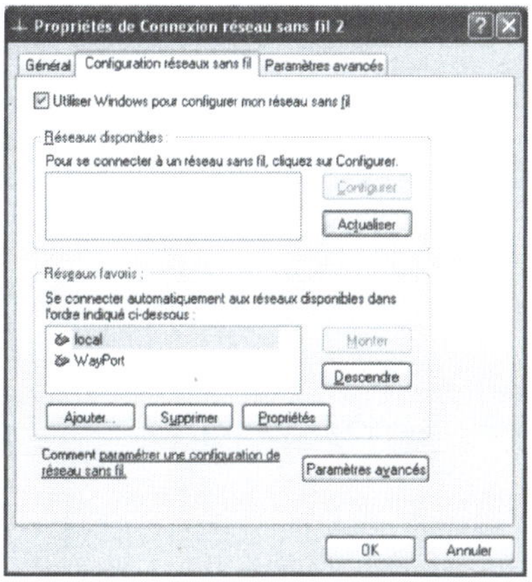

Figure 12-2 La fenêtre Propriétés de Connexion réseau sans fil doit afficher la liste des réseaux sans fil qui sont à la portée de l'ordinateur local

5. La liste des réseaux disponibles devrait afficher tous les réseaux que la carte sans fil a détectés. Pour vous connecter à l'un de ces réseaux, pointez son nom dans la liste puis cliquez sur le bouton Configurer.

6. Windows remplit automatiquement le champ Nom réseau. Comme les réseaux publics n'emploient pas en principe le chiffrement WEP, vous pouvez ignorer la section Clé de réseau sans fil. Cliquez sur Annuler pour fermer cette boîte de dialogue.

7. Cliquez sur OK dans la fenêtre Propriétés, puis sur Fermer dans la fenêtre Etat

Lorsque vous aurez trouvé un réseau et configuré une connexion, ouvrez votre navigateur Web. Si ce dernier est réglé pour ouvrir automatiquement une page d'accueil, il ne trouvera pas cette page mais ouvrira la page d'ouverture de session du service de réseau public. Si vous n'avez pas encore de compte pour ce service, suivez les instructions affichées à l'écran pour créer un compte. Si votre navigateur est configuré pour démarrer sur un écran vierge, il n'affiche pas automatiquement l'écran d'ouverture de session ; ce dernier apparaîtra quand vous essaierez de vous connecter à un site de votre liste Favoris (ou à quelque autre site, d'ailleurs).

Utilitaires de recherche de réseau sans fil

Si votre utilitaire de configuration sans fil ne détecte pas automatiquement les signaux présents dans le coin, sachez que le logiciel Network Stumbler de Marius Milner est un utilitaire Windows très astucieux qui détecte les réseaux et affiche une liste (figure 12-3) qui montre tout ce que l'on a besoin de savoir sur un signal détecté : adresse MAC, SSID, numéro de canal, force et qualité du signal, etc.

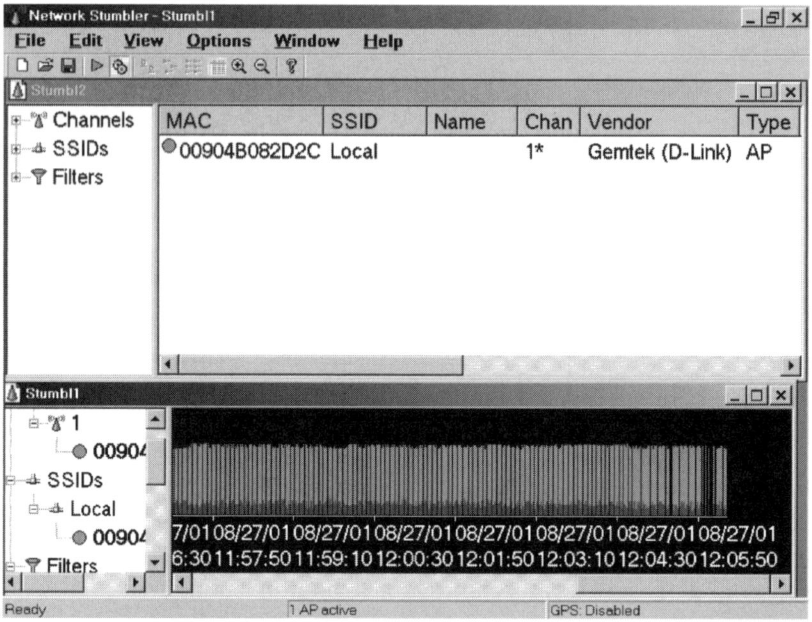

Figure 12-3 Network Stumbler affiche des détails exhaustifs sur chaque signal Ethernet sans fil qu'il détecte

Network Stumbler est un mendiciel : vous pouvez vous le procurer pour rien mais, si vous le jugez professionnellement intéressant, vous êtes invité à envoyer un don (dont le montant est à votre convenance) au développeur. Vous pourrez télécharger Network Stumbler depuis `http://www.netstumbler.com/download.php`.

L'un des opérateurs majeurs de hot spots, Boingo Wireless, offre gratuitement son propre utilitaire de détection (figure 12-4). Le logiciel Boingo affiche en priorité les sites maison, mais il détecte et affiche aussi les hot spots d'autrui. Téléchargez le programme Boingo depuis `http://www.boingo.com`.

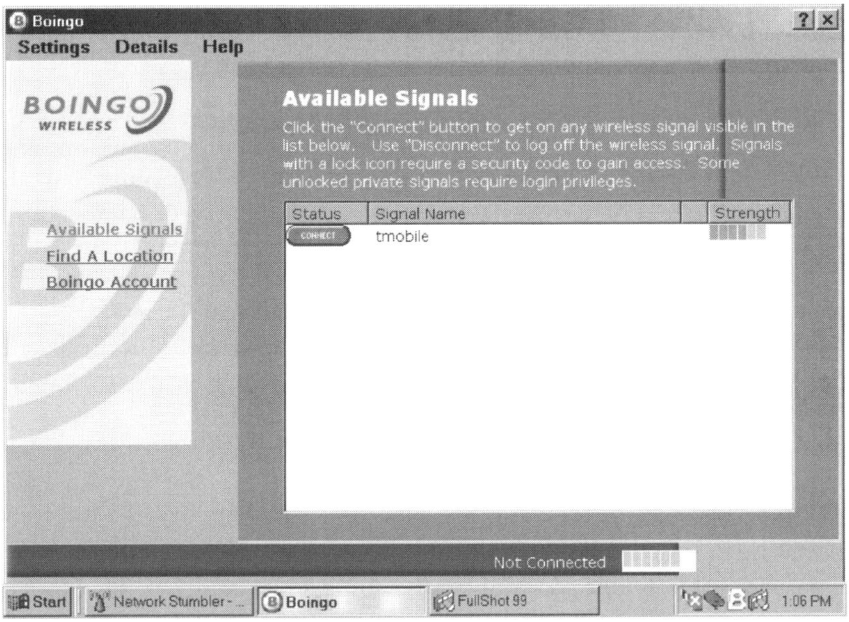

Figure 12-4 Le logiciel Boingo détecte les hot spots actifs qui sont à la portée de votre carte Wi-Fi

Wireless Connection Manager de Hewlett-Packard est un autre logiciel gratuit qui détecte et se connecte aux réseaux Wi-Fi. Malheureusement, il ne fonctionne qu'avec Windows 2000 ou Microsoft Pocket PC 2002, et avec la PC Card Compaq WL110 Wireless, de sorte qu'il est sans utilité pour la majorité des utilisateurs. Néanmoins, comme il est gratuit, essayez-le si vous disposez de la combinaison idoine de matériel et de logiciel. Pour plus de détails, consultez le site Web de H-P à `http://www.hp.com/solutions1/corporatebusiness/wcm`.

La page Software de wardriving.com (`http://www.wardriving.com/code.php`) affiche des liens vers de nombreux utilitaires de détection de signaux Wi-Fi, ainsi que vers d'autres utilitaires offrant des fonctionnalités complémentaires d'administration et de sécurité.

Envoi de courrier *via* un réseau public

Maints réseaux locaux d'entreprise et FSI ont configuré leurs serveurs de messagerie de telle façon que les utilisateurs puissent recevoir du courrier depuis n'importe où sur Internet, mais que le courrier sortant ne puisse venir que de leurs propres réseaux. Cette restriction empêche les expéditeurs de courrier non sollicité (spam) de relayer du courrier via un serveur non protégé, mais cela a aussi pour effet de compliquer la vie des usagers légitimes qui veulent envoyer des messages quand ils sont en déplacement.

Pour remédier à ce problème, la plupart des services Internet publics ont des serveurs de messagerie qui acceptent le courrier émis par les abonnés qui sont temporairement connectés à leurs réseaux. Si votre serveur habituel rejette les messages quand vous êtes connecté via un réseau public sans fil, essayez de changer le nom du serveur SMTP dans votre logiciel client de messagerie. Le nom du serveur SMTP est généralement mail.[*nom de réseau*] ; si cela ne fonctionne pas, demandez au service d'assistance technique du réseau public. N'oubliez pas de revenir au serveur originel quand vous serez revenu au bureau ou à la maison.

Réseaux publics dans les aéroports

La fourniture de services de réseau public sans fil dans les aéroports est un marché émergent et prometteur qui paraît simple du point de vue du consommateur : il suffit d'installer suffisamment de points d'accès pour couvrir tous les halls et tous les salons d'embarquement, de les relier à une dorsale Internet à large bande et d'attendre que les clients commencent à payer pour accéder au réseau. Ensuite, l'argent coule à flots. Bien évidemment, la réalité n'est pas aussi simple. Maintenant que la bulle Internet a crevé, trouver de l'argent pour monter de nouveaux services Internet est devenu beaucoup plus difficile. Et quand on a affaire à une administration aéroportuaire étatisée et à des installations qui hébergent des dizaines de services radio pour toutes sortes d'activités, depuis le contrôle aérien jusqu'à la location de voitures en passant par le suivi des bus assurant les navettes, rien n'est jamais simple.

La coordination de toutes ces radios n'est pas une mince affaire. Les responsables techniques des grands aéroports tiennent à avoir le contrôle complet de tous les émetteurs radio opérant dans leurs locaux. Il faut quelqu'un pour vérifier que les radios des compagnies de taxi présentes dans les aérogares n'interfèrent pas avec les radios des voitures de pompiers de l'aéroport, ni avec les talkies-walkies des agents en charge des passerelles d'embarquement. Les contrôleurs aériens doivent pouvoir communiquer sans encombre avec les avions en vol ou au sol. Chaque compagnie aérienne (il peut y en avoir plus d'une dizaine) a besoin de ses canaux privés. À cela s'ajoutent les quatre ou cinq entreprises de téléphonie cellulaire et de paging qui veulent fournir des services à leurs clients à l'aide de sites émetteurs placés dans chaque hall. Sans oublier l'antenne parabolique sur le toit qui alimente les écrans TV présents à chaque porte d'embarquement ni la station radio AM à faible puissance qui émet à l'intention des gens qui cherchent de la place dans le parking. L'ajout d'un service Ethernet sans fil « sans licence » représente un casse-tête supplémentaire pour les spécialistes radio de l'aéroport.

La situation se complique encore plus quand l'aéroport signe un accord global de franchise avec un service sans fil et un contrat avec une compagnie aérienne désireuse de fournir des services sans fil à ses clubs VIP. L'aéroport doit-il permettre à la compagnie aérienne de fournir son propre service dans les espaces qu'elle loue ? Ou bien, l'accord global a-t-il la priorité ? Les deux services vont-ils interférer l'un avec l'autre ? Ou vont-ils interférer avec d'autres services radio ? Qui contrôlera les émetteurs ?

Il semble que la direction de chaque aéroport ait adopté un point de vue légèrement différent vis-à-vis de cette problématique ; vous ne pouvez donc pas partir du principe que le compte que vous aviez créé dans le salon VIP de l'aéroport de Vierzon vous permettra de vous connecter dans la brasserie du hall C de l'aéroport de Castelnaudary. La seule chose que vous puissiez faire pour vérifier, c'est d'allumer l'ordinateur, de régler le SSID sur « ANY » et de voir s'il y a un signal détecté. Si l'utilitaire d'état sans fil indique qu'il a trouvé un signal, pensez à regarder le menu ou la fenêtre qui affiche les noms de tous les réseaux à proximité. Si vous avez un compte pour l'un de ces réseaux, allez-y et ouvrez une session. Dans le cas contraire, sélectionnez le réseau offrant le meilleur signal et créez un nouveau compte.

Si vous vous rendez souvent dans les mêmes aéroports, ou si vous faites partie d'un club VIP d'une compagnie aérienne, le mieux est de créer un compte prépayé auprès de la compagnie qui fournit le service dans ces endroits. Quand vous vous trouvez dans un aéroport (ou dans tout autre endroit) utilisant un service différent, vous pouvez généralement créer sur place un compte facturé à la consommation.

Pour le moment, il est quasiment indispensable de télécharger, d'imprimer et de conserver dans la mallette de l'ordinateur des copies de la liste « Où nous trouver » de chaque service public sans fil pour lequel vous avez un compte.

Il y a des services qui ne couvrent pas toute une aérogare mais seulement une portion limitée, par exemple la salle d'embarquement d'une certaine compagnie aérienne ou la cafétéria d'une certaine enseigne. Si vous avez déjà souscrit un abonnement pour l'accès illimité à Boingo, par exemple, vous tiendrez peut-être à utiliser ce service même si cela vous oblige à déplacer votre ordinateur à un autre endroit de l'aéroport.

Lorsque les différents fournisseurs de services sans fil auront finalisé leurs accords d'itinérance, tout cela sera beaucoup plus facile : vous aurez un compte pour le service que vous utilisez le plus fréquemment et vous utiliserez votre temps de connexion prépayé partout où vous passez au cours de vos déplacements. Les réseaux sans fil se chargeront automatiquement de la facturation croisée. Mais en attendant ces accords, vous aurez besoin d'un compte différent chaque fois que vous vous connecterez à un nouveau service.

T-Mobile HotSpot

L'opérateur de téléphonie cellulaire T-Mobile est l'un des plus grands fournisseurs de services de réseau sans fil au États-Unis. On le trouve dans tous les endroits fréquentés par les hommes d'affaires : aéroports, clubs de compagnies aériennes, hôtels, restaurants et centres de conférences. Ses réseaux sont actifs dans de nombreuses salles d'embarquement American Airlines et dans de nombreux clubs Admirals. T-Mobile a aussi un accord de partenariat pour fournir une couverture sans fil dans plus de 3 000 cafés Starbucks d'ici à la fin 2003. Le P-DG de Starbucks, Howard Schultz, espère que « les clients seront plus nombreux dans les boutiques et qu'ils y resteront plus longtemps ».

T-Mobile offre une gamme de services qui vise à répondre aux besoins différents des utilisateurs occasionnels, des voyageurs réguliers et de ceux qui comptent utiliser le réseau dans une zone métropolitaine bien définie. Vous pouvez choisir le service qui répond le mieux à vos besoins spécifiques à l'adresse `http://www.t-mobile.com`. Dans ses cafés, Starbucks offre un essai gratuit d'une journée du service Mobile HotSpot. Consultez le site Web de Starbuck, à `http://www.starbucks.com/retail/wireless.asp`, pour connaître le code de promotion actuel.

Boingo

Boingo est l'autre « grand nom » en matière de fournisseurs de services de réseau public sans fil. Boingo a des réseaux dans des aérogares, des hôtels, des centres de congrès et d'autres endroits fréquentés par les hommes d'affaires itinérants. Son réseau d'aéroports comprend Dallas-Fort Worth, Austin, Seattle et San Jose, auxquels devraient s'ajouter prochainement

Atlanta, Chicago, Washington et Boston. L'annuaire Boingo des emplacements actifs se trouve à l'adresse `http://www.boingo.com`.

hereUare

hereUare n'est pas un fournisseur de services sans fil, mais offre un compte commun qui permet à l'utilisateur de se connecter à des hot spots gérés par différents réseaux. La même adresse ID et le même mot de passe fonctionnent dans tous les emplacements participants.

Malheureusement, plusieurs des réseaux sans fil les plus répandus ne participent pas au programme hereUare, alors que beaucoup d'autres le font. Vous pouvez télécharger depuis `http://www.hereuare.com` le logiciel Global Locator, qui fournit une liste interrogeable des sites hereUare avec l'emplacement exact et le SSID requis par la connexion à chaque site,.

Accès publics aux réseaux privés

Nombre d'entreprises et d'institutions (universités, hôpitaux, bibliothèques, etc.) ayant leurs propres réseaux sans fil permettent aux visiteurs de se connecter à Internet via leur réseau. Dans les endroits où l'on trouve ce genre de service, l'administrateur du réseau a généralement préparé une brochure qui explique comment configurer un ordinateur pour accéder au service. Si vous êtes dans une entreprise susceptible de fournir des accès réseau sans fil, renseignez-vous à l'accueil ou auprès de la personne à laquelle vous rendez visite.

Connexion à un réseau de communauté

Les réseaux sans fil communautaristes utilisent les technologies 802.11b pour partager des accès Internet haut débit au sein d'un quartier ou d'une ville tout entière. Les opérateurs de ces réseaux placent les antennes de leurs points d'accès sur des toits et à d'autres emplacements permettant d'obtenir une couverture maximale.

Il est vrai que la portée maximale utile d'un signal Ethernet sans fil n'est que de 100 mètres environ, sauf si l'on emploie une antenne à fort gain, mais cela suffit pour desservir un pâté de maisons. Et pour peu qu'il y ait suffisamment de volontaires qui installent des points d'accès supplémentaires sur leurs toits, la zone de couverture desservira beaucoup plus de gens. Certains réseaux de communauté emploient également des liaisons point-à-point avec antennes directionnelles (souvent bricolées à partir de boîtes de conserve et d'autres composants à bas prix, comme indiqué au chapitre 11) pour étendre leur couverture vers des emplacements situés au-delà de la portée des points d'accès locaux.

Le but ultime des organisateurs de tels réseaux est de créer des « réseaux alternatifs » transparents, qui fournissent des accès Internet, gratuits ou très bon marché, à tout un voisinage, voire à toute une agglomération urbaine. S'ils arrivent à cet objectif, on devrait pouvoir trouver une connexion Internet sans fil, gratuite ou peu onéreuse, depuis n'importe quel endroit situé dans la couverture d'un réseau. Aujourd'hui, le nombre de sites actifs est encore très faible, de sorte que c'est une affaire de pure chance d'être à proximité d'un signal réseau.

Pour l'instant, cette contre-culture émane de la base et reste essentiellement l'apanage de techno-dingues et de pirates ; mais elle a le potentiel de rivaliser sérieusement avec les réseaux sans fil 3G (cellulaire 3e génération), coûtant des milliards d'euros, qui sont censés être la nouvelle vague de la connectivité Internet mobile. Si ces réseaux non commerciaux, faits de bric et de broc à partir de cartons de chips et autres résidus, parviennent un jour à couvrir à 11 Mb/s un quartier, voire toute une ville, alors les développeurs du 3G auront de gros problèmes à nous convaincre d'acheter leurs services à 9 600 b/s. Les opérateurs commerciaux de réseaux cellulaires et de réseaux sans fil suivent donc de très près le mouvement des réseaux de communauté.

Les réseaux sans fil communautaristes sont généralement des services coopératifs, fondés sur le bénévolat, qui gèrent des réseaux publics pour offrir des accès Internet à des zones grandes ou petites. Dans certaines villes, dont Seattle, San Francisco et Londres, les réseaux de communauté locaux ont attiré des dizaines de stations de base et de points de relais. En Australie, on trouve des réseaux sans fil publics dans plusieurs cités, et un autre groupe parle de desservir l'ensemble de l'île de Tasmanie.

Maints groupes de réseau de communauté ont des projets ambitieux concernant la desserte d'une vaste zone de couverture, mais en fait leurs réseaux ne contiennent souvent qu'une poignée de points d'accès plus ou moins proches les uns des autres. Dans l'état actuel, les réseaux de communauté relèvent plus du folklore que de la ressource utile, car ils ne disposent pas de couverture significative. Aujourd'hui, la plupart des réseaux de communauté ne sont en fait guère plus qu'un petit nombre de hot spots isolés se partageant le même SSID. Le jour éventuel où cela changera, ils deviendront une composante majeure des infrastructures urbaines de communications.

Le Personal Telco Project gère un annuaire de liens pointant vers des réseaux actifs du monde entier, à l'adresse `http://www.personaltelco.net/index.cgi/WirelessCommunities`. La plupart des réseaux de la liste Personal Telco Project ont des cartes et des listes de nœuds en ligne qui indiquent les emplacements des points d'accès actifs. Par exemple, la figure 12-5 montre les points d'accès du réseau PDX Wireless qui couvre le centre-ville et les faubourgs de Portland (Oregon).

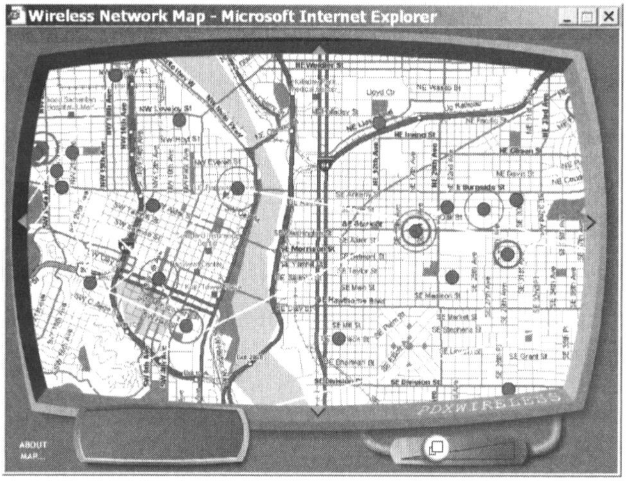

Figure 12-5 Le réseau PDX Wireless de Portland a des points d'accès des deux côtés de la rivière Willamette

Selon le point de vue, les réseaux de communauté sont des compléments utiles ou des rivaux significatifs pour les réseaux commerciaux 802.11b. Lorsque T-Mobile installa un hot spot dans une boutique Starbucks de Pioneer Courthouse Square à Portland, il choisit le même canal que celui qu'utilisait un réseau de communauté pour fournir des services gratuits au quartier. Naturellement, cette organisation engendra des interférences majeures pour les deux réseaux. Après quelques jours de chamaillerie, T-Mobile changea de canal.

Si vous détectez un signal provenant d'un réseau de communauté, vous êtes généralement le bienvenu pour vous en servir pour vos connexions Internet ; mais n'attendez pas trop d'assistance technique ou autres de la part des opérateurs du réseau. Maints communautaristes vous aideront s'ils le peuvent mais, comme ces réseaux sont des services gratuits, n'exigez pas d'eux qu'ils vous assistent comme le ferait un FSI payant. Si vous avez vraiment besoin d'aide, essayez d'envoyer un message poli au coordonnateur dont l'adresse figure dans l'annuaire du réseau.

Les propriétaires de certains points d'accès communautaristes imposent des restrictions concernant l'utilisation de leurs réseaux, mais il s'agit généralement de règles de simple bon sens qui ne sont pas gênantes : ne pas envoyer du courrier non sollicité, ne pas essayer de transférer des fichiers volumineux, etc. La règle empirique de base doit être : « Ne rien faire qui risque de perturber le bon fonctionnement du réseau. »

Si vous comptez vous servir d'un réseau sans fil communautariste comme connexion Internet permanente, il est de bon ton de vous faire connaître du propriétaire du point d'accès. Si vous êtes suffisamment proche d'un point d'accès pour l'utiliser tout le temps, c'est que le propriétaire est certainement un voisin qui appréciera que vous lui rendiez visite en lui apportant une pâtisserie maison. Les réseaux de communauté sont généralement le fait de groupes de bénévoles enthousiastes ; si vous profitez du réseau, n'hésitez pas à apporter votre contribution personnelle au groupe. Même si vous n'êtes pas un as de la technique, vous pourrez toujours trouver un moyen ou un autre d'aider la communauté.

Avant de pouvoir utiliser un réseau de communauté, il faut trouver un signal et savoir comment configurer les paramètres réseau de votre ordinateur. Il peut être utile d'exécuter un détecteur du genre Network Stumbler ou Boingo, ou un utilitaire de configuration sans fil de Windows XP ou d'AirPort ; mais même si vous trouvez un signal actif, comment savoir si c'est un réseau communautariste qui vous accueille à bras ouverts ou si c'est un réseau privé qui a oublié d'activer les fonctionnalités de sécurité. Mieux vaut se fonder sur les guides en ligne que chaque réseau de communauté publie sur Internet. La description de chaque point d'accès devrait vous fournir les informations dont vous avez besoin pour créer la connexion : emplacement, SSID du réseau, activation ou non de DHCP, etc.

Sécurité sur les réseaux publics

Sur un réseau, la sécurité est à double sens : l'administrateur ne veut pas que des intrus aillent jouer sur son réseau et l'utilisateur individuel ne veut pas que d'autres personnes accèdent à ses fichiers personnels. Quand vous êtes connecté à un réseau public, prenez quelques précautions pour empêcher autrui de lire vos fichiers. Pensez à désactiver le partage de fichiers avant d'essayer de vous connecter à un réseau public.

Faites la procédure suivante sous Windows 95/98/ME :

1. Dans le panneau de configuration, ouvrez l'icône Réseau.
2. Cliquez sur le bouton Partage de fichier et d'imprimante.
3. Dans la boîte de dialogue Partage de fichier et d'imprimante, désactivez l'option qui permet aux autres d'accéder à vos fichiers.

Sous Windows 2000 et XP, il n'y a pas d'emplacement centralisé pour la désactivation du partage de fichiers, de sorte qu'il faut désactiver séparément chaque partage. Voici la manœuvre :

1. Ouvrez la fenêtre Poste de travail.
2. L'icône de chaque lecteur ou dossier partagé est munie d'une main « servant » l'icône. Pour désactiver le partage, cliquez avec le bouton droit de la souris sur l'icône et appelez la commande contextuelle Partage et sécurité.
3. Décochez la case Partager ce dossier sur le réseau.
4. Cliquez sur OK pour fermer la boîte de dialogue.
5. Réitérez ce processus pour chaque dossier ou fichier partagé. N'oubliez pas le dossier Documents partagés.

Quand vous serez rentré au bureau ou à la maison, faites le processus inverse pour partager à nouveau vos fichiers.

Y a-t-il un risque qu'une personne capture vos données alors qu'elles circulent sur la liaison radio ? Cela peut se faire même si vous utilisez le chiffrement WEP, mais c'est assez peu probable si vous n'êtes pas dans le collimateur de la DST ou de la CIA. Il faut savoir tout ce qui circule sur un réseau sans fil peut être intercepté. Un espion déterminé qui dispose des matériels et des logiciels idoines peut s'emparer de vos paquets de données transmis par voie aérienne.

Si vous tenez absolument à ce que personne n'espionne votre réseau sans fil, ne vous en servez plus. Il est même encore plus facile d'espionner le téléphone sans fil de votre cuisine. Partez du principe général qu'une connexion via un réseau public n'est jamais plus sûre qu'une liaison à votre réseau personnel. Si quelqu'un veut vraiment intercepter vos paquets de données, il pourra toujours trouver un moyen de le faire. La meilleure façon de vous protéger est de minimiser le volume de données sensibles que vous transmettez et d'employer systématiquement une méthode robuste de chiffrement comme SSH (qui est fondamentalement du telnet chiffré) ou un réseau privé virtuel (technique utilisée par nombre d'entreprises pour permettre aux utilisateurs extérieurs d'accéder au réseau sans risque) quand vous envoyez des données confidentielles. Ce genre de problématique n'est pas directement lié aux réseaux publics. Pour plus de détails sur la sécurité (ou le manque de sécurité) des réseaux, reportez-vous au chapitre 14.

CHAPITRE 13

Guérilla du réseau

Guérilla du réseau est un euphémisme pour vol d'accès Internet aux réseaux sans fil non protégés. C'est vraisemblablement illégal, c'est indubitablement malhonnête, et c'est incroyablement facile dans nombre d'endroits où les propriétaires ou administrateurs de réseaux sans fil n'ont pas sécurisé leurs réseaux à l'aide du chiffrement WEP ou d'une autre technologie. Dans maints quartiers d'affaires de centre-ville, ZI orientées haute technologie et quartiers résidentiels, le visiteur occasionnel peut souvent, au fil de quelques pâtés de maisons, dénicher une dizaine de réseaux sans fil et s'y connecter.

Si vous arrivez à détecter un signal réseau, vous pourrez éventuellement vous connecter à ce réseau ou à Internet *via* ce réseau. Pour peu que vous ayez les outils logiciels idoines, vous pourrez intercepter les données d'autrui transitant sur le réseau et casser les clés WEP. Bien évidemment, aucun lecteur de cet ouvrage ne se permettrait de se connecter sans permission au réseau de quelqu'un d'autre, ni d'intercepter le trafic de quelqu'un d'autre ; je n'entrerai donc pas dans les détails concernant la création d'une connexion. Si vous voulez essayer, débrouillez-vous tout seul. En quelques minutes, un bon moteur de recherche Web vous fournira la liste des SSID et codes WEP associés par défaut aux points d'accès les plus courants, ainsi qu'une liste de logiciels de cassage de codes WEP. Maints usagers, surtout dans les réseaux de domicile ou de petite entreprise, n'activent pas WEP parce que c'est « trop compliqué » ou que cela crée « trop de problèmes ». Et beaucoup d'autres ne se soucient jamais de modifier les paramètres par défaut.

Même si cela paraît un peu sévère, sachez que les gens qui ne protègent pas leurs réseaux méritent que des intrus s'infiltrent dans leurs systèmes : les outils de sécurité les plus robustes ne servent à rien si vous ne les utilisez pas.

Cette forme de cassage quasi légal de réseau sans fil est un avatar de la bonne vieille pratique de pirates qui consistait à se servir d'un modem pour composer des numéros de téléphone au hasard dans l'espoir de trouver des ordinateurs dont les ports d'entrée ne sont pas protégés.

Certains réseaux sans fil, tels ceux décrits au chapitre 12, encouragent en fait les accès publics, de sorte que détecter le réseau depuis une voiture (wardriving) ou depuis le trottoir (si l'on est piéton et que l'on dispose d'un PDA compatible Wi-Fi) est ici tout à fait licite. Et même si vous n'essayez pas réellement de créer une connexion à un réseau, il peut être instructif (et, avouons-le, amusant) de se balader en voiture ou à pied en essayant de voir ce qui existe dans le coin.

Sécurité sur un réseau public

Si vous administrez un réseau sans fil, les lignes qui précèdent devraient soulever un tas de questions dans votre tête : « Mon réseau est-il protégé ? Le premier passant venu peut-il se connecter à mon réseau à mon insu ? Comment faire pour éloigner ces flibustiers de malheur de mon réseau ? » Pour avoir les réponses à ces questions et à bien d'autres concernant la sécurité des réseaux sans fil, reportez-vous au chapitre 14.

Le minimum à savoir est que les réseaux Wi-Fi ne sont pas sûrs à 100 % et qu'un point d'accès ou une carte réseau 802.11b émet des signaux qui sont susceptibles d'être interceptés par des personnes extérieures. Vous pouvez prendre des mesures pour limiter les accès à votre réseau, mais vous ne pourrez jamais garder secrète l'existence d'un réseau à un fouineur tenace et malin.

Détecteurs de signaux

Un détecteur de signaux (sniffer) est un programme qui se sert d'une carte sans fil pour détecter des réseaux actifs et afficher leurs caractéristiques. J'ai parlé de ces outils dans des chapitres précédents, mais ils servent aussi à trouver des signaux Wi-Fi qui autrement ne sont pas évidents à détecter.

Le détecteur le plus répandu sous Windows est Network Stumbler for Windows (`http://www.netstumbler.com`) ; sous Linux, Kismet est le produit le plus courant (`http://www.kismetwireless.net`). Mais il en existe bien d'autres. Le logiciel de configuration et de contrôle intégré à Windows XP, les programmes fournis avec plusieurs marques de carte réseau (dont Orinoco et HPCompaq), l'utilitaire Boingo Wireless (disponible sur `http://www.boingo.com`), tous ces outils donnent des informations similaires.

Le mode d'emploi de ces utilitaires est quasiment toujours le même : vous mettez en marche un ordinateur disposant d'une carte sans fil, vous exécutez le détecteur qui affichera les signaux circulant dans le coin, puis vous vous servez des informations données par le détecteur pour configurer votre carte sans fil afin d'établir une connexion.

En quête du signal

Si vous prévoyez de passer pas mal de temps à circuler en voiture avec votre portable pour aller à la pêche aux réseaux (le faire à pied n'est guère pratique, sauf dans un centre-ville), vous pouvez vous monter le kit spécial du parfait guérillero des réseaux : une carte acceptant une antenne externe (par exemple, une Orinoco ou une Zoom), un câble permettant d'alimenter le portable depuis l'allume-cigares, et une antenne à gain plus élevé que celle intégrée à la carte.

Si vous ne savez pas exactement d'où proviennent les signaux Wi-Fi, le mieux est de prendre une antenne omnidirectionnelle que vous monterez sur le toit de votre voiture. Orinoco, HyperLink et d'autres fabricants commercialisent des antennes mobiles 2,4 GHz qui font très bien l'affaire ; mais si vous ne voulez pas investir dans une installation permanente, vous pourriez éventuellement bricoler quelque chose à partir d'une carte pigtail, de quelques câbles à pince et peut-être d'une antenne de téléphone sans fil 2,4 GHz, voire d'un cintre métallique ou d'un autre fil rigide. Ce n'est pas parfait, mais cela peut suffire pour un montage temporaire basique et bon marché. Vous trouverez sur Internet des tas de modèles pour la construction d'antennes omnidirectionnelles.

Vous pouvez aussi essayer l'une de ces antennes directionnelles maison, faites dans une boîte de conserve ou dans un emballage de chips ; mais une antenne directionnelle n'est pas l'idéal pour dénicher les points d'accès inconnus. Vous êtes, en effet, obligé d'orienter physiquement l'antenne vers chaque immeuble devant lequel vous passez : bonjour la discrétion !

Encore une chose à propos du dépistage en voiture : regardez la route. N'essayez pas de surveiller votre ordinateur en conduisant. Prenez un ami pour faire fonctionner l'ordinateur pendant que vous conduisez, ou alors garez l'auto avant d'essayer de capturer des signaux radio. La quête de réseau ne vaut vraiment pas la peine que l'on écrase un piéton ou que l'on tamponne un car de CRS.

Recherche de réseau sans utilitaire de détection : peintures de guerre à la craie

Il est trop tôt pour dire si la craie est une technologie émergente en matière de détection de signaux Wi-Fi ou si c'est une mode qui disparaîtra avec l'été, mais c'est un phénomène sociologiquement très intéressant. C'est une extension hi-tech de ces marques que laissent les clochards ou les cambrioleurs pour avertir leurs semblables de ce qui les attend dans telle ou telle maison : ainsi, il existe une marque qui signifie « dame sympa faisant facilement l'aumône » et une autre qui signifie « chien méchant et propriétaire du genre Chuck Norris ». Dans le domaine des réseaux sans fil, les marques à la craie sont censées indiquer des emplacements où il y a un signal Wi-Fi et expliquer à ceux qui connaissent le code comment se connecter au réseau.

L'idée d'employer la craie émane de l'anglais Matt Jones, un concepteur de sites Web, qui a proposé ce concept dans le courant de l'été 2002 ; ses marques (figure 13-1) ont eu tôt fait de faire le tour du monde. Le code est simple. Un cercle fermé indique un réseau fermé ; deux demi-cercles dos à dos indiquent un réseau accessible (« ouvert ») ; un cercle avec un W à l'intérieur indique un réseau protégé par WEP. Le SSID du réseau figure au-dessus de la marque, et la bande passante au-dessous.

Comme la craie offre tous les ingrédients susceptibles d'exciter les rédactions (des techno-dingues se servant de graffiti exotiques pour faciliter leurs pratiques douteuses), des dizaines de journaux et autres médias de par le monde ont publié des reportages sur cette activité aussi nouvelle que bizarre. Mais en pratique, il est trop tôt pour dire si la craie va perdurer une fois passé l'effet de mode. Les propriétaires de la plupart des réseaux privés n'ont pas envie que tout un chacun connaisse l'existence de leurs réseaux ; quant aux opérateurs de réseaux publics, ils annoncent généralement la couleur dans leurs magasins ou dans leurs espaces privés. Exception faite des réseaux communautaristes, la plupart de ceux qui gèrent des points d'accès Wi-Fi ne veulent pas encourager les intrusions sur leurs réseaux.

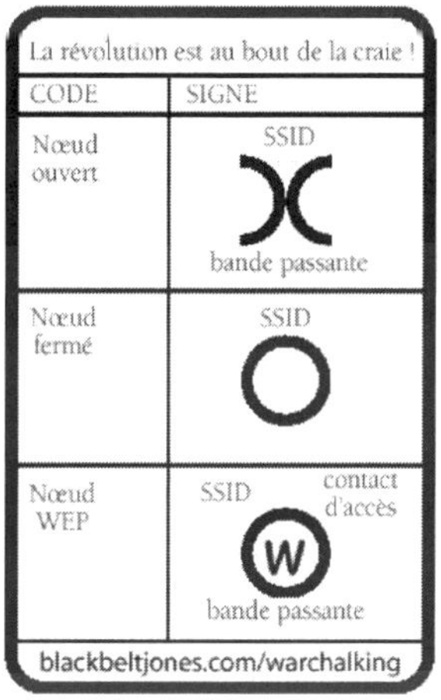

Figure 13-1 Marques à la craie originelles de Matt Jones

Si, toutefois, vous avez envie de vous amuser, c'est on ne peut plus simple. Il suffit d'emporter un morceau de craie avec son kit de guérillero (demandez à votre enfant qu'il vous fournisse une craie), puis dessinez un signe discret sur un mur ou un trottoir quand vous détectez un signal de réseau sans fil. Ajoutez-y le SSID et la bande passante du réseau si vous les connaissez, puis passez votre chemin. Ne vous servez pas de peinture ni autre support permanent : si le propriétaire veut effacer la marque, il doit pouvoir le faire sans effort.

Si vous découvrez l'une de ces marques quelque part, c'est une bonne indication que l'endroit est intéressant pour essayer de faire une connexion sans fil. Mais n'espérez pas trouver beaucoup de ces signes : il y a sans doute plus de journalistes enquêtant là-dessus que de véritables utilisateurs. Si néanmoins vous trouvez l'un des ces signes alors que vous vous promenez dans le centre de Londres avec votre belle-mère, vous pourrez toujours l'impressionner en lui montrant la marque jaune (ou d'une autre couleur) et en lui expliquant à quoi elle sert.

En général, la guérilla de réseau, ou tout autre nom que vous lui donnez, fait partie de ces activités qui peuvent divertir, mais qui ne sont pas dignes d'un vrai gentleman ; c'est comme si vous espionniez les conversations de vos voisins sur leurs téléphones sans fil. Vous pouvez toujours arguer que celui qui est assez bête pour laisser son réseau sans protection mérite que d'autres s'y infiltrent ou que la bande passante présente dans le coin n'est pas faite pour les chiens, mais vous aurez du mal à convaincre le propriétaire du réseau (ou le policier qui viendra frapper à votre porte pendant que vous êtes en ligne) que vos intentions sont honorables et qu'elles ne nuisent à personne. Ce qui est sans doute vrai.

Si vous faites de la guérilla de réseau un passe-temps inoffensif, à l'image de ces gens qui emportent des scanners près d'une gare de marchandises pour écouter les conversations entre les régulateurs de trains et les conducteurs de locomotive, ou de ces ornithologues amateur qui tiennent la liste de toutes les espèces qu'ils ont aperçues, vous ne dérangerez pas grand monde. Mais si vous allez trop loin et que vous effectuez véritablement des connexions non autorisées, sachez bien ce que vous faites (c'est du vol de bande passante) et soyez prêt à en accepter les conséquences.

Le sermon est terminé. Au chapitre suivant, nous verrons la guérilla de réseau depuis l'autre côté de la barrière : vous étudierez la sécurité des réseaux sans fil et apprendrez à refouler de votre réseau les lecteurs de ce chapitre.

CHAPITRE 14

Sécurité des réseaux sans fil

Les réseaux sans fil ne sont pas sûrs. Je ne le répéterai jamais assez : les réseaux sans fil ne sont pas sûrs. Ils sont suffisamment sécurisés pour le travail courant de la plupart des utilisateurs, mais il est tout simplement impossible de sécuriser à 100 % un réseau Wi-Fi.

La réalité est qu'un réseau sans fil emploie des signaux radio ayant un certain nombre de caractéristiques bien définies ; de sorte que quiconque, moyennant du temps et du travail, arrivera toujours à trouver un moyen d'intercepter et de lire les données transportées par ces signaux. Les données confidentielles (numéros de carte de crédit, mots de passe, *etc.*) qui circulent sur une liaison sans fil sont donc très vulnérables.

Le chiffrement et les autres méthodes de sécurité peuvent compliquer quelque peu le vol de données, mais ils n'offrent pas de protection complète contre les pros de l'arnaque. C'est le cas également des verrous : ils suffisent pour refouler les honnêtes gens, mais les cambrioleurs de métier savent comment les forcer. Il est facile de trouver sur Internet une longue liste d'outils de cassage de chiffrement WEP.

Comme si la situation n'était déjà pas assez périlleuse en soi, maints administrateurs de réseau et utilisateurs domestiques de sans-fil laissent les portes et les fenêtres de leurs réseaux grandes ouvertes pour les intrus, en oubliant d'employer le chiffrement et les autres fonctionnalités de sécurité intégrées aux points d'accès et aux nœuds 802.11b. Des maraudeurs peuvent, depuis leurs voitures, se connecter à des réseaux privés non protégés dans nombre de quartiers d'affaires (de centre-ville ou de banlieue), ainsi que dans un nombre incroyable de quartiers résidentiels. Au printemps 2001, le *San Francisco Chronicle* a signalé qu'un expert en sécurité de réseau, muni d'une antenne directionnelle montée sur le toit d'un van circulant dans le centre de San Francisco, pouvait accéder en moyenne à cinq réseaux sans fil *par pâté de maisons*. Actuellement, ce nombre est certainement plus élevé. Une année plus tard, des employés de Microsoft qui exécutaient un « test non officiel » ont trouvé plus de deux cents points d'accès non protégés dans une même banlieue de Seattle. Et la chaîne de cafés *Tully's* indique qu'elle voit bon nombre de ses clients se connecter à des réseaux Wi-Fi (*via* le point d'accès du magasin Starbucks d'en face).

Faites le calcul : comme votre point d'accès a une portée de 50 mètres ou plus dans toutes les directions, le signal dépasse probablement les limites de votre terrain (ou les murs de votre appartement). Un équipement sans fil peut certainement détecter votre réseau depuis l'immeuble d'à côté ou d'en face. Il en est de même d'un portable ou d'un PDA placé dans une voiture qui est garée dans la rue. Si vous ne prenez pas certaines précautions, le propriétaire de l'équipement, du portable ou du PDA peut accéder à votre réseau local, dérober des fichiers sur vos serveurs et saturer votre connexion Internet en l'inondant de vidéos ou de jeux multiutilisateurs.

Il faut bien comprendre qu'il existe deux grandes menaces pour la sécurité d'un réseau sans fil. La première est qu'un intrus se connecte à votre réseau à votre insu ou sans votre permission ; la seconde est qu'un pro de l'interception vole les données que vous envoyez et recevez. Chacune de ces deux menaces représente un problème potentiel différent, et chacune requiert une méthodologie différente de prévention et de protection. Certes, aucun des outils actuellement disponibles n'offre une protection exhaustive, mais ils compliquent la vie de la plupart des intrus occasionnels. Et, puisqu'ils existent, autant s'en servir.

Un réseau sans fil implique un certain compromis entre sécurité et commodité. Les avantages évidents d'une connexion sans fil (accès facile et rapide au réseau depuis un portable ou depuis un endroit isolé) ont leur contrepartie. Pour la plupart des usagers, ces inconvénients ne sont pas rédhibitoires comparés aux nombreux atouts du sans fil. Mais de même que vous verrouillez les portières de votre auto quand vous la garez dans la rue, n'oubliez pas de verrouiller les accès à votre réseau et à vos données.

Protection de votre réseau et de vos données

En tant qu'opérateur d'un réseau sans fil, que pouvez-vous faire pour refouler les intrus ? Vous avez deux grandes possibilités : soit vous acceptez l'idée que les réseaux 802.11b ont une part d'insécurité intrinsèque, mais vous employez les fonctionnalités de sécurité intégrées pour compliquer la vie des intrus ; soit vous oubliez les outils intégrés et vous vous servez d'un pare-feu pour isoler le réseau sans fil.

Il est clair que les fonctionnalités de sécurité intégrées aux protocoles 802.11b ne permettent pas de protéger 100 % des données sans fil 100 % du temps. Si vous lisez les articles consacrés à la sécurité sans fil dans les magazines professionnels et si vous suivez les discussions dans les forums en ligne, vous pourriez penser que les réseaux Wi-Fi fuient comme des passoires. Mais cette opinion est probablement trop extrémiste, si l'on tient compte des menaces qui pèsent réellement sur votre propre réseau. Sachez que la plupart des gens, suffisamment proches pour intercepter vos messages ou s'infiltrer sur votre réseau, ne passent pas leur temps à attendre que vous transmettiez des données. Et, à vrai dire, la plupart des données qui transitent sur votre réseau n'ont aucun intérêt pour autrui. Mais comme il existe des outils de chiffrement pour chaque réseau sans fil, pourquoi s'en priver ?

La menace la plus sérieuse n'est pas tant que des gens interceptent vos messages en transit, mais qu'ils créent leur propre connexion à votre réseau et que, ensuite, soit ils lisent les fichiers stockés sur les machines de votre réseau, soit ils se servent de votre connexion Internet large bande à votre insu ou sans votre permission.

Il est judicieux de prendre des mesures pour garder le contrôle de votre réseau. Si vous décidez de mettre en œuvre la sécurité 802.11b, voici une liste de mesures spécifiques :

- Si possible, placez votre point d'accès au milieu du bâtiment et non à côté d'une fenêtre. Cela réduit la distance que franchit le signal au-delà de vos murs.
- Utilisez la fonctionnalité de chiffrement WEP (*Wired Equivalent Privacy*) intégrée à tous les nœuds d'un réseau 802.11b. Avec du temps et du matériel idoine, il n'est pas difficile de casser les clés WEP , mais les paquets chiffrés sont quand même plus difficiles à lire que les paquets non chiffrés. Plus loin dans ce chapitre, nous détaillerons le chiffrement WEP.
- Modifiez régulièrement vos clés WEP. Il faut un certain temps pour repérer les clés WEP dans un flot de données ; par conséquent, chaque fois que les

clés changent, les malfaisants qui essaient de voler des données sont forcés de repartir de zéro. Il n'est pas exagéré de modifier les clés une ou deux fois par mois.

- Ne stockez pas vos clés WEP sur le réseau qui les utilise. Cela paraît aller de soi ; mais, sur un réseau très étendu, on pourrait être tenté de placer les clés sur une page Web privée ou dans un fichier texte. Ne le faites pas !
- Ne vous servez pas de la messagerie pour distribuer des clés WEP. Si un intrus a volé des noms de compte et des mots de passe, il recevra les messages contenant les nouvelles clés avant les utilisateurs habilités.
- Ajoutez une autre couche de chiffrement, par exemple Kerberos, SSH ou un réseau privé virtuel, par-dessus le chiffrement WEP intégré au réseau sans fil.
- N'utilisez pas le SSID par défaut de votre point d'accès. Les valeurs par défaut ne sont que trop connues des casseurs de réseau.
- Prenez un SSID qui ne permette pas d'identifier votre entreprise ou votre personne. Si un pirate détecte quelque chose appelé BigCorpNet et qu'en levant les yeux il voit un panneau BigCorp au sommet de l'immeuble d'à côté, il saura tout de suite sur quel réseau il est tombé. La même chose vaut pour un réseau domestique : si vous vous appelez Dupont et que votre nom est marqué sur la boîte aux lettres, ne prenez pas Dupont comme SSID.
- Ne prenez pas comme SSID un nom attractif, du genre « DGSE » ou « CIA ». Prenez plutôt un nom sans éclat, comme « réseau », voire un nom à coucher dehors, comme « W24rnQ ».
- Modifiez l'adresse IP et le mot de passe de votre point d'accès. Les mots de passe par défaut, tels que définis (par le fabricant) dans la plupart des utilitaires de configuration de point d'accès, sont faciles à trouver (et ils sont souvent les mêmes d'un fabricant à un autre) ; surtout, ne prenez pas « admin », parce qu'ils ne sont pas utiles pour refouler vos propres utilisateurs, et encore moins les intrus qui voudraient utiliser votre réseau à des fins personnelles.
- Si cette option existe, désactivez la fonctionnalité « SSID général » (broadcast SSID) du point d'accès qui accepte les connexions de clients ne fournissant pas le bon SSID. Cela ne garantit pas à 100 % que votre réseau restera secret, mais cela peut aider.
- Si possible, activez la fonctionnalité de contrôle d'accès de votre point d'accès. Le contrôle d'accès permet de limiter les connexions aux clients ayant des adresses MAC bien spécifiées. Le point d'accès refuse alors de s'associer à une carte dont l'adresse n'est pas dans ses tablettes. Cela risque

d'être gênant pour un réseau qui doit être ouvert aux visiteurs, mais c'est un outil très utile sur un réseau de domicile ou de petite entreprise où l'on connaît tous les utilisateurs potentiels. À l'instar de l'option « SSID général », ce n'est pas une garantie absolue mais cela ne peut pas faire de mal.

- Testez la sécurité de votre réseau en essayant de le détecter depuis l'extérieur de votre immeuble. Prenez un portable doté d'un logiciel de détection, par exemple Network Stumbler ou l'utilitaire d'état de votre carte réseau, puis commencez à vous éloigner de l'immeuble en marchant. Si vous arrivez à détecter votre réseau depuis le pâté de maisons voisin, c'est que n'importe quel intrus peut le faire. N'oubliez pas que les maraudeurs peuvent employer des antennes directionnelles à fort gain, qui sont susceptibles d'augmenter la distance de détection.
- Traitez votre réseau comme si c'était un réseau grand ouvert aux accès publics. Assurez-vous que tous vos utilisateurs comprennent bien qu'ils travaillent sur un réseau non protégé.
- Limitez les partages de fichiers aux fichiers qu'il faut effectivement partager ; ne partagez pas les lecteurs. Protégez chaque partage par un mot de passe.
- Utilisez les mêmes outils de sécurité que sur un réseau filaire. Dans le meilleur des cas, la partie sans fil de votre réseau local n'est pas plus protégée que la partie filaire, de sorte que vous devez prendre les mêmes précautions. En général, la partie sans fil du réseau est beaucoup moins sûre que la partie filaire.
- Voyez si vous ne pourriez pas employer un réseau privé virtuel pour accroître la sécurité.

Certains responsables de la sécurité informatique adoptent une attitude différente vis-à-vis du sans-fil. Ils partent du principe qu'un réseau 802.11b n'est pas sûr et n'essaient donc même pas d'employer les fonctions de sécurité intégrées. Ainsi, le groupe de sécurité réseau du service Advanced Supercomputing Division de la Nasa, basé en Californie, a reconnu que « le réseau en lui-même n'offre aucune authentification fiable et aucune sécurité contre les interceptions » et que « les fonctionnalités de sécurité 802.11b [...] ne font que gaspiller des ressources sans apporter quelque réelle sécurité que ce soit ». Par conséquent, le groupe a décidé de désactiver toutes les fonctionnalités de sécurité 802.11b et d'utiliser à la place son propre pare-feu WFG (*Wireless Firewall Gateway*). WFG est un routeur situé entre la partie sans fil et le reste du réseau, de sorte que tout le trafic allant vers ou venant des nœuds sans fil (y compris les accès Internet) doit passer par la passerelle.

Un avantage annexe de cette philosophie de sécurité est qu'elle minimise la surcharge administrative de chaque paquet, vu que les paquets n'incluent ni authentification ni chiffrement. Comme cela diminue le nombre de bits dans chaque paquet, le débit effectif du réseau est d'autant plus élevé.

D'autres opérateurs de réseau sans fil emploient des réseaux privés virtuels pour contrôler les accès *via* leurs passerelles sans fil. Un réseau privé virtuel ajoute une couche supplémentaire de sécurité bout à bout au niveau de la couche IP (et non au niveau de la couche Physique, comme le fait le chiffrement 802.11b) avant que l'utilisateur puisse faire quoi que ce soit sur le réseau.

Sur un réseau, la sécurité est à double sens : l'administrateur ne veut pas que des intrus aillent jouer sur son réseau et l'utilisateur ne veut pas que d'autres personnes accèdent à ses fichiers personnels. Quand vous êtes connecté à un réseau public, prenez quelques précautions pour empêcher autrui de lire vos fichiers.

Pour désactiver le partage de fichiers avant d'essayer de vous connecter à un réseau public, effectuez la procédure suivante sous Windows 95/98/Me :

1. Dans le panneau de configuration, ouvrez l'icône Réseau.
2. Cliquez sur le bouton Partage de fichier et d'imprimante.
3. Dans la boîte de dialogue Partage de fichier et d'imprimante, désactivez l'option qui permet aux autres d'accéder à vos fichiers.

Sous Windows 2000 et Windows XP, il n'y a pas d'emplacement centralisé pour la désactivation du partage de fichiers, de sorte qu'il faut désactiver séparément chaque partage. Voici la manœuvre :

1. Ouvrez la fenêtre Poste de travail.
2. L'icône de chaque lecteur ou dossier partagé est munie d'une main « servant » l'icône. Pour désactiver le partage, cliquez avec le bouton droit de la souris sur l'icône et appelez la commande contextuelle Partage et sécurité.
3. Décochez la case Partager ce dossier sur le réseau.
4. Cliquez sur OK pour fermer la boîte de dialogue.
5. Réitérez ce processus pour chaque dossier ou fichier partagé. N'oubliez pas le dossier Documents partagés.

Quand vous serez rentré au bureau ou à la maison, faites le processus inverse pour partager à nouveau vos fichiers.

Autre problème de sécurité très différent : le risque qu'un espion intercepte des données circulant sur une liaison radio et dérobe des informations confidentielles à la volée. C'est moins courant que le cas de l'intrus qui entre sur le réseau et qui lit des fichiers, mais c'est possible. Le chiffrement et les autres outils de sécurité peuvent rendre les données plus difficiles à lire, mais mieux vaut traiter un réseau Wi-Fi comme un téléphone cellulaire : n'envoyez jamais de message ni de fichier contenant des données confidentielles.

Outils de sécurité 802.11b

Les outils de sécurité intégrés à la norme 802.11b ne sont pas parfaits, mais c'est mieux que rien. Même si vous décidez de ne pas les employer, il faut savoir ce qu'ils recouvrent et comment ils fonctionnent, ne serait-ce que pour les désactiver.

Nom de réseau (SSID)

Au chapitre 1, vous avez vu que tout réseau sans fil possède un nom. Dans un réseau n'ayant qu'un seul point d'accès, ce nom est le BSSID (*Basic Service Set ID*). Quand le réseau a plus d'un point d'accès, le nom est ESSID (*Extended Service Set ID*). L'appellation générique pour tous les noms de réseau est SSID, qui est le terme que vous rencontrerez le plus souvent dans les utilitaires de configuration de point d'accès et de client sans fil.

Quand vous configurez les points d'accès d'un réseau, vous devez spécifier le SSID du réseau. Chaque point d'accès et chaque client d'un réseau doivent utiliser le même SSID. Sur les ordinateurs Windows, le SSID de la carte sans fil doit aussi servir de nom au groupe de travail.

Quand un client réseau détecte deux ou plusieurs points d'accès ayant le même SSID, il part du principe qu'ils appartiennent au même réseau (même si les points d'accès opèrent avec des canaux radio différents) et il s'associe au point d'accès qui fournit le signal le plus fort ou le plus clair. Si ce signal se dégrade en raison d'interférences ou d'atténuations, le client essaie de passer sur un autre point d'accès dont il pense qu'il appartient au même réseau.

Si deux réseaux différents dont les signaux se superposent ont le même nom, alors le client suppose qu'il s'agit d'un seul et même réseau, auquel cas il pourrait essayer de commuter d'un réseau à l'autre. Pour l'usager, cette commutation intempestive a le même effet que si le réseau avait lâché complètement sa connexion. Par conséquent, chaque réseau sans fil susceptible de recouper un autre réseau doit avoir un SSID spécifique.

Les exceptions à l'unicité du SSID sont les réseaux publics ou communautaristes qui offrent des accès uniquement à Internet, mais pas aux autres nœuds d'un réseau local. Comme ces réseaux ont souvent un SSID commun, les abonnés peuvent les détecter et s'y connecter depuis de multiples emplacements.

Certains points d'accès, dont les stations de base Apple AirPort et les systèmes Orinoco similaires, incluent une fonctionnalité qui permet de choisir entre « ouvert » et « fermé ». Quand le point d'accès est réglé sur « accès ouvert » , il accepte les connexions des clients dont le SSID est configuré sur « ANY » et pas seulement des clients ayant été configurés pour communiquer avec le SSID propre au point d'accès. Quand le point d'accès est réglé sur « accès fermé » (Apple parle ici de « réseau caché »), il n'accepte que les connexions dont le SSID concorde avec celui du point d'accès. C'est là une bonne façon de refouler certains intrus du réseau, mais cela n'est efficace que si tous les nœuds du réseau emploient une carte Orinoco (la carte Apple AirPort est une version distributeur de la carte Orinoco). Si une carte d'un autre fabricant essaie de se connecter à un point d'accès fermé, ce dernier la rejette même si le SSID concorde.

Le SSID d'un réseau offre une forme très limitée de contrôle d'accès, parce qu'il faut spécifier le SSID pour créer une connexion sans fil. Le paramètre SSID d'un point d'accès est toujours un champ textuel qui accepte n'importe quel nom fourni par vous, mais nombre de programmes de configuration réseau (dont les outils sans fil intégrés à Windows XP et ceux fournis avec plusieurs grandes marques de carte réseau) détectent et affichent automatiquement les SSID de tous les réseaux actifs qui sont à portée de signal. De sorte qu'il n'est pas toujours indispensable de connaître le SSID d'un réseau pour essayer de s'y connecter ; parfois l'utilitaire de configuration (ou un détecteur de réseau comme Network Stumbler) affiche dans une liste ou dans un menu les noms de tous les réseaux proches. Ainsi, la figure 14-1 montre le résultat d'une détection Network Stumbler à l'aéroport de Seattle-Tacoma où WayPort desservait l'aérogare et MobileStar couvrait le club VIP d'American Airlines. (MobileStar ayant été absorbé par un autre service peu après ce test de détection, les noms des réseaux ont changé mais le service existe toujours.)

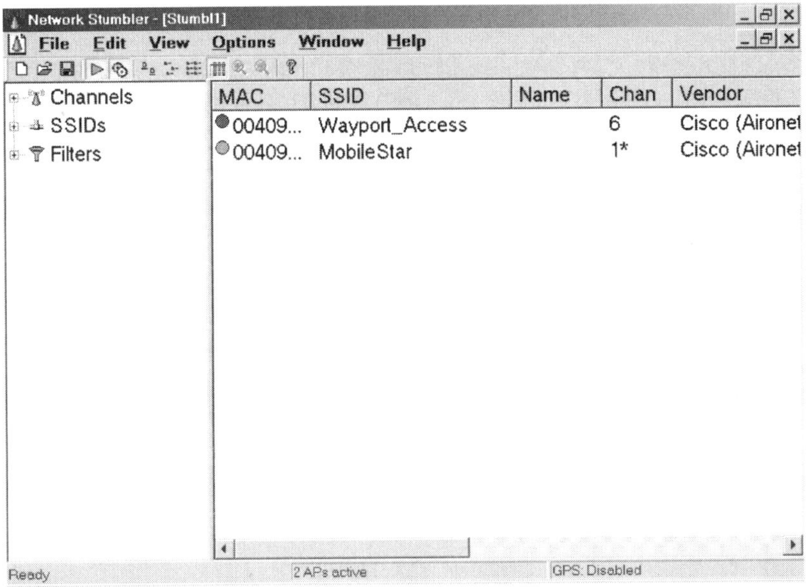

Figure 14-1 Network Stumbler et beaucoup d'autres utilitaires de configuration affichent les SSID de tous les réseaux sans fil proches

Chaque point d'accès intègre une valeur par défaut pour le SSID ; ces valeurs par défaut sont bien connues des casseurs de réseau (voir, par exemple, `http://www.wi2600.org/mediawhore/nf0/wireless/ssid_defaults`). Bien évidemment, il ne faut jamais garder les valeurs par défaut.

Nombre de points d'accès incluent une option permettant de masquer le SSID ; on parle alors de « réseau fermé » ou de « réseau masqué ». Cette option permet d'éviter que certains fouineurs ne détectent votre nom de réseau ; mais chaque fois qu'un nouveau client se connecte à votre réseau ou qu'un client existant obtient un signal faible, il y a transmission du SSID, et des logiciels comme Kismet peuvent le détecter. Le masquage du SSID peut freiner l'espion occasionnel, mais il n'offre aucune protection réelle.

Chiffrement WEP

Comme le chiffrement WEP est une option intégrée à tout système 802.11b, il est important d'en connaître le fonctionnement même si l'on ne l'applique pas. Comme le suggère le nom, le protocole WEP (*Wired Equivalent Privacy*) devait fournir aux réseaux sans fil un niveau de sécurité comparable à celui des réseaux filaires. Tel était l'objectif, mais l'expérience a montré de manière très claire qu'un réseau qui bâtit sa sécurité sur WEP est presque aussi vulnérable aux intrusions qu'un réseau dépourvu de toute protection. Cette technologie aide à refouler les amateurs, mais n'offre guère d'efficacité contre les pros de l'intrusion.

Le chiffrement WEP vise trois objectifs : prévenir les accès non autorisés au réseau, contrôler l'intégrité des paquets et protéger les données contre les interceptions. WEP emploie une clé de chiffrement secrète pour encoder les paquets avant que le client ou le point d'accès les transmette, et il utilise la même clé pour décoder les paquets après réception.

Quand un client essaie de communiquer avec un réseau utilisant une autre clé, le résultat est altéré et ignoré. Il faut donc que les paramètres WEP soient exactement les mêmes sur tous les points d'accès et cartes client du réseau. Cela paraît simple en théorie ; mais, dans la réalité, cela se complique car les fabricants emploient des méthodes différentes pour définir la taille et le format d'une clé WEP. Les fonctionnalités sont les mêmes d'une marque de carte à l'autre, mais les paramètres homologues n'ont pas toujours les mêmes descriptions.

Combien de bits dans votre clé WEP ?

Primo, une clé WEP fait soit 64 bits soit 128 bits ; les clés de 128 bits sont plus difficiles à casser, mais augmentent le délai de transmission de chaque paquet.

Les implémentations varient selon les constructeurs, ce qui est source de confusion. En effet, une clé de 40 bits est la même chose qu'une clé de 64 bits et une clé de 104 bits est la même chose qu'une clé de 128 bits. La clé WEP standard à 64 bits est une chaîne contenant un vecteur d'initialisation de 24 bits généré en interne, plus une clé secrète de 40 bits assignée par l'administrateur réseau. Certaines spécifications de fabricant et certains programmes de configuration parlent de « chiffrement 64 bits » là où d'autres parlent de « chiffrement 40 bits ». Quoi qu'il en soit, le mécanisme de chiffrement est le même ; de sorte qu'une carte qui utilise le chiffrement 40 bits est totalement compatible avec un point d'accès ou une carte employant le chiffrement 64 bits.

Maintes cartes réseau et maints points d'accès incluent également une option de « chiffrement robuste » qui utilise une clé de 128 bits (qui est, en fait, une clé secrète de 104 bits avec vecteur d'initialisation de 24 bits). Le chiffrement robuste est rétrocompatible avec le chiffrement 64 bits, mais ce n'est pas automatique ; de sorte que, sur un réseau mélangeant nœuds à 128 bits et nœuds à 64 bits, tout le monde fonctionne à 64 bits. Si votre point d'accès et toutes vos cartes acceptent le chiffrement 128 bits, prenez une clé de 128 bits. Mais si vous voulez que votre réseau soit compatible avec des cartes et points d'accès ne reconnaissant que le chiffrement 64 bits, configurez l'ensemble du réseau pour qu'il emploie des clés à 64 bits.

Votre clé, elle est ASCII ou hexa ?

La longueur de clé n'est pas le seul point déroutant en matière de chiffrement WEP. Certains programmes exigent que la clé soit spécifiée en tant que chaîne de caractères ASCII, alors que beaucoup d'autres la veulent sous forme de chiffres hexadécimaux. D'autres encore génèrent la clé à partir d'une phrase facultative servant de mot de passe.

Comme chaque caractère ASCII fait 8 bits, une clé WEP de 40 bits (ou 64 bits) contient 5 caractères ; une clé de 104 bits (ou 128 bits) fait 13 caractères. En hexa, chaque caractère fait 4 bits ; donc, une clé de 40 bits contient 10 caractères hexa et une clé de 128 bits en contient 26.

Sur la figure 14-2, qui montre l'écran Wireless Setting d'un point d'accès D-Link, le champ 40-bit Shared Key Security utilise des caractères hexa et vous pouvez donc y saisir 10 caractères. Le programme D-Link regroupe ces 10 caractères en une même chaîne, alors que d'autres utilitaires les découpent en 5 blocs de 2 chiffres ou en 2 blocs de 5 chiffres. Pour l'ordinateur, peu importe cette découpe ; mais cela en facilite la lecture et la copie par l'utilisateur.

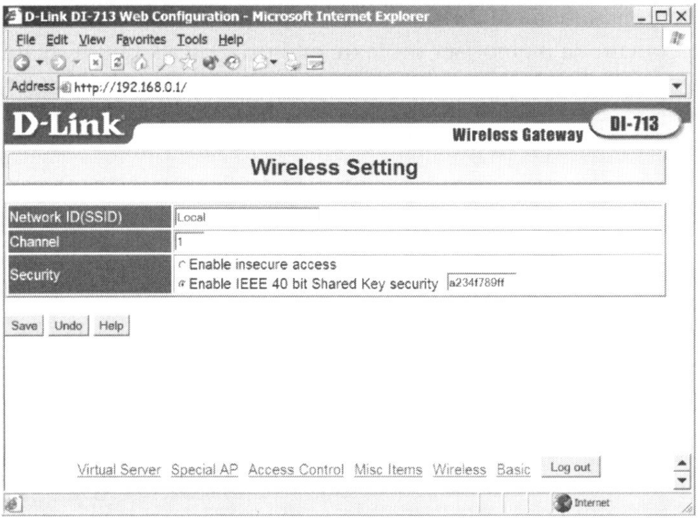

Figure 14-2 L'utilitaire de configuration d'un point d'accès D-Link accepte des clés WEP au format hexa

Nombre d'utilitaires client, telle la boîte de dialogue des propriétés de réseau sans fil de Windows XP (figure 14-3), permettent de choisir entre hexa et ASCII, ce qui donne la possibilité d'employer le format correspondant à celui spécifié au niveau du point d'accès.

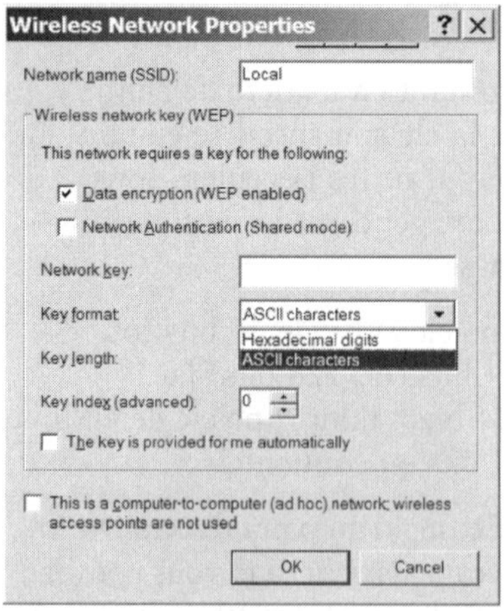

Figure 14-3 L'utilitaire de configuration sans fil de Windows XP permet de choisir le format de clé WEP

Une phrase de passe est une chaîne textuelle que les cartes et les points d'accès convertissent automatiquement en chaîne hexadécimale. Comme il est plus facile à l'être humain de mémoriser un texte en bon français plutôt qu'un charabia en hexa, une phrase de passe est plus facile à distribuer qu'une chaîne hexa. Toutefois, une phrase de passe n'est utile que si toutes les cartes et tous les points d'accès du réseau proviennent du même fabricant.

Et les options ?

À l'instar de presque tout ce que propose un utilitaire de configuration 802.11b, les noms des paramètres WEP varient d'un programme à l'autre. D'aucuns emploient un langage clair, du genre « Activer le chiffrement WEP », alors que d'autres utilisent un jargon technique emprunté à la norme 802.11. L'authentification Système ouvert est une autre façon de dire « chiffrement WEP désactivé ».

Certains points d'accès offrent aussi une option d'authentification Clé partagée, laquelle utilise le chiffrement WEP quand un client réseau a la clé et utilise des données non cryptées avec les autres nœuds du réseau.

Mélange de clés hexa et de clés ASCII

La configuration du réseau se complique quand certains nœuds exigent des clés hexa et d'autres des clés ASCII. Si tel est le contexte de votre réseau, voici quelques règles en matière de définition de clés WEP :

- Convertissez en hexa toutes vos clés ASCII. Si un programme de configuration exige une clé ASCII, tapez les caractères 0x suivis de la chaîne hexa.

Si vous utilisez le logiciel AirPort, vous devez taper un signe dollar ($) au début de la chaîne hexa et non 0x.

- Vérifiez que toutes vos clés ont le même nombre de caractères.
- Si les problèmes persistent, lisez les sections Sécurité des manuels de vos cartes réseau et points d'accès. Il est possible que tel ou tel nœud du réseau ait une obscure fonctionnalité propriétaire dont vous n'avez jamais entendu parler.

Modification des clés WEP

Nombre de points d'accès et de cartes sans fil peuvent enregistrer quatre clés WEP de 64 bits, mais une seule est active à un instant donné (figure 14-4). Les autres clés sont des clés de remplacement, ce qui peut permettre à l'administrateur d'actualiser très rapidement la sécurité du réseau. Les cartes et points d'accès compatibles avec le chiffrement 128 bits n'enregistrent qu'une seule clé 128 bits.

Sur un réseau qui prend au sérieux le chiffrement WEP, il faut modifier les clés WEP sur une base régulière. Une fois par mois est une bonne moyenne pour un réseau qui ne transporte pas de données sensibles mais, sur un réseau plus vital, on pourrait actualiser les clés une à deux fois par semaine. N'oubliez pas de conserver en lieu sûr une copie papier des clés WEP courantes.

Sur un réseau domestique ou de petite entreprise, c'est vous sans doute qui modifierez toutes les clés WEP. Si cette tâche n'est pas pratique, l'administrateur du réseau ou le responsable de la sécurité doit distribuer les nouvelles clés WEP *via* des mémos papier et non *via* des messages électroniques. Pour accroître la sécurité sur un réseau utilisant des clés 64 bits, dites à vos utilisateurs de changer deux clés à la fois (pas les clés par défaut courantes). Envoyez un mémo séparé indiquant aux utilisateurs quelle est la clé qui deviendra la nouvelle clé par défaut et quand aura lieu la modification.

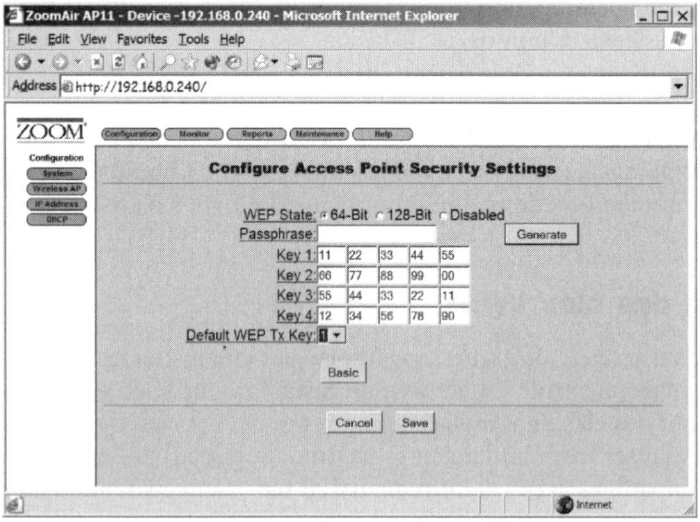

Figure 14-4 Pour changer de clé WEP, changez la clé par défaut. Dans la réalité, les clés doivent être moins évidentes que celles données ici en exemple.

Un mémo hebdomadaire typique pourrait donc ressembler à ceci :

```
Veuillez saisir les nouvelles cles WEP 64 bits que voici :
cle 1 : XX XX XX XX XX
cle 4 : YY YY YY YY YY
```

La semaine suivante, un autre mémo donnerait les codes des clés 2 et 3.

Un mémo distinct pourrait dire : « Le réseau passera à la clé 3 mardi à minuit. Veuillez modifier la clé par défaut dans votre carte réseau. » Prenez un horaire de basculement tel qu'il y ait le moins de personnes possible susceptibles d'utiliser le réseau sans fil à ce moment-là. En effet, chaque connexion active lors de la modification de clé sur le point d'accès sera vraisemblablement interrompue et ne pourra reprendre qu'après modification de la clé sur la carte client. Les utilisateurs peuvent charger les nouvelles clés à l'avance, en tant que clés de remplacement, puis les modifier *via* quelques clics souris quand la nouvelle clé entre en vigueur.

Fiabilité de WEP

Plusieurs théoriciens de l'informatique ont publié des rapports sur le chiffrement WEP, qui invitent à ne pas utiliser WEP pour protéger les données confidentielles. Toutes ces études signalent des failles sérieuses dans la théorie et dans la pratique cryptographiques qui ont servi à définir les algorithmes de chiffrement WEP. Ces experts sont unanimes dans leurs recommandations : quiconque utilise un réseau sans fil 802.11 ne doit pas bâtir sa sécurité sur WEP ; il faut employer d'autres méthodes pour protéger le réseau.

Un groupe de l'université de Californie à Berkeley a identifié dans l'algorithme WEP de nombreuses lacunes qui le rendent vulnérable à au moins quatre types d'attaques :

- attaques passives utilisant des analyses statistiques pour décrypter les données ;
- attaques actives construisant des paquets cryptés qui conduisent le point d'accès à accepter à tort des commandes truquées ;
- attaques analysant les paquets cryptés pour construire un dictionnaire qui permet ensuite de décrypter automatiquement les données en temps réel ;
- attaques altérant les en-têtes de paquet pour dérouter les données vers une destination contrôlée par l'attaquant.

Le rapport Berkeley conclut par un jugement sans équivoque : « WEP n'offre aucune confidentialité réelle. Les problèmes du protocole découlent d'une mauvaise compréhension de certaines primitives cryptographiques et donc d'un assemblage peu fiable de ces primitives. »

Des chercheurs de la Rice University et de AT&T Labs ont publié leur propre étude des failles de WEP (`http://www.cs.rice.edu/~astubble/wep`) qui conclut par un jugement similaire : « 802.11 WEP est complètement insécurisant. » Ils ont pu commander et recevoir le matériel nécessaire, préparer un jeu de test, concevoir leur outil d'attaque, puis capturer sans problème une clé WEP 128 bits en moins d'une semaine.

Les études de Berkeley et de AT&T Labs sont écrites par et pour des experts en cryptographie. Leurs conclusions sont incontestables, mais leurs méthodes supposent que les intrus disposent d'un sérieux bagage technique. Toutefois, un casseur de code moins expérimenté peut se procurer facilement des utilitaires. AirSnort (`http://airsnort.shmoo.com`) et WEPCrack (ressource en ligne : sourceforge.net/projects/wepcrack) sont des programmes Linux qui surveillent les signaux sans fil et exploitent les faiblesses de l'algorithme WEP pour extraire la clé de chiffrement.

Les développeurs d'AirSnort se vantent de ce que leur programme peut casser la plupart des réseaux en moins de deux semaines. Comme leur technique surveille les signaux réseau sans interférer avec eux, l'administrateur ne peut pas détecter une attaque en cours. Ils ont sorti leur programme pour forcer la décision : s'il est facile de casser le chiffrement WEP, alors les groupes en charge de la norme doivent soit améliorer la méthode de protection, soit la remplacer par quelque chose de plus difficile à casser.

Conclusion : cryptez les données de votre réseau. Les données cryptées sont toujours plus sûres que celles qui ne le sont pas et, comme il faut du temps pour casser une clé, WEP ajoute quand même une couche de sécurité (peut-être limitée), surtout si vous changez fréquemment les clés. WEP ne protège pas vraiment contre les pros du piratage, mais permet généralement de refouler l'espion occasionnel qui cherche à s'infiltrer sur votre réseau depuis la maison d'en face ou le maraudeur qui passe en voiture dans le coin. Comme il est beaucoup plus facile de casser un réseau non crypté (et il en existe des tas), un attaquant qui constate que vos signaux sont chiffrés sera généralement enclin à se rabattre sur une cible plus facile.

Les secours arrivent

De toute évidence, un modèle de sécurité qui a des brèches de cette importance n'est guère plus utile que pas de sécurité du tout. Les tentatives réussies de cassage du chiffrement WEP et l'existence d'outils gratuits permettant d'exploiter les failles du protocoles ont conduit les membres de la Wi-Fi Alliance à étudier des solutions pour que leur invention reste la norme de facto en matière de sécurité de réseau sans fil. Ils sont allés jusqu'à parler de « crise » pour insister sur l'importance qu'ils attachaient au problème. Ils veulent corriger le tir avant qu'une campagne sur les failles de sécurité freine la demande croissante en matière d'équipements Ethernet sans fil, produits qu'ils ont pris grand soin de créer et de promouvoir.

Les nouvelles normes chargées de résoudre ces problèmes de sécurité s'appelleront 802.11i. Le comité IEEE 802.11 en charge des normes a commencé d'étudier le problème plusieurs mois avant que la crise éclate au grand jour. Un comité baptisé TGi (*Task Group i*) est en train de travailler sur une nouvelle norme de sécurité améliorée qui résoudra (ils l'espèrent) toutes les failles recensées du chiffrement WEP. Le groupe a promis que les nouveaux outils de sécurité fonctionneront automatiquement et seront compatibles avec les matériels anciens n'utilisant pas les nouveaux outils. Le site Web de ce groupe est à l'adresse `http://grouper.ieee.org/groups/802/11/Reports`, où vous trouverez des informations sur ses réunions et certains de ses documents techniques.

La Wi-Fi Alliance veut que ses membres commencent à utiliser la correction TGi le plus tôt possible, de façon à pouvoir désamorcer la situation avant qu'elle n'engendre un désastre commercial. Dès que les spécialistes trouveront une solution satisfaisante, tous les fabricants de cartes sans fil et de points d'accès incorporeront les nouvelles méthodes de sécurité à leurs produits et l'Alliance l'ajoutera à la suite des tests de certification Wi-Fi. Des mises à niveau de logiciels et de firmwares assureront la compatibilité des produits 802.11b existants avec les nouveaux protocoles 802.11i.

Contrôle d'accès

La plupart des points d'accès incluent une option qui permet à l'administrateur de limiter les accès à certaines cartes bien spécifiques. Si un nœud dont l'adresse MAC ne figure pas sur la liste des utilisateurs autorisés essaie de se connecter, le point d'accès n'accepte pas la demande de connexion au réseau. Cela peut être un moyen efficace de refouler les intrus d'un réseau local sans fil, mais l'administrateur est obligé de conserver la liste complète des cartes des clients et de leurs adresses MAC. Chaque fois qu'un nouvel utilisateur veut rejoindre le réseau et chaque fois qu'un utilisateur habituel change sa carte, il faut ajouter une nouvelle adresse MAC à la liste. C'est faisable sur un réseau domestique ou de petite entreprise, mais c'est une autre affaire sur un grand réseau d'entreprise ou de campus.

Chaque utilitaire de configuration de point d'accès emploie un format différent pour ses listes d'accès. Reportez-vous au manuel et à la documentation en ligne du point d'accès pour savoir comment créer et gérer une liste de contrôle d'accès.

Comme la norme 802.11b ne fixe pas de limite à la taille de la liste de contrôle d'accès d'un point d'accès, on trouve toutes sortes de valeurs. Tel point d'accès autorise quelques dizaines d'entrées ; tel autre, par exemple le modèle Proxim Harmony AP Controller, autorise 10 000 adresses ; tel autre encore ne fixe aucun maximum. Si vous pensez utiliser une liste d'adresses pour contrôler les accès au réseau, vérifiez que votre point d'accès permet de gérer autant d'adresses que nécessaire compte tenu du nombre de vos utilisateurs. Prévoyez de la marge, en cas d'extension future. La règle empirique est que le point d'accès doit accepter au moins deux fois plus d'adresses MAC que le nombre actuel des usagers du réseau.

L'authentification MAC ne protège pas contre tous les intrus, car il est facile de changer l'adresse MAC sur la plupart des cartes sans fil ; la seule tâche de l'attaquant est de surveiller le trafic du réseau jusqu'à ce qu'il trouve un utilisateur valide et qui duplique son adresse MAC. Néanmoins, à l'instar de WEP, c'est un moyen relativement efficace de décourager un intrus occasionnel.

Authentification : norme 802.1x

Compte tenu des failles du chiffrement WEP, nombre de fabricants de matériel sans fil et nombre de développeurs de logiciel ont adopté une autre norme IEEE, à savoir 802.1x, pour ajouter une couche supplémentaire de sécurité à leurs réseaux. La norme 802.1x définit une structure qui peut prendre en charge plusieurs formes supplémentaires d'authentification, entre autres les certificats, les cartes à puce et les mots de passe à usage unique ; toutes ces formes offrent plus de protection que le contrôle d'accès intégré à la norme 802.11. Sur un réseau sans fil 802.11, il existe une technique dite Robust Security Network qui s'appuie sur l'architecture 802.1x pour limiter aux nœuds autorisés les accès au réseau.

L'utilisateur final doit savoir deux choses sur 802.1x. Primo, cette norme est intégrée à certains (mais pas à tous) matériels et logiciels 802.11b, parmi lesquels l'utilitaire de configuration sans fil de Windows XP et maints points d'accès récents ; de sorte qu'elle peut apporter une couche de sécurité de plus. Secundo, elle souffre elle aussi de sérieuses failles qu'un pro du cassage peut exploiter pour pénétrer sur un réseau sans fil. Tous les horribles détails techniques figurent dans une analyse préparée par deux chercheurs de l'université du Maryland, disponible à l'adresse `http://www.cs.umd.edu/~waa/1x.pdf`.

C'est toujours la même chanson, pas vrai ? Les ingénieurs des firmes développant matériels et logiciels sans fil se rassemblent sous la bannière d'un commando IEEE pour développer un nouvel ensemble d'outils de sécurité censés garantir la sécurité de leurs produits contre les pirates, casseurs, espions et autres fâcheux. Et quelques mois plus tard, un obscur chercheur d'une quelconque université ou agence gouvernementale découvre que les nouveaux outils souffrent, eux aussi, de gros problèmes qui exposent les données « protégées » à l'interception et au vol. Quant au pauvre utilisateur final, il essaie comme il peut de suivre le rythme, sans jamais arriver à véritablement protéger son réseau sans fil.

Que faire ? Le réseau sans fil sûr à 100 % est-il un idéal philosophique ? Si vous comparez la sécurité des réseaux sans fil au jeu du chat et de la souris, il est clair que ce sont les souris (à savoir les espions et les casseurs de réseau) qui gagnent. Mais les souris ont besoin de compétences techniques et d'équipements élaborés pour contourner les outils existants de chiffrement et d'authentification. Pensez à la porte d'entrée de votre maison : si vous la laissez grande ouverte, n'importe qui peut entrer et faucher le vase de tante Ursule. Mais si vous verrouillez la porte et les fenêtres, vous compliquez la vie des cambrioleurs. Un pro pourra toujours forcer la serrure, mais il lui faudra du temps et du travail.

Pare-feu

Si vous acceptez l'idée que ni le chiffrement WEP standard ni 802.1x ne protège correctement un réseau local sans fil, la logique impose que vous trouviez un autre moyen de refouler de votre réseau les malfaisants. Il vous faut un pare-feu.

Un pare-feu est un serveur proxy qui filtre toutes les données le traversant vers ou depuis le réseau ; le filtrage s'effectue en fonction d'un ensemble de règles définies par l'administrateur du réseau. Ainsi, un pare-feu pourrait rejeter les données dont la source est inconnue ou les fichiers associés à une certaine source (par exemple, un virus). Ou alors, il pourrait laisser passer toutes les données allant du réseau local vers Internet, mais ne laisser passer depuis Internet que certains types de données. L'utilisation la plus courante d'un pare-feu sur un réseau local est sur une passerelle Internet (figure 14-5). Le pare-feu surveille toutes les données transitant, dans les deux sens, entre le réseau local, d'un côté, et Internet, de l'autre. Ce genre de pare-feu vise à protéger les ordinateurs du réseau local contre les accès non autorisés provenant d'Internet.

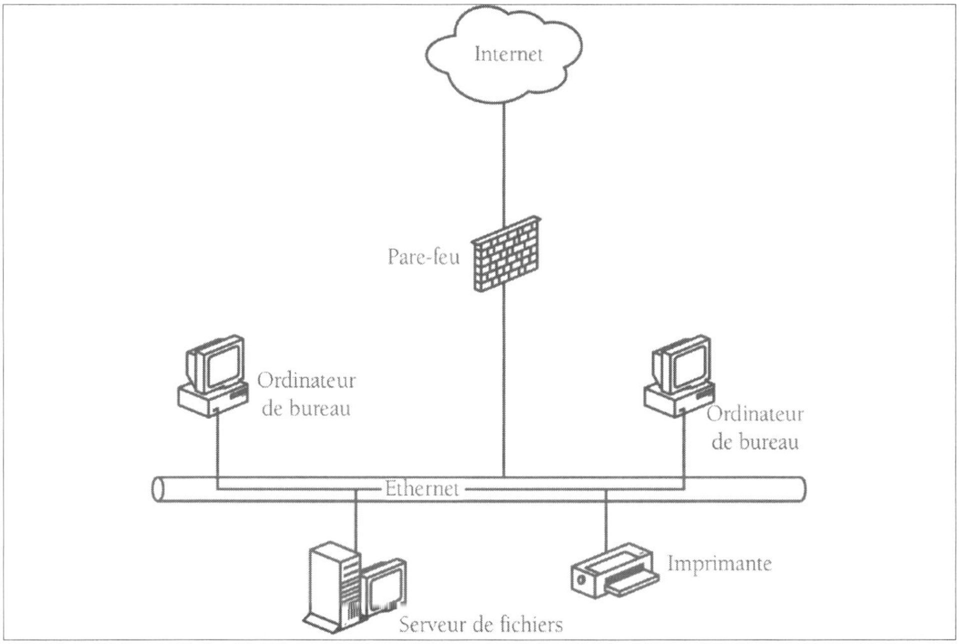

Figure 14-5 Un pare-feu isole le réseau local d'Internet

Sur un réseau sans fil, vous pouvez aussi placer le pare-feu sur la passerelle située entre les points d'accès sans fil et le réseau filaire. Ce pare-feu isole la portion sans fil du réseau de la portion filaire, de sorte qu'un intrus ayant réussi à se connecter au réseau ne peut pas se servir de la connexion sans fil pour atteindre Internet, ni la partie filaire du réseau local. La figure 14-6 montre l'emplacement d'un pare-feu sur un réseau sans fil.

Refoulez les intrus sans fil

La plupart des gens qui essaient de s'infiltrer sur un réseau sans fil se fichent pas mal des autres machines du réseau local ; tout ce qu'ils cherchent, c'est un accès Internet à haut débit gratuit. S'ils ne peuvent utiliser votre réseau pour télécharger des fichiers ou pour se connecter à leurs pages Web favorites, ils passeront sans doute à un hot spot plus accessible. Cela ne signifie pas pour autant qu'il faut stocker les données confidentielles dans des fichiers partagés résidant sur des ordinateurs non protégés ; mais si vous restreignez les accès Internet, vous rendrez votre réseau sans fil moins attirant pour les importuns.

Sur un réseau sans fil, un pare-feu peut avoir plusieurs fonctions : il fait office de routeur entre le réseau sans fil et un réseau local filaire ou une connexion directe à Internet, et il bloque le trafic réseau allant de la partie sans fil vers la partie filaire qui ne provient pas d'un utilisateur habilité sans, pour autant, interférer avec les commandes, messages et transferts de fichiers des utilisateurs autorisés. Un utilisateur habilité peut se connecter à des nœuds de la partie filaire d'un réseau local mixte ou à Internet, alors qu'un intrus est refoulé au niveau du pare-feu.

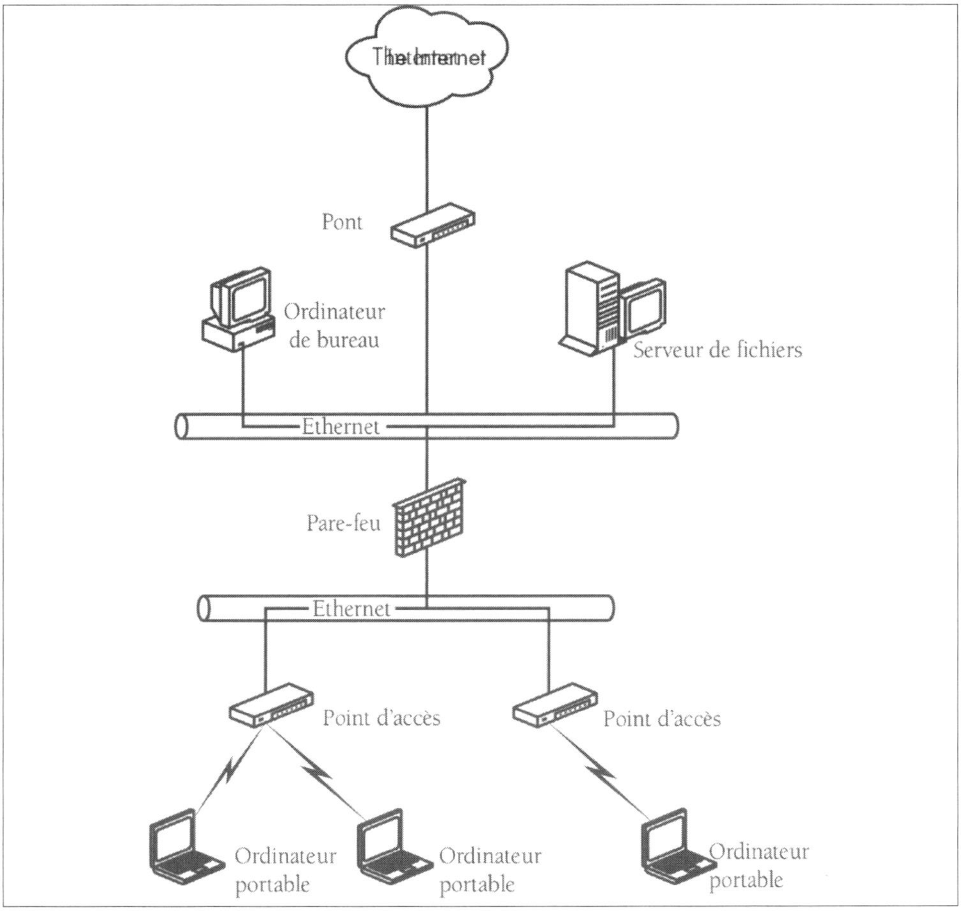

Figure 14-6 Sur un réseau local sans fil, un pare-feu fait office de passerelle protégée vers la partie filaire du réseau

Comme les utilisateurs habilités et les intrus sont du côté non protégé du pare-feu, ce dernier n'isole pas les nœuds sans fil les uns des autres. Comme un intrus pourrait encore accéder aux autres ordinateurs du réseau sans fil et lire des fichiers partagés, c'est une bonne idée que de désactiver le partage de fichiers sur chaque machine du réseau sans fil.

Un pare-feu pour réseau sans fil doit employer une certaine forme d'authentification pour permettre aux utilisateurs habilités de traverser la passerelle tout en refoulant les autres. Si le contrôle d'accès fondé sur les adresses MAC, qui est intégré à la norme 802.11b, et le surplus d'authentification de 802.1x ne suffisent pas, alors un pare-feu externe doit exiger de chaque usager qu'il entre un nom et un mot de passe avant de lui permettre de se connecter à Internet.

Si votre réseau sans fil contient plusieurs systèmes d'exploitation, votre pare-feu doit employer un outil d'ouverture de session qui soit compatible avec toutes les plates-formes. Le moyen le plus simple est de passer par un serveur d'authentification fondé sur le Web, par exemple celui inclus dans Apache Web Server (`http://httpd.apache.org`).

Le NASA NAS Center utilise Apache sur un serveur dédié pour créer un site Web qui invite l'utilisateur à saisir un nom de compte et un mot de passe. Le serveur emploie un script Perl/CGI pour vérifier le nom et le mot de passe dans une base de données ; s'ils sont corrects, le serveur acceptera les commandes et les données provenant de l'adresse IP de l'utilisateur. Si le nom ne figure pas dans la base de données ou si le mot de passe n'est pas bon, le serveur Apache affiche une page « Invalid Username and Password ».

Apache Web Server existe en tant qu'application Unix pouvant tourner sur un Pentium ancien, voire sur un 486, de sorte que vous pouvez recycler un vieux PC pour en faire un pare-feu. Comme il existe des versions source ouverte pour l'application Apache et le système d'exploitation Unix, vous devriez pouvoir vous fabriquer un pare-feu Apache pour un coût modique.

Si vous préférez Windows à Unix, vous avez plusieurs possibilités. Vous pouvez employer la version Windows NT/2000 d'Apache, ou alors prendre un utilitaire commercial comme Wireless Enforcer de Sygate (`http://www.sygate.com/products/sse/sse_swe_security.htm`). Wireless Enforcer fonctionne avec d'autres éléments de Sygate Secure Enterprise Suite pour assigner une identité unique à chaque utilisateur autorisé et pour vérifier cette identité. Si un intrus essaie de se connecter à un point d'accès sans fournir d'identité valide, le réseau le refoule.

Isolez votre réseau d'Internet

Sur un réseau local sans fil, les attaques n'arrivent pas toutes par les airs. À l'instar de n'importe quel autre réseau, un réseau sans fil exige un pare-feu qui le protège des attaques venant d'Internet. Nombre de points d'accès incluent des fonctionnalités configurables de pare-feu ; si tel n'est pas le cas de vos points d'accès, votre réseau doit inclure tout ou partie des pare-feux que voici :

- un pare-feu logiciel sur chaque ordinateur ;
- un routeur séparé ou un ordinateur dédié faisant office de pare-feu de réseau ;

- une suite de sécurité intégrée, telle la suite Sygate mentionnée dans la section qui précède.

Les logiciels de pare-feu client fournissent une autre ligne de défense contre les attaques arrivant de l'extérieur du réseau *via* Internet. Certaines de ces attaques proviennent de sagouins qui cherchent un moyen pour lire des fichiers et autres ressources que vous n'avez pas envie d'exposer ad coram populo. D'autres forbans veulent se servir de votre ordinateur comme relais pour expédier du courrier non sollicité ou pour pénétrer dans un ordinateur situé aux antipodes, le but ici étant de masquer la véritable source de l'attaque. D'autres encore cherchent à propager des virus ou à exécuter des programmes très déplaisants qui prennent le contrôle d'un PC et affichent des messages menaçants. En outre, un système non protégé disposant d'un tas d'espace de stockage peut représenter une cible de choix pour des pirates désireux de distribuer des logiciels, des fichiers audio ou des fichiers vidéo piratés (vous croyez peut-être qu'ils stockent leur butin sur leurs propres machines ?).

C'est incroyable le nombre de malfaisants de ce genre qui rôdent sur Internet ; si vous installez un pare-feu qui signale les tentatives d'intrusion émanant d'ordinateurs extérieurs à votre réseau, vous verrez probablement qu'il y a plusieurs tentatives chaque jour.

Point d'accès avec pare-feu

Sur un réseau sans fil, le pare-feu le plus simple à utiliser est celui qui est intégré au point d'accès. Certains points d'accès intègrent des fonctionnalités de routeur large bande et de commutateur Ethernet, ce qui leur permet de gérer des clients tant filaires que sans fil.

Comme vous le savez, un routeur assure la traduction entre les adresses IP qui identifient le réseau local sur Internet et les adresses IP internes qui identifient les divers ordinateurs sur le réseau local. En principe, le pare-feu bloque toutes les requêtes entrantes qui portent sur des données stockées sur des hôtes du réseau ; mais cela pose problème quand on veut employer certaines machines du réseau local comme serveurs de fichiers. Pour résoudre le problème, le pare-feu inclut un serveur virtuel qui, au niveau du pare-feu, redirige certains types de requêtes vers l'ordinateur idoine.

Chaque requête de connexion à un serveur contient un numéro de port spécifique qui identifie le type de serveur. Ainsi, les serveurs Web opèrent sur le port 80 et les serveurs FTP sur le port 21 ; ces numéros de port font donc partie de la requête d'accès. Pour que soient acceptées les requêtes d'accès à un serveur, vous devez configurer la fonction NAT (*Network Address Translation*) du pare-feu pour qu'elle redirige ces requêtes vers un certain ordinateur du réseau local. Figure 14-7, le serveur virtuel est configuré de façon à employer l'ordinateur d'adresse IP locale 192.168.0.177 comme serveur Web et l'ordinateur d'adresse 192.168.0.164 comme serveur FTP. Le tableau 14-1 donne les numéros de port les plus courants.

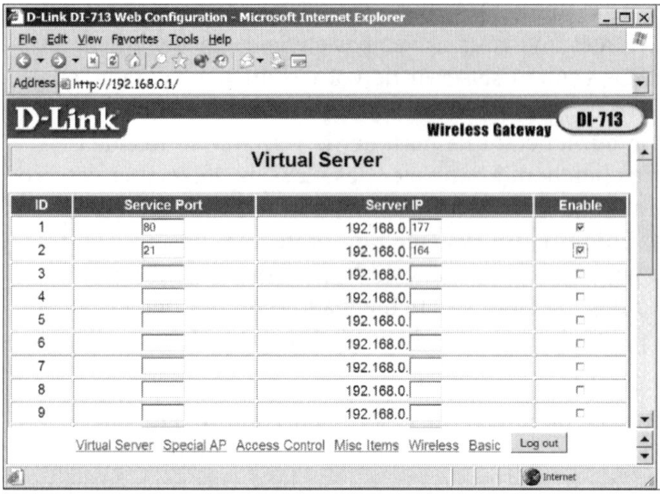

Figure 14-7 Le point d'accès D-Link redirige vers certains ordinateurs du réseau les requêtes d'accès aux serveurs de fichiers

Numéro de port	Service Internet
20	FTP-données (données par défaut FTP)
21	FTP (transfert de fichier)
23	Telnet
25	SMTP (courrier sortant)
37	Heure
53	DNS (*Domain Name System*)
70	Gopher
79	Finger
80	HTTP (serveur Web)
88	Kerberos
110	POP3 (courrier entrant)
119	NNTP (nouvelles réseau)

Numéro de port	Service Internet
1863	*Microsoft MSN Messenger*
5190	*AOL Instant Messenger*
7070	*RealAudio*

Tableau 14-1 Numéros de port TCP/IP courants

Il existe des centaines d'autres assignations de numéro de port, mais dans la pratique vous ne les rencontrerez pas souvent. La liste officielle des assignations de port se trouve sur `http://www.iana.org/assignments/port-numbers`.

Le mécanisme de traduction NAT suppose que les adresses IP de chaque serveur virtuel ne changent pas d'une requête à l'autre. Un serveur Web d'adresse 192.168.0.23 ne passe pas à l'adresse 192.168.0.47 la semaine suivante. Cela n'est généralement pas un problème sur un réseau filaire ; mais, dans une configuration sans fil où les clients passent leur temps à rejoindre et quitter le réseau, le serveur DHCP assigne automatiquement à chaque client la première adresse IP libre. Si l'un de ces clients héberge l'un des ports de service du réseau, alors NAT risque de ne pas le trouver. Le problème est assez rare parce que la plupart des réseaux n'emploient pas d'ordinateurs portables comme serveurs, mais sait-on jamais. La solution consiste soit à désactiver le serveur DHCP et à assigner une adresse IP fixe à chaque client, soit à rediriger le port de service vers un ordinateur ayant une connexion filaire au réseau.

Pare-feu logiciel

Un pare-feu sans fil placé au niveau de l'interface entre le point d'accès et la partie filaire du réseau local empêche les intrus de se servir de votre réseau pour accéder à Internet, et un pare-feu placé au niveau de la connexion Internet empêche ces mêmes intrus d'accéder à votre réseau depuis Internet ; mais il faut encore une protection supplémentaire sur un réseau sans fil. Si quelqu'un s'infiltre sur votre réseau local sans fil à votre insu, il faut l'empêcher d'accéder aux autres machines de ce réseau. Cela signifie qu'il faut un logiciel de pare-feu client sur chaque nœud du réseau

Un pare-feu client effectue les mêmes fonctions au niveau de l'interface réseau d'un ordinateur qu'un pare-feu de réseau local ou d'entreprise desservant l'ensemble du réseau : il détecte les tentatives de connexion aux ports de service TCP et les refoule, sauf si elles correspondent à un ou plusieurs paramètres de configuration du logiciel de pare-feu.

Il existe plusieurs bons logiciels de pare-feu qui sont soit des sharewares, soit des produits utilisables gratuitement à des fins non commerciales. Vous pourrez donc les essayer sur votre système avant de choisir celui qui vous convient le mieux.

Voici quelques programmes pour Windows :

- ZoneAlarm (http://www.zonelabs.com/store/content/home.jsp) ;
- Tiny Personal Firewall (http://www.tinysoftware.com/pwall.php) ;
- Sygate Personal Firewall (http://www.sygate.com/products/shield_ov.htm) ;
- Norton Desktop Firewall (http://enterprisesecurity.symantec.com) ;
- Norton Personal Firewall (http://www.symantec.com) ;
- GFI LANguard (http://www.languard.com).

Les utilisateurs Unix et Linux ont aussi le choix en matière de pare-feux logiciels. La plupart d'entre eux sont conçus pour des ordinateurs autonomes servant de passerelle réseau, mais ils peuvent aussi fournir une protection adéquate à des clients réseau individuels.

Sous Linux, le pare-feu fait partie du noyau : c'est ipchains ou iptables. Vous trouverez la documentation à http://linuxdoc.org/HOWTO/IPCHAINS-HOWTO.html et à http://www.netfilter.org/unreliable-guides/packet-filtering-HOWTO/, respectivement. IP Filter est un package qui fournit des services de pare-feu aux systèmes FreeBSD et NetBSD. Le site officiel d'IP Filter est http://coombs.anu.edu.au/~avalon, et vous trouverez une excellente documentation technique sur http://www.obfuscation.org/ipf/ipf-howto.txt. Le programme peut interdire ou autoriser les paquets à traverser le pare-feu et il peut filtrer en fonction du masque de réseau ou de l'adresse d'hôte, créer des restrictions de port de service et fournir des services de traduction NAT.

NetBSD/i386 Firewall est un autre pare-feu gratuit pour Unix. Il fonctionne sur n'importe quel PC doté d'un processeur 486 (ou supérieur), avec un petit 8 Mo de mémoire. La page d'accueil NetBSD/i386 Firewall Project est à http://www.dubbele.com.

PortSentry est un outil qui détecte les tentatives d'intrusion sur les ports ; il est intégré à plusieurs distributions Linux très répandues, dont Red Hat, Caldera, Debian et Turbo Linux. Vous pouvez le télécharger depuis http://www.psionic.com/products/portsentry.html.

Réseaux privés virtuels

Un réseau privé virtuel peut ajouter une couche supplémentaire de sécurité en isolant la connexion entre deux nœuds du reste du trafic réseau. Un réseau privé virtuel est un canal de communication crypté qui relie deux nœuds réseau par un « tunnel de données ». Maints experts en sécurité des réseaux préconisent l'emploi d'un réseau privé virtuel comme moyen efficace de protection d'un réseau sans fil contre les interceptions et les intrusions. Le chapitre suivant explique comment configurer et utiliser un réseau privé virtuel.

Sécurité physique

Jusqu'à présent, vous avez étudié des moyens permettant de refouler les intrus électroniques de votre réseau sans fil. Il est, hélas !, par trop facile de s'infiltrer sur un réseau à l'aide d'équipements du commerce, alors même qu'ils ne sont pas initialement configurés pour ce réseau ; mais si un forban parvient à voler l'ordinateur d'un utilisateur autorisé, alors là, c'est du pain béni pour le bandit.

Se faire voler son portable est déjà assez grave. Mais si le voleur se sert de ce butin pour s'infiltrer sur le réseau, c'est encore pire. En tant que responsable de réseau, pensez à dire à vos utilisateurs que leurs portables sont des cibles de choix pour les voleurs et donnez-leur quelques conseils de sécurité. Et vous-même, qui êtes aussi un utilisateur, pensez à donner l'exemple.

La première règle de conduite est simple : n'oubliez pas votre portable quand vous vous baladez. Sachez que, sur une période de six mois, les chauffeurs de taxi londoniens ont trouvé près de 2 900 portables (et 62 000 téléphones mobiles !) oubliés dans leurs voitures. Combien de portables ont été oubliés dans les avions, les chambres d'hôtel, les trains de banlieue et les centres de conférences !

Ne signalez pas au peuple que vous transportez un ordinateur. La sacoche marquée en grandes lettres du sigle « IBM » ou « COMPAQ », c'est très bien pour impressionner la voisine top-modèle mais, pour la sécurité, mieux vaut une mallette ordinaire ou un grand sac en plastique.

Ensuite, le lâchez pas votre ordinateur ou gardez-le à l'épaule chaque fois que vous l'emportez en déplacement. Une minute d'inattention suffit à un pro de la fauche pour vous dérober votre portable. Les aérogares, les gares et les halls d'hôtel sont des endroits privilégiés pour les spécialistes du vol. Si vous devez utiliser l'ordinateur dans un lieu public, servez-vous d'un antivol de vélo ou d'un fil d'acier pour l'attacher à un objet inamovible.

Ne laissez pas un ordinateur portable dans un bureau la nuit.

Attention aux portiques de sécurité dans les aéroports. Demandez aux gardes qu'ils l'inspectent à la main, ou alors n'oubliez pas de reprendre la machine dès qu'elle sort du tapis roulant. Deux coquins de mèche, un qui vous distrait et l'autre qui s'empare de votre ordinateur pendant ce temps, et le tour est joué. Si vous voyez quelqu'un qui essaie de voler votre ordinateur à un contrôle de sécurité, criez pour alerter les gardes.

Assurez-vous que l'ordinateur et les composants amovibles du genre PC Card ont des étiquettes de propriété gravées à l'intérieur et dessus. Faites graver votre nom ou celui de votre entreprise, ainsi que votre numéro de téléphone, sur les cartes réseau et autres parties amovibles. Il existe des entreprises spécialisées, telle que Security Tracking of Office Property (`http://www.stoptheft.com`), qui proposent des plaques d'immatriculation munies d'un adhésif spécial. Il faut environ 400 kg de pression pour enlever la plaque ; et même si quelqu'un parvient à l'enlever apparaît alors un tatouage indélébile « Stolen Property ».

Dites à vos utilisateurs que l'emploi de dispositifs d'alarme sur leurs portables facilite les chances de les récupérer. TrackIT (`http://www.trackitcorp.com`) est une alarme en deux parties, composée d'un émetteur porté par l'utilisateur et d'un récepteur situé dans la mallette de l'ordinateur. Si l'émetteur se trouve à plus d'une quinzaine de mètres du récepteur, ce dernier émet un bruit de sirène à 110 dB, ce qui généralement incite le voleur à abandonner son butin.

Enfin, conservez en lieu sûr la liste des modèles de machine et des numéros de série. Vous aurez besoin de ces informations pour les demandes de remboursement auprès des compagnies d'assurance.

Dès que vous savez que l'un des ordinateurs se connectant à votre réseau sans fil a été volé ou perdu, protégez le reste du réseau. Si possible, modifiez immédiatement le SSID, les mots de passe et les clés WEP du réseau. Si votre réseau emploie une liste d'adresses MAC pour contrôler les accès, supprimez de la liste des connexions autorisées l'adresse MAC de la machine volée.

Partage de votre réseau avec le monde

Si votre réseau sans fil doit fournir au quartier ou au campus des accès Internet publics, ou si vos clients ou autres visiteurs doivent pouvoir se connecter à votre réseau sans fil, il ne faut pas employer WEP, ni d'autres outils de sécurité, pour restreindre les accès aux utilisateurs connus ; mais cela ne doit pas vous empêcher de penser en termes de sécurité. Ce n'est pas parce que vous voulez donner à d'autres utilisateurs une connexion directe à Internet qu'ils doivent pour autant avoir la possibilité de fureter sur les autres ordinateurs de votre réseau : il faut isoler les points d'accès sans fil du reste du réseau.

Si tous les nœuds locaux de votre réseau local sont des nœuds filaires, la meilleure méthode consiste à placer un pare-feu entre le point d'accès sans fil et la partie filaire du réseau local ; le pare-feu permettra au point d'accès (et aux ordinateurs qui lui sont reliés *via* des liaisons sans fil) de communiquer avec Internet, mais lui interdira de communiquer avec les autres nœuds locaux du réseau filaire (figure 14-8).

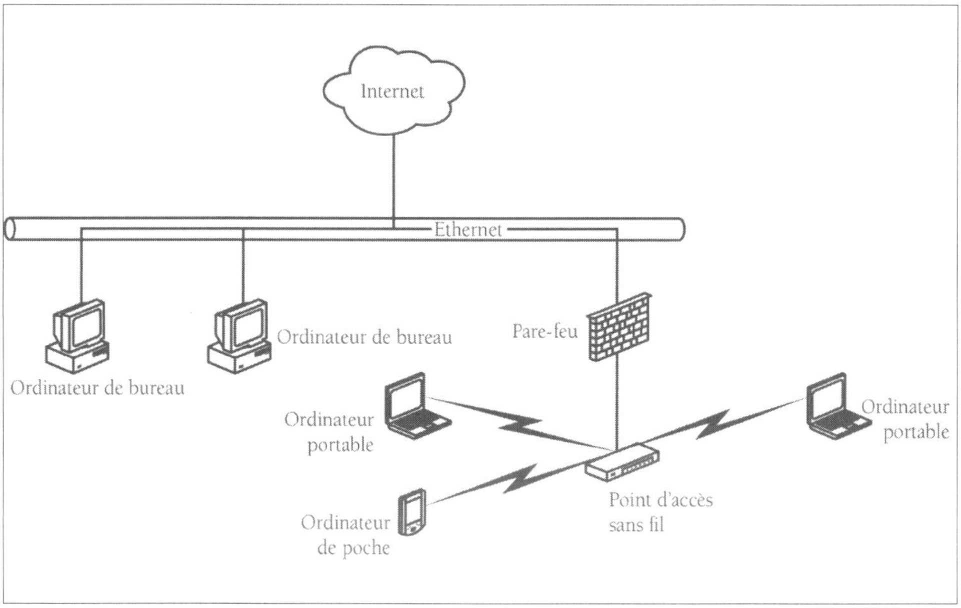

Figure 14-8 Le pare-feu isole le segment sans fil du reste du réseau

Si, en revanche, certains de vos ordinateurs internes emploient des connexions sans fil, il faut les protéger contre les accès d'intrus utilisant la portion publique du réseau. Il existe deux façons d'y arriver. La figure 14-9 montre un réseau sans fil où chaque ordinateur interne dispose d'un logiciel de pare-feu, alors que la figure 14-10 montre un système qui utilise deux réseaux sans fil distincts, munis de SSID différents, reliés à la même dorsale Internet. La règle générale est d'employer un ou plusieurs pare-feux pour isoler la portion publique du réseau des ordinateurs qui ne doivent pas laisser entrer tout un chacun.

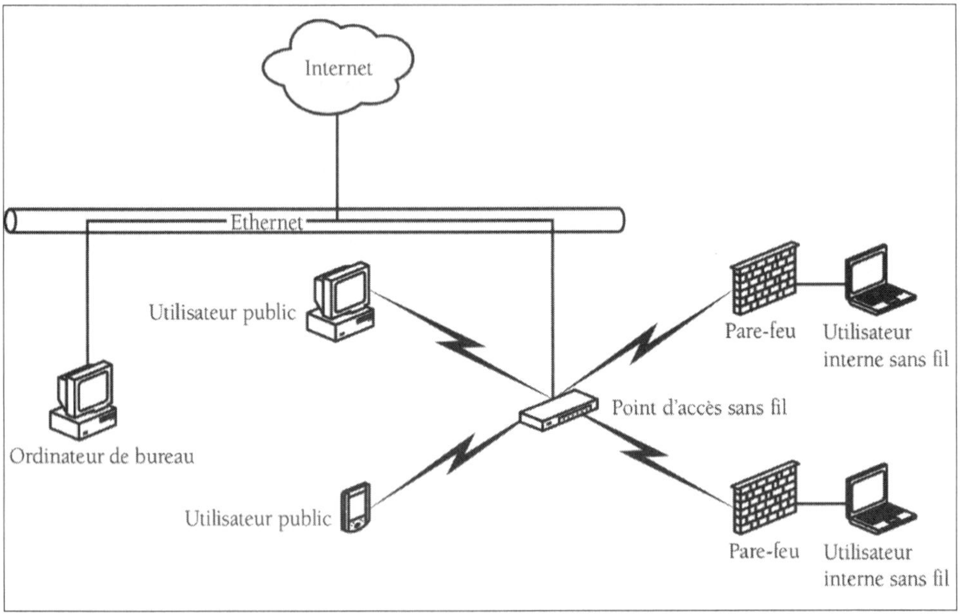

Figure 14-9 Chaque ordinateur interne sans fil est doté d'un pare-feu logiciel

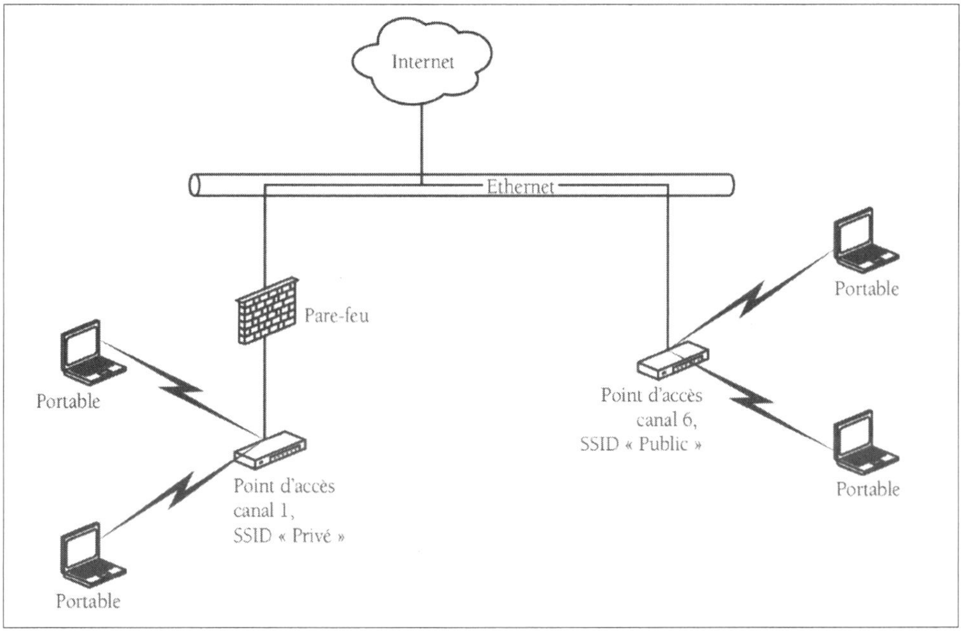

Figure 14-10 Le point d'accès public a un SSID différent du point d'accès servant aux utilisateurs internes.

CHAPITRE 15

Réseaux privés virtuels

Les outils de sécurité intégrés à la norme 802.11 ne sont pas assez bons pour protéger les données transmises via un réseau sans fil. Alors, quelle est la solution ? Un réseau privé virtuel (VPN) permet d'ajouter une autre forme efficace de sécurité aux données transitant entre un client de réseau sans fil et un hôte accessible à un endroit quelconque via une connexion réseau.

Un VPN utilise un « tunnel de données » pour relier deux points d'un réseau via un canal crypté. Les extrémités peuvent être un client et un serveur, ou bien une paire d'ordinateurs client, ou encore des passerelles vers deux réseaux locaux. Les données qui passent par un réseau public, tel Internet, sont complètement isolées du reste du trafic réseau. Le réseau privé virtuel restreint les accès aux utilisateurs habilités en utilisant une authentification à base de noms et de mots de passe, crypte les données pour les rendre incompréhensibles aux intrus essayant de les intercepter et utilise l'authentification de données pour préserver l'intégrité de chaque paquet et garantir que toutes les données proviennent de clients réseau légitimes. Un VPN n'est pas qu'une couche supplémentaire de chiffrement ; il isole le chemin bout à bout de données des autres utilisateurs du réseau de façon que les intrus ne puissent pas y accéder. Les fonctionnalités VPN se font au niveau de la couche IP, ou de la couche Réseau, du modèle OSI. Elles fonctionnent donc par-dessus les protocoles 802.11b, lesquels opèrent au niveau de la couche Physique. Un VPN peut aussi faire passer les données à travers une connexion réseau qui inclut plus d'un support physique (par exemple, une liaison sans fil qui envoie des données à un réseau Ethernet filaire).

En d'autres termes, un VPN est un service bout à bout ; il ne se soucie pas de savoir s'il emploie une liaison sans fil, un câble Ethernet, une ligne téléphonique ordinaire ou une combinaison de supports de transmission. Le VPN est un tunnel qui relie une extrémité du réseau à une autre, quel que soit le support sur lequel circulent les données. Il ajoute un niveau supplémentaire de sécurité (ou remplace) le chiffrement WEP, lequel ne concerne que la partie sans fil du réseau.

Sur un VPN traditionnel, un utilisateur distant peut se connecter à un réseau local distant et bénéficier des services réseau qui sont accessibles aux clients locaux. Un VPN sert souvent à relier un réseau d'entreprise à une succursale et à connecter les utilisateurs au réseau local depuis leurs domiciles ou depuis des emplacements distants, tels les locaux d'un client.

Un poste client connecté via un serveur VPN apparaît au reste du réseau (protégé par un VPN) comme un poste client situé dans la même pièce ou le même bâtiment. La seule différence est que les données provenant du VPN passent par un pilote VPN et par un réseau public au lieu de passer directement de la carte réseau au réseau local. La figure 15-1 montre une connexion VPN typique vers un réseau distant.

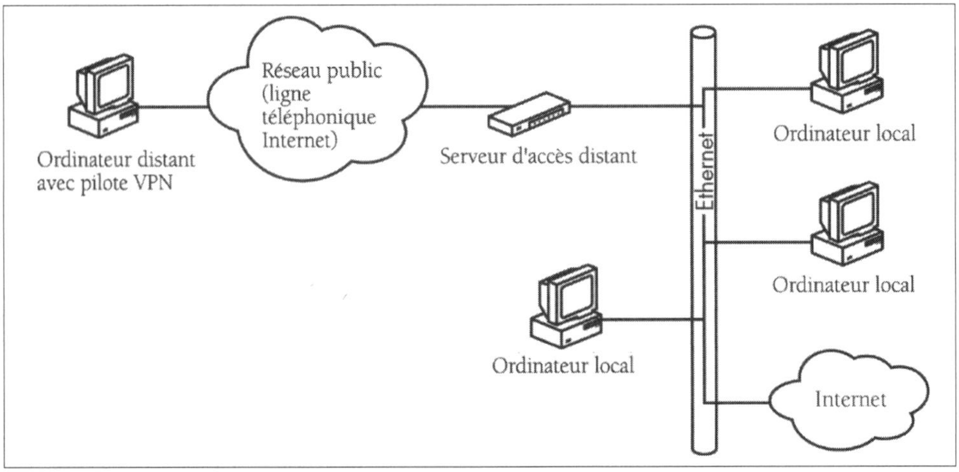

Figure 15-1 Un réseau distant peut se connecter à un réseau local via un réseau privé virtuel

Tous les avantages de sécurité d'un VPN filaire s'appliquent également à un VPN à courte portée, qui crée un tunnel sur une liaison sans fil et à un VPN à longue portée qui commence sur un réseau sans fil puis passe les données à un serveur distant. Il s'agit là de deux utilisations différentes d'un VPN : un VPN local ne s'étend que sur la partie sans fil d'un réseau entre le poste client et le point d'accès, alors qu'un réseau étendu peut transporter des données VPN au-delà du point d'accès vers un serveur VPN via un réseau public comme Internet ou le téléphone.

Un réseau étendu est un VPN traditionnel (passant par un réseau public comme Internet) qui part d'un client de réseau sans fil. Le même VPN peut aussi gérer des connexions n'incluant pas de segment sans fil, en plus des connexions émanant des services sans fil publics existant dans les aéroports ou les cafés. Telle est la façon classique d'utiliser un VPN.

Les VPN locaux à courte portée sont plus intéressants pour les opérateurs de réseau sans fil, car ils ajoutent une couche de sécurité aux liaisons sans fil. Comme les données circulant entre les clients sans fil et le point d'accès sont chiffrées (à l'aide d'un algorithme plus fiable que ceux de WEP), elles sont incompréhensibles pour un tiers qui essaierait d'intercepter le signal radio. En outre, comme le serveur VPN situé au niveau du point d'accès n'accepte pas de liaisons depuis les clients sans fil qui n'utilisent pas les bons pilotes et mots de passe VPN, un intrus ne peut pas s'immiscer sur le réseau en associant un faux client au point d'accès.

Le but d'un VPN sans fil est de protéger la liaison sans fil entre les clients et le point d'accès, et aussi de refouler les utilisateurs non autorisés. Par conséquent, les données isolées et chiffrées peuvent ici circuler à travers une pièce au lieu de traverser des centaines de kilomètres. Bien évidemment, le point d'accès pourrait aussi relayer via Internet les données VPN chiffrées vers un réseau distant.

La figure 15-2 montre une connexion sans fil à un VPN. Le serveur VPN se trouve entre le point d'accès et le réseau hôte, de sorte que tous les paquets circulant sur la portion sans fil du réseau sont cryptés. À des fins de clarté, l'image montre le serveur VPN sous la forme d'un composant distinct ; mais, en pratique, le façon la plus simple d'ajouter de la sécurité VPN à un réseau sans fil est d'employer un routeur ou une passerelle incluant des fonctionnalités VPN. Vous trouverez des routeurs compatibles VPN chez plusieurs fabricants, dont Alvarion, Colubris et Nexland.

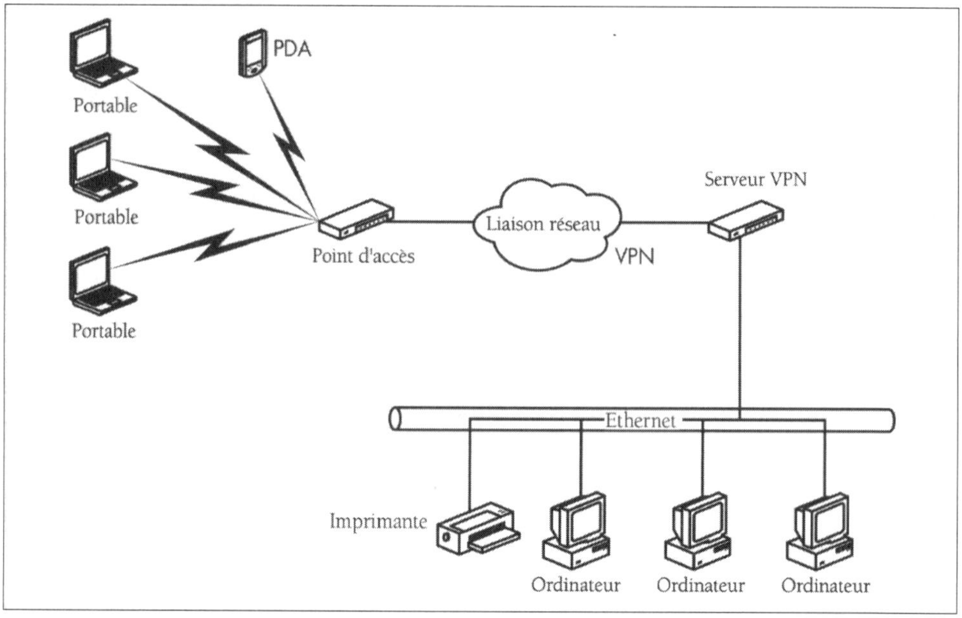

Figure 15-2 Un VPN offre une connexion sécurisée entre un réseau sans fil et une passerelle Internet ou un réseau local

Protocoles de réseau privé virtuel

Un VPN achemine les données, via un ou plusieurs réseaux intermédiaires, vers une destination située sur un autre réseau. Le client VPN encapsule les paquets (ou les trames) existants, en ajoutant un en-tête supplémentaire contenant les données de routage qui indiquent aux paquets comment atteindre l'extrémité du VPN. Le chemin de transmission, fondés sur les réseaux intermédiaires, s'appelle un tunnel. À l'autre bout du tunnel, le serveur VPN supprime l'en-tête de tunnelage et relaie les données vers la destination spécifiée par l'en-tête suivant dans la hiérarchie des en-têtes. La forme exacte du tunnel importe peu étant donné que les données considèrent le tunnel comme une connexion point-à-point.

Les en-têtes de tunnelage peuvent prendre plusieurs formes. Les principaux protocoles employés par les VPN sont PPTP (*Point-to-Point Tunneling Protocol*), L2TP (*Layer Two Tunneling Protocol*) et IPSec (*IP Security*). PPTP et L2TP peuvent acheminer les données via des réseaux IP, IPX ou NetBEUI ;

IPSec ne fonctionne qu'avec les réseaux IP. Le client et le serveur doivent employer les mêmes protocoles.

Avec PPTP et L2TP, le client et le serveur doivent configurer le tunnel pour chaque transmission avant de commencer à échanger les données. Les paramètres de configuration incluent l'itinéraire via le réseau intermédiaire, ainsi que des spécifications de chiffrement et de compression. Une fois terminée la transmission, le client et le serveur ferment la connexion et le tunnel.

Avec une liaison IPSec, le client et le serveur doivent créer, à l'aide d'une transaction distincte, le tunnel passant par les réseaux intermédiaires, avant de commencer à échanger des données.

Chacun de ces protocoles offre des avantages et des inconvénients, mais chacun est suffisamment bon pour permettre la création d'une liaison sécurisée entre un client de réseau sans fil et un point d'accès. Les différences entre ces protocoles sont d'ordre technique, plutôt que pratique. Vous trouverez une excellente présentation de leurs fonctionnements internes dans un livre blanc de Microsoft, intitulé Virtual Private Networking in Windows 2000: An Overview et disponible en ligne à `http://www.microsoft.com/windows2000/docs/VPNoverview.doc`.

Serveurs VPN

Un serveur VPN peut être intégré soit à un serveur Unix ou Windows, soit à un routeur ou à une passerelle dédié. Si votre réseau utilise déjà un ordinateur comme serveur dédié, vous pouvez en faire le serveur VPN. Cependant, mieux vaut peut-être prendre un matériel distinct si votre réseau ne dispose pas de serveur séparé.

Il existe des dizaines de fabricants de matériels VPN qui proposent des routeurs, des passerelles et autres produits compatibles avec tout ou partie des protocoles VPN. Chacun de ces produits ayant des fonctionnalités spécifiques, avant d'acheter, testez la combinaison spécifique de client et de serveur que vous envisagez de prendre sur votre réseau. L'organisme VPNC (*Virtual Private Network Consortium*) est en train de mettre au point un ensemble de tests d'interopérabilité et de normes de certification (très semblables aux normes Wi-Fi concernant les équipements 802.11b). Le site Web du VPNC, `http://www.vpnc.org`, énumère les produits ayant passé les tests d'interopérabilité et fournit des liens vers des sources d'informations relatives à tout un tas de produits VPN.

Configuration d'un serveur Windows pour un réseau privé virtuel sans fil

Si vous décidez d'employer un serveur Windows, PPTP est sans doute le protocole le plus simple d'utilisation car il était à l'origine une norme Microsoft. De nombreuses versions de Windows offrant une prise en charge exhaustive de PPTP, il est relativement facile de configurer des clients et des serveurs PPTP sans l'aide de logiciels tiers. Windows 2000 et Windows XP prennent aussi en charge L2TP, qui est donc un autre choix acceptable.

Un ordinateur utilisé comme serveur PPTP doit exécuter l'un des systèmes d'exploitation serveur Microsoft, à savoir Windows NT Server 4.0, Windows 2000 Server ou Windows XP Server. En outre, le serveur doit avoir deux cartes réseau : l'une connectée au réseau local filaire ou à la passerelle Internet, l'autre connectée au réseau sans fil. La carte connectée au port sans fil est, en principe, connectée directement au port Ethernet du point d'accès.

Le processus exact d'installation de PPTP sur un serveur Windows varie légèrement selon la version de Windows, mais le principe général est toujours le même. Pour plus de détails sur la configuration de tel ou tel système d'exploitation, consultez l'aide en ligne, le kit de ressources Microsoft et toutes les autres documentations relatives au système d'exploitation. Les sections suivantes présentent les grandes lignes de la procédure de configuration.

Configuration de la connexion au réseau filaire

La liaison au réseau local ou à un autre réseau est une connexion dédiée passant par une carte réseau. Le profil de cette connexion doit inclure l'adresse IP et le masque de sous-réseau assignés à cette connexion, ainsi que l'adresse de passerelle par défaut assignée à la passerelle réseau.

Configuration de la connexion VPN

La connexion VPN est généralement une liaison Ethernet vers un ou plusieurs points d'accès. Le profil de connexion stocké sur le serveur pour la connexion VPN doit inclure l'adresse IP et le masque de sous-réseau assignés à ce port, ainsi que les adresses des serveurs de nom DNS et WINS utilisés par ce réseau.

Configuration du serveur d'accès distant comme routeur

Le serveur doit employer soit des routes statiques, soit des protocoles de routage qui permettent d'atteindre chaque client sans fil depuis le réseau filaire.

Activation et configuration du serveur pour les clients PPTP ou L2TP

Windows utilise RAS (*Remote Access Service*) et PPP (*Point-to-Point Protocol*) pour créer des connexions VPN. Le service Routage et accès distant active RAS, et une connexion VPN exige les options de configuration RAS suivantes :

- **Méthode d'authentification** Les connexions PPTP cryptées emploient les méthodes d'authentification MS-CHAP ou EAPTLS.
- **Fournisseur d'authentification** Ce sont les fonctionnalités de sécurité de Windows 2000 ou d'un serveur RADIUS externe qui contrôlent les clients réseau.
- **Routage IP** Il faut que le routage IP et l'accès distant fondé sur IP soient activés. Si le réseau filaire fait office de serveur DHCP pour les clients sans fil, alors il faut que DHCP soit actif.

Configuration de ports PPTP ou L2TP

Configurez chaque port PPTP ou L2TP pour qu'il accepte les accès distants.

Configuration de filtres réseau

Les filtres d'E/S empêchent le serveur d'accès distant d'émettre et de recevoir des données n'émanant pas d'un client VPN. Ces filtres rejettent les données provenant d'utilisateurs non –autorisés ou en direction de ces mêmes utilisateurs, de sorte que ces intrus ne puissent pas obtenir de connexion Internet (ou de connexion au réseau filaire) via le réseau sans fil.

Configuration de stratégies d'accès distant

Pour chaque client sans fil, il faut définir la permission d'accès distant de façon qu'elle autorise les accès au serveur RAS. Le type de port doit être réglé sur le bon protocole VPN (par exemple, PPTP ou L2TP) et le profil de chaque connexion doit spécifier le type de chiffrement en usage. Sous Windows, il existe trois niveaux de chiffrement :

- Basique emploie une clé de chiffrement à 40 bits ;

- Robuste   emploie une clé de chiffrement à 56 bits ;
- Très robuste   emploie une clé de chiffrement à 128 bits.

Serveurs VPN pour Unix

PoPToP est un serveur PPTP pour Linux, OpenBSD, FreeBSD et autres variantes d'Unix. Pour plus de détails sur l'installation et la configuration, ou pour télécharger la version courante, allez à l'adresse `http://poptop.lineo.com`.

Toutes les variantes de BSD (dont FreeBSD, NetBSD, OpenBSD et Mac OS X) incluent en standard un client et un serveur VPN IPSec.

Linux FreeS/WAN est l'implémentation la plus répandue d'IPSec pour Linux. Allez à l'adresse `http://www.freeswan.org` pour tous téléchargements, documentations et accès à la communauté des utilisateurs de FreeS/WAN.

Si vous utilisez un pare-feu Linux, vous serez peut-être amené à employer VPN Masquerade à la place d'un add-on comme PoPToP. La fonctionnalité IP Masquerade du noyau Linux permet de partager une connexion Internet entre plusieurs clients. VPN Masquerade est la partie d'IP Masquerade qui gère les clients PPTP et IPSec. Pour plus de détails sur Linux VPN Masquerade, consultez `http://www.linuxdoc.org/HOWTO/VPN-Masquerade-HOWTO.html`.

Équipements réseau avec prise en charge VPN intégrée

Un ordinateur dédié exécutant Linux ou l'une des versions BSD d'Unix peut faire office de serveur VPN bon marché ; une autre solution consiste à utiliser un serveur Windows déjà employé à d'autres fins, qui fournira des accès VPN avec peu ou pas de frais supplémentaires. Cependant, un serveur réseau représente souvent une solution trop lourde pour un problème relativement simple. Nombre de commutateurs, de routeurs, de passerelles et de pare-feux matériels incluent une prise en charge VPN. Cisco, 3Com, Intel et beaucoup d'autres fabricants proposent des équipements VPN qui sont souvent plus faciles à installer et à administrer qu'un ordinateur dédié.

Sur un réseau sans fil, le serveur VPN n'a pas besoin d'être aussi sophistiqué qu'un serveur de grand réseau d'entreprise. Comme le montre la figure 15-3, un routeur situé entre le point d'accès et la partie filaire d'un réseau d'entreprise peut servir très facilement de serveur VPN. Sur un réseau domestique, le serveur VPN peut s'insérer entre le point d'accès et un modem DSL ou câble.

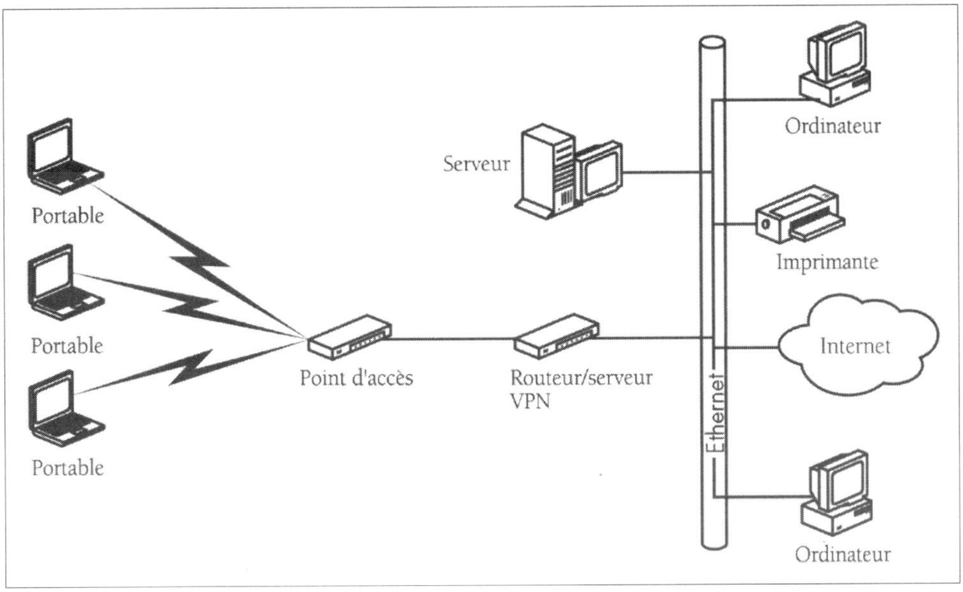

Figure 15-3 Un routeur réseau peut aussi faire office de serveur VPN pour un réseau sans fil

Il existe aussi des équipements dédiés pour client VPN, qui se placent entre l'ordinateur et le réseau ; mais, sur un réseau sans fil, cela n'est guère pratique car la carte sans fil est presque toujours branchée directement dans l'ordinateur lui-même.

Logiciel client VPN

Un client sans fil se connecte à un serveur VPN, via sa liaison Ethernet au point d'accès, que le système d'exploitation considère comme étant une connexion de réseau local. Pour pouvoir créer un tunnel VPN via cette connexion, il faut installer le protocole de tunnelage sous la forme d'un service réseau.

Configuration de Windows pour VPN

La plupart des versions de Windows incluent une prise en charge des réseaux privés virtuels, mais qui n'est pas installée par défaut. Par conséquent, la première étape de la création d'un client VPN consiste à installer le protocole. Voici la procédure à suivre dans les versions client de Windows :

1. Dans le panneau de configuration, sélectionnez Ajout/Suppression de programmes.
2. Ouvrez l'onglet Installation de Windows dans la fenêtre Ajouter ou supprimer des programmes.
3. Sélectionnez Communications dans la liste Composants, puis cliquez sur le bouton Détails. S'ouvre alors la fenêtre Communications (figure 15-4).

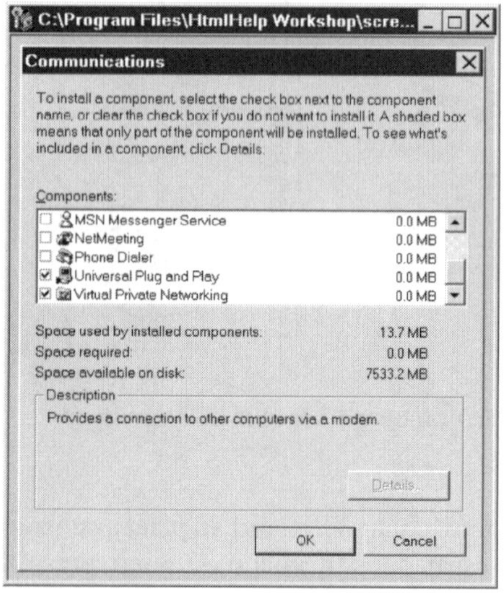

Figure 15-4 Cochez Réseau privé virtuel dans la liste des composants de Communications pour installer le protocole VPN

4. Faites défiler la liste des composants jusqu'à ce qu'apparaisse Réseau privé virtuel. Cochez cette ligne.
5. Cliquez sur le bouton OK de la fenêtre Communications, puis sur celui de la fenêtre Ajout/Suppression de programmes.
6. Réamorcez l'ordinateur quand on vous le demande.

Sous Windows NT et Windows 2000, la procédure est la suivante :

1. Dans le panneau de configuration, sélectionnez l'icône Réseau.
2. Dans l'onglet Protocoles, cliquez sur le bouton Ajouter. S'ouvre alors la boîte de dialogue Sélection de protocole réseau.
3. Sélectionnez le protocole PPTP dans la liste, puis cliquez sur OK. Windows charge alors les fichiers PPTP.

4. Quand apparaît la fenêtre Configuration de PPTP, sélectionnez le nombre de périphériques VPN à gérer sur ce client. Le plus souvent, un seul périphérique suffit pour un client sans fil.
5. Cliquez sur les boutons OK de toutes les fenêtres ouvertes.
6. Redémarrez l'ordinateur pour activer le client VPN.
7. Pour ajouter le client VPN en tant que port RAS, ouvrez le panneau de configuration et sélectionnez derechef Réseau. Allez dans l'onglet Services et sélectionnez l'option Service d'accès distant.
8. Cliquez sur le bouton Propriétés pour ouvrir la boîte de dialogue Propriétés de Service d'accès distant.
9. Cliquez sur le bouton Ajouter pour ouvrir une fenêtre Ajouter périphérique RAS.
10. Si VPN1-RASPPTPM n'est pas visible, déroulez la liste des périphériques, sélectionnez VPN1-RASPPTPM puis cliquez sur OK.
11. Sélectionnez le port VPN et cliquez sur le bouton Configurer. Choisissez l'option qui spécifie le port de réseau sans fil, puis cliquez sur OK.

Enfin, il faut créer un profil de connexion qui crée la connexion au serveur VPN :

1. Dans le panneau de configuration ou dans la fenêtre Poste de travail, ouvrez Connexions réseau et accès à distance.
2. Cliquez deux fois sur l'icône Créer une nouvelle connexion. L'assistant Créer une nouvelle connexion démarre alors.
3. Dans le premier écran de l'assistant (figure 15-5), tapez le nom de votre serveur VPN dans le champ réservé à cet effet.

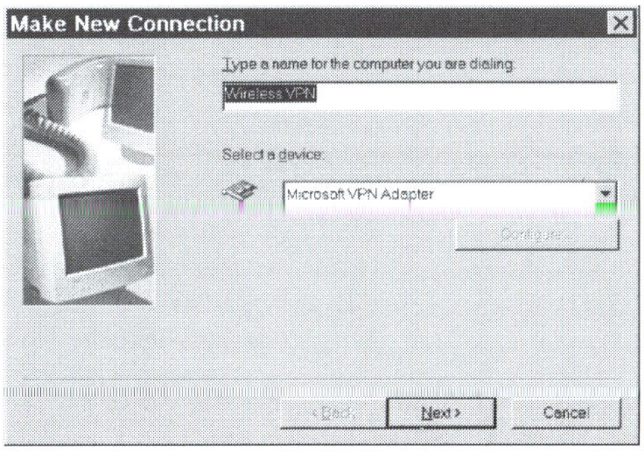

Figure 15-5 Choisissez l'option Adaptateur VPN Microsoft pour créer un profil de connexion VPN

4. Ouvrez le menu Sélectionnez un périphérique, puis prenez l'option Adaptateur VPN. Cliquez sur Suivant pour afficher l'écran suivant de l'assistant.
5. Tapez l'adresse IP du serveur VPN dans le champ Nom d'hôte ou adresse IP. Cliquez sur Suivant. L'assistant confirme qu'il a créé un nouveau profil de connexion.
6. Cliquez sur Terminer pour fermer l'assistant. L'icône du nouveau profil de connexion doit alors apparaître dans la fenêtre des connexions réseau.
7. Si vous prévoyez d'utiliser souvent la connexion VPN sans fil, créez un raccourci vers le nouveau profil de connexion. Windows placera automatiquement ce raccourci sur le bureau.

Sous Windows XP, un assistant simplifie grandement l'ensemble du processus :

1. Dans le panneau de configuration, ouvrez Connexions réseau.
2. Cliquez deux fois sur l'icône Créer une nouvelle connexion.
3. Dans la fenêtre Type de connexion réseau (figure 15-6), cochez l'option Connexion au réseau d'entreprise.

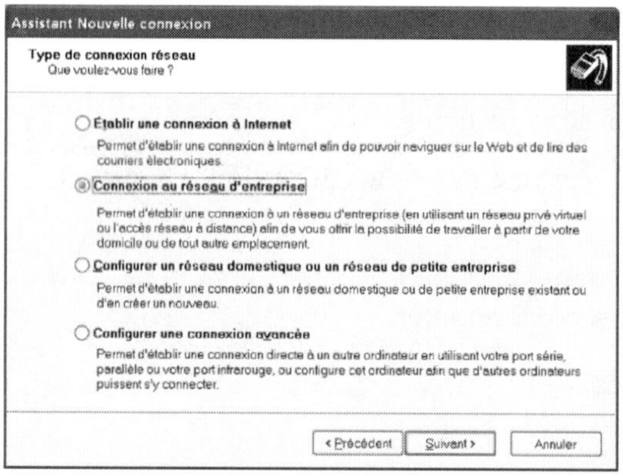

Figure 15-6 L'option de création d'une liaison VPN parle de connexion à un réseau d'entreprise, mais s'applique aussi à un réseau privé virtuel sans fil

4. Dans la fenêtre Connexion réseau (figure 15-7), cochez l'option Connexion réseau privé virtuel.

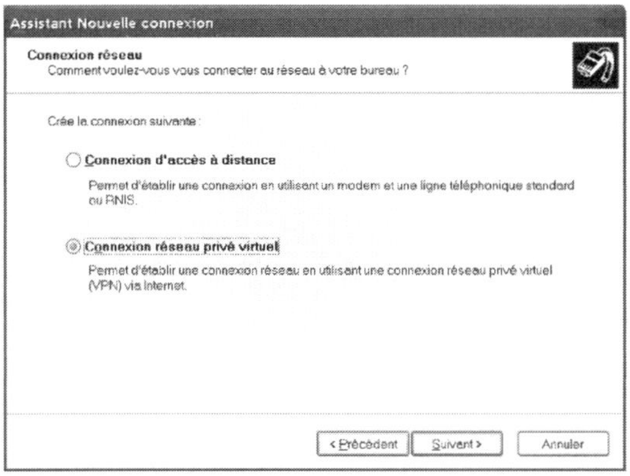

Figure 15-7 Cochez l'option Connexion réseau privé virtuel pour créer une connexion VPN

5. Dans la fenêtre Nom de la connexion, tapez un nom pour la connexion VPN sans fil. Ce nom sera celui du raccourci de la connexion sur le bureau. Cliquez sur Suivant.
6. Dans la fenêtre Réseau public (figure 15-8), cochez l'option Ne pas établir la connexion initiale ; en effet, vous n'avez pas besoin de vous connecter via une ligne téléphonique. Cliquez sur Suivant.
7. Dans la fenêtre Sélection de serveur VPN (figure 15-9), tapez l'adresse IP du serveur VPN.
8. Cliquez sur Suivant puis sur Terminer pour finir avec l'assistant.

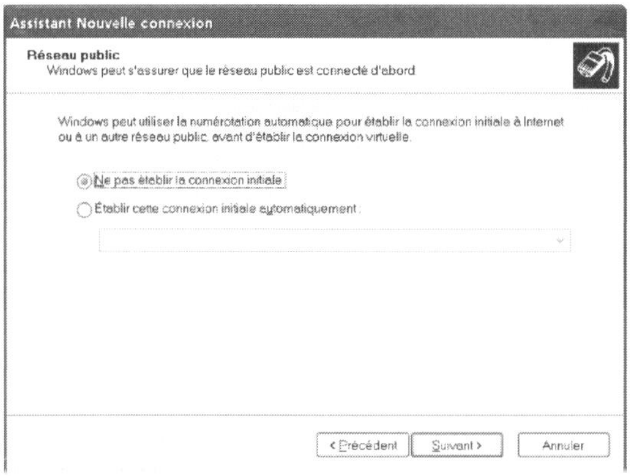

Figure 15-8 Sur un réseau sans fil, le VPN n'exige pas de connexion commutée

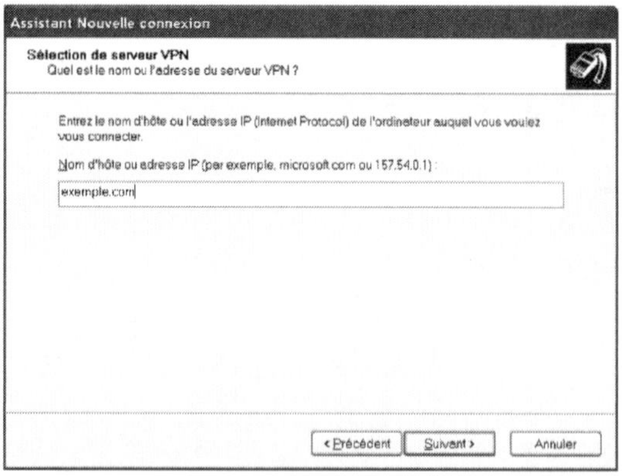

Figure 15-9 Le champ Nom d'hôte ou adresse IP contient l'identification du serveur VPN à l'autre extrémité de la liaison sans fil

Client VPN Microsoft L2TP/IPSec

Microsoft inclut un client pour connexions L2TP fondées sur IPSec, sous Windows 2000 et Windows XP. L'équivalent pour Windows 98/Me et Windows NT Workstation 4.0 est téléchargeable gratuitement chez Microsoft. Pour trouver le programme, allez sur la page Microsoft Windows 2000 Tools and Utilities (`http://www.microsoft.com/windows2000/downloads/tools/default.asp`) et sélectionnez le lien idoine.

Création de la connexion sous Windows

Une fois créé le profil de connexion VPN, il est facile de connecter un client Windows au réseau local hôte ou à Internet via la liaison VPN sans fil : il suffit de double-cliquer sur l'icône du profil de connexion. Windows demande un nom et un mot de passe avant de créer la connexion.

Si votre connexion sans fil est la méthode que vous utilisez le plus souvent pour vous connecter à Internet, vous pouvez en faire la connexion par défaut, qui s'ouvrira chaque fois que vous exécuterez une application réseau telle qu'un navigateur Web ou une messagerie. Voici comment faire du profil VPN le profil par défaut :

1. Ouvrez la fenêtre Options Internet du panneau de configuration.
2. Allez dans l'onglet Connexions.
3. Dans la section Options de numérotation, sélectionnez le profil de connexion VPN dans la liste puis cliquez sur le bouton Par défaut.

4. Cliquez sur le bouton Paramètres. Dans la section Options de numérotation, tapez votre nom et votre mot de passe pour le serveur VPN.
5. Cochez l'option Etablir une connexion s'il n'existe pas de connexion réseau.

Options VPN sous Windows XP

Windows XP offre de nombreuses options VPN inédites. Voici comment les configurer :

1. Ouvrez la fenêtre Connexions réseau du panneau de configuration. Si vous disposez d'un raccourci bureau pour votre connexion VPN, vous pouvez sauter cette étape.
2. Double-cliquez sur l'icône VPN. Apparaît alors une fenêtre de connexion (figure15-10).

Figure 15-10 La fenêtre Connexion permet de configurer un réseau privé virtuel sous Windows XP

3. Cliquez sur le bouton Propriétés. La fenêtre des propriétés du client VPN s'ouvre alors. La figure 15-11 montre l'onglet Général de la fenêtre des propriétés.
4. L'adresse IP du serveur VPN doit normalement figurer dans le champ Nom d'hôte. L'option Etablir d'abord une autre connexion devrait être désactivée. Cliquez sur l'onglet Gestion de réseau pour afficher les options (figure 15-12).
5. Dans la liste Type de réseau VPN, sélectionnez le type de serveur VPN que votre réseau utilisera. Dans le doute, prenez l'option Automatique.

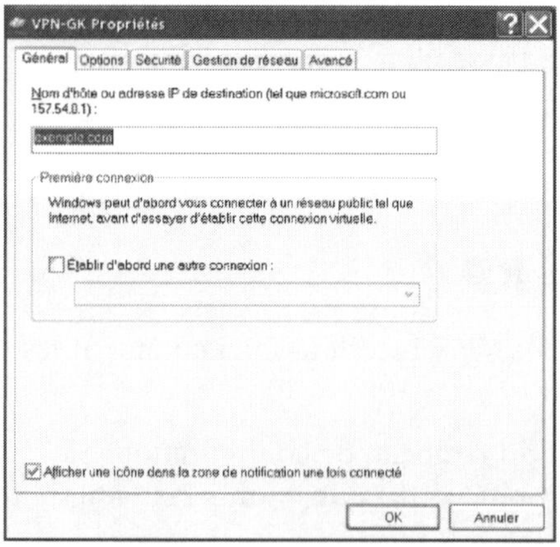

Figure 15-11 L'onglet Général spécifie la destination d'une connexion VPN

Figure 15-12 L'onglet Gestion de réseau spécifie les options de configuration réseau du VPN

6. Sélectionnez Protocole Internet (TCP/IP) dans la liste, puis cliquez sur le bouton Propriétés pour modifier les paramètres réseau. Vous pouvez soit utiliser un serveur DHCP, soit spécifier des valeurs manuelles pour l'adresse IP et les adresses des serveurs DNS.

7. Cliquez sur l'onglet Avancé pour afficher la fenêtre de la figure 15-13. Si votre réseau n'est pas déjà protégé par un pare-feu, cochez la case Pare-feu de connexion Internet. Cette option protégera le client sans fil des attaques venant d'Internet.

Les onglets Options et Sécurité de la fenêtre Propriétés spécifient des options de connexion qui, en principe, restent celles définies par défaut. L'administrateur de réseau désireux de modifier les paramètres de sécurité doit apprendre aux utilisateurs comment configurer ces options de façon à se conformer aux exigences spécifiques du réseau.

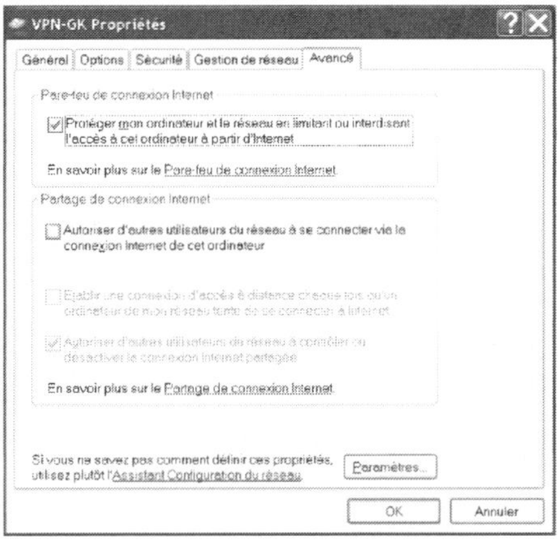

Figure 15-13 L'onglet Avancé permet d'activer un pare-feu sur le réseau privé virtuel

Clients VPN pour Unix

L'utilisation d'un client VPN avec Unix est plus compliquée qu'avec Windows, étant donné que le client n'est pas intégré au noyau. Il faut donc trouver un programme client qui fonctionne avec la version d'Unix et avec le protocole VPN que vous essayez d'utiliser. Il n'y a pas de programme qui offre un client VPN universel et certaines combinaisons, par exemple PPTP sur les versions d'Unix BSD, sont *a priori* inconnues au bataillon.

PPTP-linux

PPTP-linux est un client Linux pour serveurs PPTP. Les développeurs du programme ont encouragé les utilisateurs à porter leur programme vers d'autres versions d'Unix, mais leurs propres activités se concentrent sur Linux.

La page non officielle de PPTP-linux est `http://www.scooter.cx/alpha/pptp.html`.

Clients IPSec

Les utilisateurs Linux peuvent choisir entre plusieurs implantations IPSec :

- FreeS/WAN (`http://www.freeswan.org`) ;
- pipsecd (`http://perso.enst.fr/~beyssac/pipsec`) ;

- NIST Cerberus (http://www.antd.nist.gov/cerberus).

IPSec est inclus dans la distribution OpenBSD. Vous trouverez un mode d'emploi sur http://www.x-itec.de/projects/tuts/ipsec-howto.txt.

L'implémentation IPSec pour FreeBSD est sur http://www.r4k.net/ipsec.

Pour plus de détails sur NetBSD IPSec, consultez http://www.netbsd.org/Documentation/network/ipsec.

Utilisation d'un réseau privé virtuel sans fil

Quand vous concevez un VPN pour protéger les données de votre réseau lorsqu'elles circulent sur la liaison sans fil, il est important de bien connaître les emplacements des extrémités du tunnel VPN. Si le tunnel ne s'étale que sur la liaison sans fil (figure 15-14), le réseau a le même aspect qu'il aurait s'il n'y avait pas de VPN. En revanche, si le tunnel s'étend au-delà des points d'accès pour emprunter un réseau étendu (par exemple Internet), tel celui de la figure 15-15, le client sans fil peut donner l'impression de faire partie d'un réseau local situé de l'autre côté de la rue ou du Pacifique.

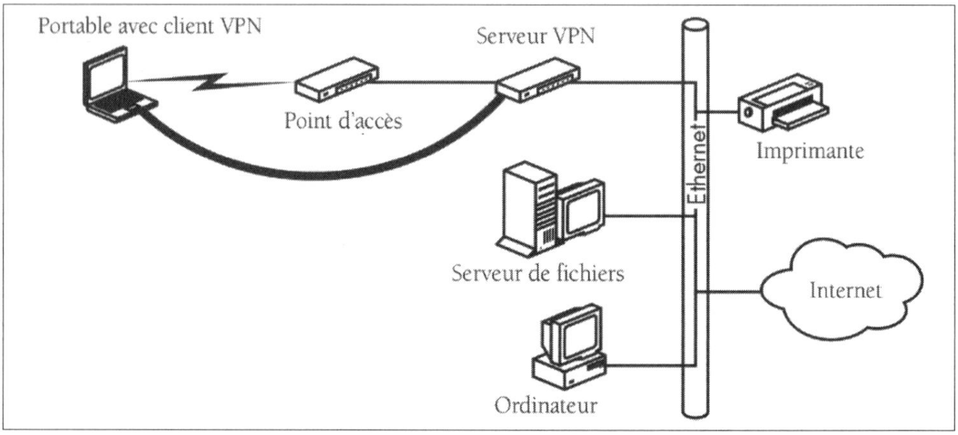

Figure 15-14 Un VPN sans fil ayant le serveur placé sur le point d'accès protège les données circulant sur la liaison sans fil, mais n'étend pas le réseau

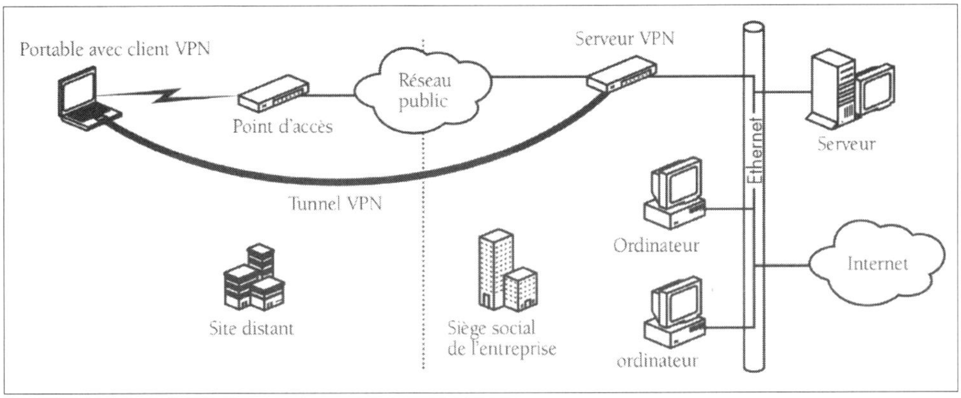

Figure 15-15 Un VPN peut inclure la liaison sans fil et une connexion « intervilles » vers un réseau d'entreprise par l'intermédiaire d'Internet

Quelle doit donc être la longueur d'un VPN sans fil ? Tout dépend de la fonction de votre réseau. Si votre réseau sans fil est là pour desservir des portables et autres ordinateurs légers situés dans vos bureaux, votre usine ou votre campus, il est judicieux de placer le serveur entre le réseau des points d'accès et la connexion au réseau local d'entreprise. Ainsi il protégera les données des utilisateurs sans fil et refoulera les intrus, mais il n'affectera pas les utilisateurs filaires.

À domicile ou sur un réseau de petite entreprise, les points d'accès sont généralement connectés à un routeur faisant office de passerelle Internet pour les ordinateurs du bureau ou de la maison. Si le point d'accès et la passerelle sont dissociés, vous pouvez placer le serveur VPN entre les deux. Mais si le point d'accès et la passerelle sont combinés, il faut soit utiliser des clients VPN sur toutes vos machines, y compris sur les ordinateurs filaires et placer le client entre la passerelle et le modem Internet (figure 15-16), soit ignorer les ports Ethernet filaires de la passerelle et ajouter un nouveau concentrateur ou commutateur entre le serveur VPN et le modem Internet (figure 15-17).

Création de la connexion

Si vous utilisez la plupart du temps le réseau local sans fil avec la protection VPN, faites du profil VPN votre connexion par défaut. Chaque fois que vous exécutez une application réseau, l'ordinateur essaiera de se connecter via le VPN sauf si vous commencez par ouvrir une autre connexion (par exemple, une ligne téléphonique commutée).

Pour faire d'un profil de connexion le profil par défaut sous Windows, ouvrez la fenêtre contenant les icônes des connexions, cliquez avec le bouton droit de la souris sur l'icône du profil concerné, puis appelez la commande contextuelle Définir en tant que connexion par défaut.

Pour vous connecter à un VPN qui n'est pas celui par défaut, double-cliquez sur l'icône du profil de connexion de ce VPN. Vous verrez alors apparaître une fenêtre de connexion (figure 15-18). tapez votre nom et votre mot de passe, puis cliquez sur le bouton Connecter. Si le serveur VPN reconnaît votre compte, il établira la connexion.

Contournement du VPN

Même si vous utilisez en principe un VPN pour protéger vos données sans fil, vous pourrez parfois avoir besoin d'émettre des données en clair sans passer par le VPN. Par exemple, vous pourriez utiliser un VPN dans vos bureaux ou chez vous ; mais quand vous vous servez du même ordinateur dans une aérogare ou une cafétéria, ou tout autre endroit qui n'est pas protégé par un VPN, vous utiliserez cet ordinateur et sa carte réseau pour vous connecter directement.

En outre, les programmes de configuration contrôlant le canal, le SSID et les autres options du réseau sont des utilitaires fondés sur le Web qui partent du point d'accès. Comme le point d'accès est dans le tunnel VPN, il est impossible d'émettre des commandes vers le point d'accès via le VPN.

Il est important de retenir que vous pouvez utiliser un VPN quand nécessaire et le contourner quand vous voulez faire une connexion directe.

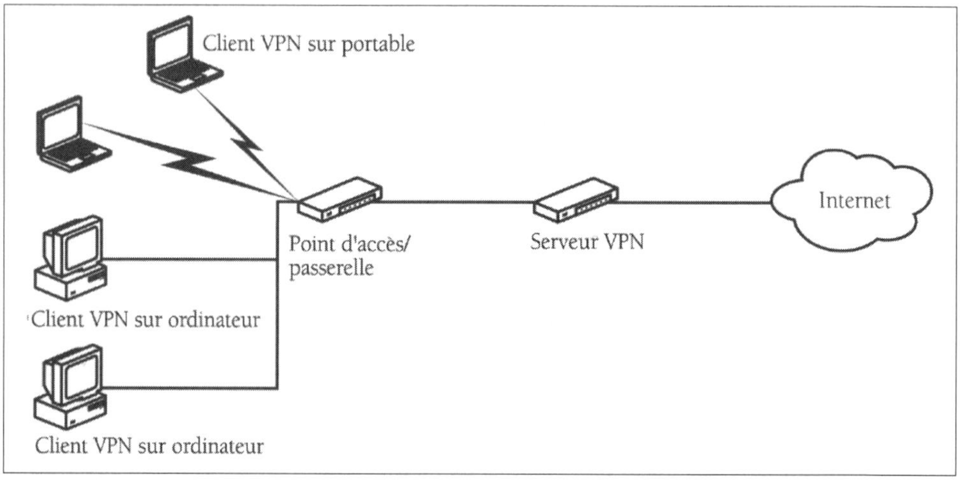

Figure 15-16 Sur un petit réseau local, vous pouvez employer des clients VPN sur chaque ordinateur

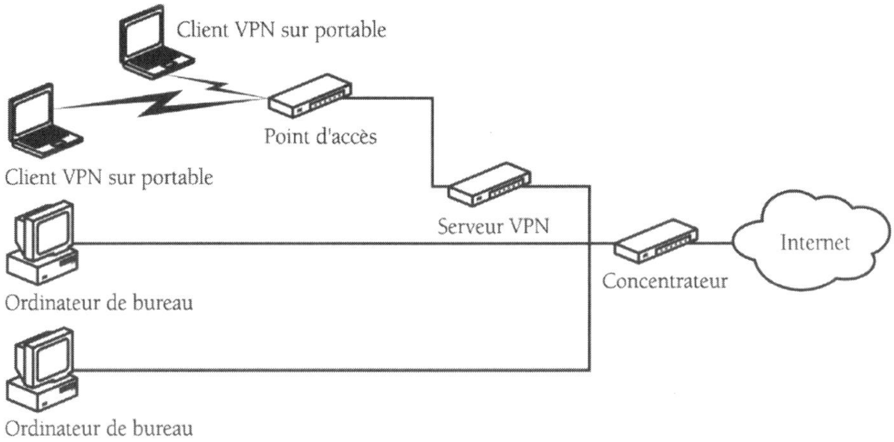

Figure 15-17 Sur ce réseau, le VPN ne protège que les liaisons sans fil

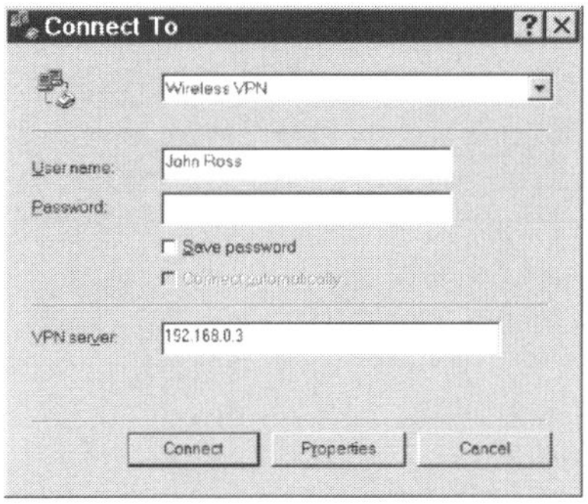

Figure 15-18 Une connexion VPN exige en principe un nom et un mot de passe

Utilisation d'un VPN sur un réseau public

Quand vous connectez votre portable au réseau local de votre entreprise via un réseau public situé dans un aéroport ou dans un centre de congrès, vous pouvez vous connecter via le réseau public à Internet puis au serveur VPN de votre entreprise. Comme vous devez vous connecter au réseau public avant d'initier la connexion VPN, créez un profil de connexion « VPN via Réseau public » en plus du profil que vous utilisez au bureau. Le profil doit pointer vers le serveur VPN de votre entreprise, mais ne doit pas être votre connexion par défaut.

Pour vous connecter via un réseau public depuis une machine Windows, procédez ainsi :

1. Allumez l'ordinateur doté de la carte sans fil.
2. Servez-vous de votre utilitaire de configuration sans fil pour sélectionner le réseau public à utiliser.
3. Lancez Internet Explorer, Netscape Navigator ou tout autre navigateur Web. Vous verrez apparaître l'écran de connexion au réseau public.
4. Tapez votre nom et votre mot de passe pour vous faire valider sur le réseau public.
5. Réduisez en icône la fenêtre du navigateur, puis ouvrez la fenêtre des connexions réseau.
6. Cliquez deux fois sur l'icône du profil VPN via Réseau public. L'ordinateur se connecte alors via Internet au réseau local de votre entreprise.
7. Tapez le nom et le mot de passe du réseau local d'entreprise.

CHAPITRE 16

Astuces et résolution des problèmes

Quand tout fonctionne correctement sur votre réseau sans fil, l'utilisation en est transparente. Il suffit d'allumer la carte sans fil et d'aller en ligne.

Comme toujours en informatique, le réseau fonctionne bien quand tout est configuré de façon optimale ; mais le paramètre clé est souvent caché derrière une foultitude de fenêtres et de boîtes de dialogue. Et pour peu qu'une obscure option de configuration soit mal paramétrée, la connexion bat de l'aile.

Ce chapitre présente quelques problèmes courants et explique comment les résoudre.

Mon ordinateur ne détecte pas ma carte réseau

En principe, Windows détecte automatiquement une carte PCMCIA ou USB quand vous insérez la carte ou quand vous allumez l'ordinateur après avoir inséré la carte. Si vous employez une PC Card, vous devez entendre un son spécial quand le contrôleur PCMCIA la détecte et la barre système doit afficher (à côté de l'heure) une icône de PC Card (figure 16-1).

Si Windows n'active pas automatiquement votre carte réseau, c'est qu'il ne trouve sans doute pas le bon pilote, soit pour l'emplacement PCMCIA soit pour la carte elle-même. Le gestionnaire de périphériques (figure 16-2) affiche une icône dotée d'un point d'exclamation jaune ou d'un X rouge pour chaque périphérique problématique. Cliquez avec le bouton droit de la souris sur la ligne concernée, puis appelez la commande contextuelle Propriétés pour restaurer le périphérique ou réinstaller le pilote.

S'il n'existe pas de rubrique pour l'emplacement PCMCIA ou pour la carte réseau, installez un pilote à partir du disque d'accompagnement ou téléchargez un nouveau pilote depuis le site Web du fabricant.

Si votre Macintosh ne détecte pas la carte AirPort, essayez de recharger le logiciel AirPort.

Sous Linux, la PC Card exige les services PCMCIA plus Wireless Extensions. Sous Unix, installez le pilote spécifique à votre carte réseau.

Figure 16-1 L'icône PC Card apparaît quand il y a un périphérique actif dans l'emplacement PCMCIA de l'ordinateur

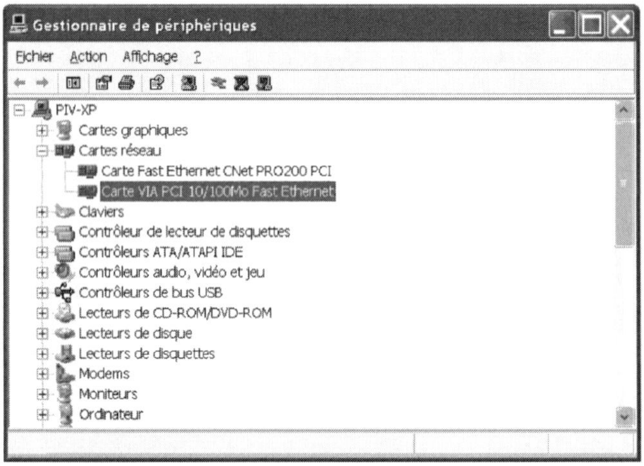

Figure 16-2 Le gestionnaire de périphériques indique les périphériques présentant des problèmes

L'utilitaire de configuration sans fil ne fonctionne pas

De nombreux programmes de configuration sans fil ont été écrits pour un type précis de carte réseau. Ces programmes recherchent la carte idoine quand ils démarrent et, s'ils ne la trouvent pas, ils s'arrêtent automatiquement. Par conséquent, le programme de configuration d'un fabricant ne fonctionne généralement pas avec une carte d'un autre fabricant. Les exceptions sont les cartes et programmes de configuration vendus sous plusieurs noms de marque, par exemple Cisco et Xircom ou Orinoco et Apple, et les programmes de configuration livrés avec Windows et d'autres systèmes d'exploitation.

La solution au problème consiste à installer le logiciel de configuration et d'administration qui a été écrit pour la carte que vous essayez d'utiliser. Si vous n'avez pas le CD fourni avec la carte, vous pourrez sans doute télécharger le programme depuis le site Web du fabricant.

L'utilitaire de configuration sans fil démarre, alors même que je n'utilise pas ma carte réseau

Certains programmes de configuration et d'administration sans fil essaient de s'exécuter à chaque démarrage de l'ordinateur. Les logiciels accompagnant les cartes D-Link sont particulièrement pénibles en cela. L'exécution d'un programme sans fil au démarrage de la machine est bien pour un ordinateur de bureau qui utilise ce programme pour se connecter systématiquement à un réseau local, mais c'est moins utile sur un ordinateur portable qui n'a pas souvent besoin d'une connexion sans fil.

Voici comment supprimer la fonctionnalité de démarrage automatique sous Windows :

1. Depuis le menu Démarrer de Windows, appelez la commande Exécuter.
2. Tapez msconfig dans le champ Ouvrir, puis cliquez sur OK.
3. Allez dans l'onglet Démarrage pour afficher la liste des programmes qui sont lancés automatiquement à chaque démarrage de Windows.
4. Repérez dans la liste le programme de configuration sans fil, puis videz la case associée.
5. Tant que vous y êtes, désactivez les programmes qui sont lancés au démarrage de Windows et dont vous n'avez pas besoin.
6. Cliquez sur OK, puis redémarrez l'ordinateur quand Windows vous demande de le faire.

Lorsque vous aurez supprimé plusieurs programmes de la liste de démarrage, vous verrez sans doute que Windows démarre plus rapidement qu'auparavant.

Même si le programme de configuration ne s'exécute plus à chaque démarrage de Windows, vous pouvez le lancer manuellement quand nécessaire. Vous verrez probablement des raccourcis vers un ou plusieurs programmes sans fil sur le bureau ou dans le menu Programmes.

Mon ordinateur ne s'associe pas au réseau local

Si vous ne trouvez pas le réseau, vérifiez les points suivants :

- Vérifiez que la carte sans fil PC Card est insérée correctement dans l'emplacement PCMCIA.
- Vérifiez que le câble reliant la carte USB à l'ordinateur est correctement connecté aux deux extrémités.
- Ouvrez le programme de configuration sans fil et vérifiez que le SSID concorde avec le SSID du point d'accès que vous voulez utiliser.
- Si vous utilisez un point d'accès, vérifiez que votre carte réseau est configurée comme réseau d'infrastructure ; si vous essayez de vous connecter directement à une autre carte sans fil, vérifiez que les deux postes sont configurés comme réseau ad hoc.
- Vérifiez que les paramètres WEP du réseau concordent avec ceux de la carte.
- Confirmez que l'adresse IP est correcte. Si le point d'accès ou quelque autre serveur DHCP assigne automatiquement les adresses IP, vérifiez que les paramètres TCP/IP de l'ordinateur sont configurés de façon que l'adresse soit obtenue automatiquement.
- Vérifiez que la longueur de préambule de votre carte sans fil est identique à celle du point d'accès. Certains programmes de configuration parlent ici d'option « Short Radio Headers ».
- Vérifiez que l'administrateur réseau a inclus l'adresse MAC de votre carte réseau dans la liste des cartes autorisées à rejoindre le réseau. Ne vous fiez pas à l'adresse MAC imprimée sur l'étiquette de la carte ; elle ne reflète pas systématiquement l'adresse réellement affectée à la carte. Servez-vous de l'utilitaire de configuration de la carte pour trouver l'adresse MAC réelle. Ne confondez pas l'adresse MAC de la carte avec l'adresse MAC du point d'accès auquel elle est connectée.

Mon ordinateur se connecte au mauvais réseau

Dans un environnement où la radio d'une carte réseau se trouve à portée des signaux de plusieurs réseaux sans fil, la carte les détecte tous. Si l'option SSID est réglée sur « ANY », le client s'associe au signal local le plus fort ; si le programme de configuration contient une liste de plusieurs SSID, il recherche les SSID dans l'ordre indiqué par la liste.

Pour configurer votre ordinateur de façon qu'il rejoigne un réseau spécifique, modifiez le paramètre SSID dans le programme de configuration sans fil et dans le nom du groupe de travail. Tant le SSID que le groupe de travail doivent coïncider avec le SSID du point d'accès que vous voulez utiliser.

Pour renommer le groupe de travail sous Windows 98/Me, faites ceci :

1. Ouvrez la fenêtre Réseau du panneau de configuration.
2. Sélectionnez l'onglet Identification.
3. Changez le nom dans le champ Groupe de travail.

Voici comment renommer le groupe de travail sous Windows 2000 et Windows XP :

1. Ouvrez la fenêtre Système du panneau de configuration.
2. Allez dans l'onglet Nom de l'ordinateur.
3. Cliquez sur le bouton Modifier.
4. Changez le nom dans le champ Groupe de travail.

En principe, la plupart des cartes sans fil balaient automatiquement tous les canaux radio disponibles en quête de signaux radio utilisables. Cependant, certaines options de configuration permettent à l'utilisateur de verrouiller la carte sur un certain canal. Si ce canal sert à un autre réseau, il est possible que la carte essaie de s'y associer ; il est donc conseillé de vérifier les options de configuration pour s'assurer que la carte pointe vers le bon canal.

Je vois le réseau local, mais ne peux pas me connecter à Internet

La plupart des réseaux locaux emploient un serveur de passerelle pour convertir les adresses IP internes au réseau en une adresse IP qui identifie ce réseau sur Internet. Pour établir une connexion Internet, les paramètres de configuration TCP/IP de l'ordinateur doivent spécifier les adresses de la passerelle et d'un ou de plusieurs serveurs DNS.

Je vois Internet, mais pas les autres ordinateurs de mon réseau local

En principe, les logiciels de pare-feu client, tel celui inclus dans Norton Internet Security, bloquent les tentatives d'accès entrant vers les fichiers et les répertoires. Cela empêche les accès non autorisés à votre ordinateur, mais bloque aussi les autres ordinateurs du réseau local sauf si vous autorisez explicitement les accès émanant de ces ordinateurs (à l'aide de leurs adresses IP). Le pare-feu doit normalement inclure une fonctionnalité proposant quelque chose comme « ordinateur approuvé » ou « autoriser accès local » (les expressions varient selon le logiciel de pare-feu) ; consultez la documentation du logiciel pare-feu pour plus de précisions.

Si ce n'est pas le pare-feu qui bloque les accès, il se peut que l'ordinateur que vous essayez d'atteindre ne soit pas configuré correctement, que le point d'accès ne reconnaisse pas l'adresse MAC de cet ordinateur ou que l'autre ordinateur ait désactivé le partage de fichiers.

La puissance ou la qualité du signal est faible

À supposer qu'il y ait un point d'accès à portée de votre ordinateur, la faiblesse du signal vient sans doute d'un quelconque obstacle entre la carte sans fil et le point d'accès. Pour améliorer la qualité et la puissance du signal, essayez de déplacer la carte (et l'ordinateur si c'est une PC Card). La longueur d'onde des signaux radio 2,4 GHz étant très courte (ce n'est pas pour rien que l'on parle de « micro-ondes » !), bouger la carte ne serait-ce que d'une courte distance peut suffire à faire la différence.

Si vous utilisez une carte USB, vous disposez de plus de souplesse en matière d'emplacement. Essayez de la placer au-dessus d'une bibliothèque ou à quelque autre endroit depuis lequel existe une bonne ligne de visibilité vers le point d'accès. Essayez aussi de basculer la carte (ou l'antenne externe), de façon qu'elle soit sur le côté et non verticale ; cela pourrait rapprocher la polarité de l'antenne de la carte de la polarité de l'antenne du point d'accès.

Je ne trouve pas un réseau public

Avant que votre ordinateur puisse se connecter à un réseau public sans fil, votre carte réseau doit s'associer au point d'accès du réseau. Si la carte ne rejoint pas automatiquement le réseau, vérifiez les paramètres de configuration suivants :

1. Vérifiez que l'utilitaire de configuration est réglé de façon à reconnaître le SSID du réseau public.
2. Vérifiez que les paramètres TCP/IP sont configurés de façon à accepter une adresse IP depuis un serveur DHCP.
3. Exécutez votre navigateur Web avant d'essayer d'utiliser un autre programme client Internet, par exemple un client de messagerie. La plupart des réseaux publics commerciaux affichent un écran de connexion *via* le navigateur et ne font pas d'autre connexion jusqu'à ce que vous vous identifiez auprès d'eux (et démarriez leur horloge de facturation).

Je ne sais pas si je suis à portée d'un réseau

Certains utilitaires sans fil détectent et affichent les SSID des réseaux proches, de sorte que vous pouvez souvent vérifier un signal rien qu'en insérant une carte puis en exécutant le programme d'état.

Pour plus de détails sur les réseaux proches, notamment sur leurs SSID, essayez d'employer Network Stumbler (disponible à `http://www.netstumbler.com`) pour identifier tous les signaux que votre carte réseau détecte. Network Stumbler est une application Windows qui ne fonctionne pas avec chaque marque de carte mais, si la vôtre est compatible, cela peut se révéler être un outil intéressant. Pour plus de détails sur des programmes similaires pour d'autres systèmes d'exploitation, essayez les liens `http://www.wardriving.com/code.php`.

Le réseau est lent

Chaque fois qu'il y a ralentissement sur un certain segment de réseau, les performances générales du réseau se dégradent. Ainsi, la lenteur d'un transfert de fichier ou d'un téléchargement pourrait découler d'un serveur saturé ou d'un trop grand nombre d'utilisateurs simultanés sur le réseau. Sur le segment sans fil, une dégradation des performances pourrait découler d'un trop grand nombre d'accès au réseau ou d'interférences dues à d'autres réseaux sans fil ou à d'autres services radio opérant sur la même fréquence. L'atténuation du signal et les interférences multichemin peuvent aussi diminuer le débit du réseau sans fil.

Pour réduire les interférences, essayez de régler le point d'accès sur un canal qui soit distant d'au moins six numéros du canal d'origine. Par exemple, si vous êtes actuellement sur le canal 2, essayez de passer sur le canal 7. Comme cela exige que l'on atteigne le point d'accès, en principe seul un administrateur réseau peut le faire.

Si le réseau sans fil est saturé en raison d'un trop grand nombre d'utilisateurs simultanés, ajoutez des points d'accès utilisant des canaux différents.

Si le débit de données entre le point d'accès et un certain client est lent, essayez de faire passer la vitesse de la carte réseau de « automatique » à 5,5 MHz, voire 2 MHz. Cela paraît aller contre l'intuition (améliorer le débit en diminuant la vitesse !), mais cela peut marcher car un émetteur utilisant une liaison haut débit réémet chaque paquet jusqu'à ce que le récepteur accuse réception d'un exemplaire propre. Si le signal est extrêmement faible ou si l'environnement est bruyant, cela risque d'exiger plusieurs retransmissions pour chaque paquet et donc multiplier d'autant le délai avant la transmission du paquet suivant. Quand vous diminuez la vitesse de transmission, chaque paquet est plus facile à comprendre et le réseau n'a donc pas besoin de passer son temps à les réémettre.

Puis-je améliorer les performances avec une antenne externe ?

Empiriquement parlant, une antenne externe améliore d'environ 15 % ou plus la puissance d'un signal de réseau sans fil, parce que vous pouvez la placer de façon que le chemin du signal soit dégagé de tout obstacle. L'antenne externe peut être connectée au point d'accès (auquel cas elle augmente la puissance du signal vers tous les clients réseau) ou à une carte sans fil. Si vous placez des antennes externes aux deux extrémités de la liaison, l'amélioration totale est d'environ 32,5 %.

Cela suppose que l'antenne captive et l'antenne externe aient exactement les mêmes caractéristiques. Si l'antenne externe est directionnelle, ou si elle offre plus de gain que l'antenne captive, l'amélioration des performances pourrait être encore plus grande. Par ailleurs, beaucoup de cartes sans fil et de points d'accès emploient deux antennes captives dans une configuration à « diversité » qui compare en permanence les signaux provenant de chaque antenne et sélectionne les plus forts. Dans un environnement bruyant, une antenne à diversité peut être plus efficace qu'un antenne simple.

Que puis-je faire d'autre pour améliorer les performances ?

Comme l'énergie émise par une antenne est souvent polarisée dans le plan horizontal ou vertical, une antenne réceptrice détecte un signal plus fort quand l'antenne émettrice a la même polarité. En d'autres termes, si l'émetteur utilise une antenne verticale (respectivement horizontale), l'antenne réceptrice détecte un signal plus fort si elle aussi est verticale (respectivement horizontale).

À courte portée, la polarité ne représente pas une différence significative au niveau des performances d'une liaison Ethernet sans fil. Même si les deux antennes ont des polarités différentes, elles échangent des signaux suffisamment forts pour assurer le débit plein pot pour les données. En revanche, quand vous essayez d'extirper le moindre bit d'un signal faible ou bruyant, vous observez une certaine amélioration si les deux antennes ont la même polarité.

Il est difficile, voire impossible, d'orienter les antennes intégrées de la plupart des cartes PC Card sans tourner l'ordinateur lui-même. En revanche, beaucoup de points d'accès ont des antennes montées sur pivots, facilitant ainsi le passage de la position horizontale à la position verticale.

Quand je passe à un autre point d'accès, la carte perd la connexion

Une carte sans fil est censée détecter tous les points d'accès situés dans les parages et passer automatiquement au point d'accès qui fournit le signal le plus propre et le plus fort. Cependant, cette itinérance ne fonctionne pas toujours bien. Il arrive que la carte perde la connexion réseau quand le signal provenant du point d'accès courant devient trop faible. Si tel est le cas, essayez de fermer la liaison sans fil et de la redémarrer (débranchez la carte sans fil, puis rebranchez-la) ; ou alors, redémarrez l'ordinateur.

Où trouver un exemplaire de la norme 802.11b ?

Les normes IEEE étant écrites par et pour des spécialistes, elles ne constituent pas une lecture très palpitante. Néanmoins, comme ce sont les définitions officielles des réseaux Ethernet sans fil, vous pourriez avoir besoin d'y jeter un œil. Vous les trouverez en ligne à l'adresse `http://standards.ieee.org/reading/ieee/std/lanman`.

Comment savoir quel est le fabricant de ma carte réseau ?

Nonobstant les étiquettes sur les cartons, beaucoup de cartes sans fil et de points d'accès sont des versions distributeur de produits d'autres fabricants. Il est souvent plus facile, pour une entreprise, d'ajouter à son catalogue des produits faits par d'autres que de créer ses propres produits.

Certaines entreprises qui distribuent des cartes et des points d'accès vous diront volontiers les noms des fabricants véritables ; mais nombre de commerciaux aiment à dire que leur entreprise fait tout elle-même. « Et puis, de toute façon, comme il y a la garantie, qu'est-ce que vous en avez à faire de savoir qui a fabriqué quoi ? »

Pour l'utilisateur ou l'administrateur réseau, peu importe le nom du fabricant originel (OEM) du moment que le produit est certifié Wi-Fi. S'il a passé les tests Wi-Fi, alors vous pouvez partir du principe qu'il fonctionnera sans trop de problème avec les autres matériels du réseau.

Il peut être intéressant, à l'occasion, de savoir ce qui se trouve vraiment à l'intérieur de telle ou telle PC Card. Si vous achetez cette carte pour une machine Unix ou Linux, les techniciens du fabricant risquent de ne pas toujours savoir où trouver les bons pilotes et les bons outils de configuration pour leurs produits ; mais si vous savez qui a fabriqué les composants, vous pouvez trouver les pilotes par vos propres moyens. Pour l'administrateur du réseau, il peut être utile de savoir quelles sont les cartes qui sont identiques à celles déjà utilisées ; ainsi, il disposera de quelques rechanges qui sont compatibles avec les pilotes utilisés par les machines des utilisateurs.

Comment donc trouver le nom de l'OEM ? Il faudra jouer les Sherlock Holmes. Chaque composant électronique vendu aux États-Unis susceptible d'émettre de l'énergie radio doit porter un numéro d'immatriculation émis par la FCC (Federal Communications Commission). Cela s'applique aux émetteurs radio, par exemple aux équipements de réseau sans fil, et à la plupart des autres composants informatiques, car ils émettent de l'énergie radio comme effet secondaire de leur fonctionnement.

Chaque équipement de réseau sans fil porte en principe un numéro FCC. Ainsi, la figure 16-3 montre l'étiquette d'une PC Card ZoomAir. Le FCC ID est BDNWLANPCCARD11.

Le FCC gère sur `http://www.fcc.gov/oet/fccid` une base de données interrogeable, qui contient tous les ID plus des liens vers les dossiers techniques que les fabricants ont fournis avec leur demande d'immatriculation. La plupart de ces informations sont de la cuisine technique rébarbative ; mais si vous jetez un œil sur les dossiers, vous trouverez souvent quelque chose qui permet d'identifier les fabricants d'origine.

Dans le cas présent, c'est simple. Dans l'un des rapports de test, il est dit que la « carte est identique à la carte Intersil ». Voilà l'information dont vous avez besoin pour installer la carte sur votre machine Unix ; les cartes Intersil emploient le pilote wi.

La base de données FCC est aussi un outil fantastique pour les personnes comme moi qui ont un carton plein de vieilles cartes informatiques et qui ne se rappellent pas toujours pourquoi ils ont gardé telle ou telle carte. La base de données associe chaque carte à une description, voire à un exemplaire du manuel utilisateur. En connaissant la marque et le numéro de modèle, vous pouvez généralement trouver un site Web de fabricant qui offre encore plus de détails.

Figure 16-3 Chaque équipement de réseau sans fil dispose d'une immatriculation FCC

Le logiciel fourni avec ma carte réseau ou mon point d'accès est-il à jour ?

Le logiciel accompagnant une carte sans fil existe sous deux formes : des programmes exécutés sur l'ordinateur auquel est connectée la carte, et des microprogrammes (firmware) internes contrôlant la carte elle-même. Pour ce qui concerne un point d'accès, tout le logiciel est du firmware.

Les fabricants de matériels réseau sans fil (et de la plupart des autres produits informatiques) sortent souvent de nouvelles versions de leurs logiciels d'accompagnement. Il peut s'agir de correctifs (pour des bogues découverts après la commercialisation du produit), de prises en compte de nouveaux systèmes d'exploitation ou de fonctionnalités additionnelles (chiffrement, *etc.*). Il est toujours bon de vérifier le site Web du fabricant pour voir les dernières nouveautés.

L'installation de nouveaux programmes de configuration et d'état est chose facile ; il suffit de charger la nouvelle version par-dessus l'ancienne. Le plus souvent, le fabricant fournit le logiciel sous la forme d'un fichier exécutable qui supprime automatiquement les précédentes versions et exécute une routine d'installation complète. Il est conseillé de lire le fichier LISEZMOI ou toutes autres instructions fournies dans le cadre du téléchargement.

Actualiser le firmware est chose plus délicate. Le fabricant inclut toujours des instructions détaillées à suivre à la lettre. Avant de mettre à niveau le firmware d'un point d'accès, pensez à avertir tous vos utilisateurs que le réseau va être mis hors ligne pour raisons de maintenance.

Comment économiser la pile de mon ordinateur ?

Comme un émetteur radio convertit le courant en signaux radios, la pile d'un portable s'use plus vite s'il y a une carte sans fil. Il existe, fort heureusement, quelques petites astuces pour minimiser la charge pesant sur la pile.

Déconnectez la carte si vous ne l'utilisez pas. Si vous êtes dans un avion ou dans un train ou dans tout autre endroit dans lequel vous êtes hors de portée de signaux radio, ou bien si vous utilisez l'ordinateur pour faire quelque chose qui n'exige pas d'accès réseau, retirez la PC Card de son emplacement ou débranchez le câble USB. Si votre ordinateur dispose d'une carte sans fil interne, désactivez-la.

Ce conseil reste valable pour n'importe quel périphérique enfichable placé sur une PC Card. Si vous ne vous en servez pas, ôtez-le. Modems, cartes Ethernet et disques sur carte, tout ces matériels consomment de l'électricité quand ils sont insérés dans l'ordinateur ; si l'emplacement est vide, la pile durera plus longtemps.

Quand vous vous servez de votre carte sans fil, vous pouvez diminuer la consommation de courant en utilisant le protocole PSP (Power Saving Protocol) de la norme 802.11. Quelque part dans l'utilitaire de configuration de la carte, il existe des options de gestion d'énergie permettant de dire à la carte de passer en mode économique :

- CAM (*Constantly Awake Mode*) Ce mode consomme le plus de courant et offre les temps de réponse les plus rapides. Dans ce mode, la carte est allumée en permanence. Elle reçoit tous les messages dès que le point d'accès les reçoit.
- PSP (*Power Saving Protocol*) Ce mode consomme moins de courant, mais offre des temps de réponse plus lents. En mode PSP, la carte dit au point d'accès de conserver dans un tampon les messages destinés à ce nœud puis elle entre en mode d'économie d'énergie. À intervalles réguliers (plusieurs fois par minute), la carte s'éveille et interroge le point d'accès. Comme il y a un délai entre la réception du message par le point d'accès et l'envoi du message à la carte, les données et les messages mettent plus de temps à circuler sur le réseau.

Puis-je me servir de mon point d'accès comme pont réseau ?

Un point d'accès est un pont entre un réseau sans fil et un réseau local filaire. S'il ne suffit pas d'un seul point d'accès pour couvrir toute la zone censée être desservie par le réseau sans fil, la connexion de points d'accès supplémentaires au réseau filaire permet d'étendre la zone de couverture. Un « pont sans fil » dans lequel la liaison sans fil relie deux réseaux locaux est une fonctionnalité plus spécialisée.

De nombreux points d'accès proposent une option de pontage sans fil, qui ne fait pas encore partie des fonctionnalités basiques communes à tous les points d'accès. Si vous prévoyez d'employer un point d'accès comme pont entre des réseaux, vérifiez les spécifications avant d'acheter. Le mieux est de prendre un pont sans fil distinct plutôt que de chercher une carte sans fil qui fasse tout et mal.

Il paraît que les signaux des téléphones cellulaires seraient dangereux. Qu'en est-il d'Ethernet sans fil ?

D'aucuns considèrent comme un fait avéré la dangerosité des téléphones cellulaires. Scientifiques et ingénieurs ont conduit des études et publié des papiers qui prétendent démontrer que l'utilisation répétée d'un téléphone cellulaire peut (ou ne peut pas) provoquer le cancer, faire tourner le lait, ou avoir un autre effet terrifiant. L'exposition à des champs électromagnétiques aux fréquences utilisées par les téléphones cellulaires et les cartes sans fil se situe à des niveaux que la plupart des organismes ayant étudié la chose considèrent comme étant sans danger. Les contestataires pensent que ces niveaux sont trop élevés.

Même si vous jugez les téléphones cellulaires comme potentiellement dangereux, il y a des chances que les radios des cartes sans fil soient moins dangereuses, et ce pour plusieurs raisons. *Primo*, quand un téléphone cellulaire est en train d'émettre, il n'est qu'à quelques centimètres du cerveau de l'utilisateur ; une carte sans fil est plutôt à quelques dizaines de centimètres du cerveau de l'utilisateur (placée sur un bureau, par exemple). Comme l'effet des radiations non ionisantes (nom fantaisiste des ondes radio) décroît proportionnellement au carré de la distance, un émetteur situé à 5 centimètres de votre cerveau aura environ trente-six fois plus d'effet sur votre corps qu'un émetteur situé à 30 centimètres (en supposant que les signaux radio soient de la même puissance).

Secundo, la radio d'un téléphone cellulaire est vingt fois plus puissante que celle d'une radio de carte sans fil (0,60 watt contre 0,03 watt), de sorte que l'intensité du signal est plus de sept cents fois plus puissante.

Et enfin, l'effet des rayonnements radio sur la matière organique est cumulatif : plus longtemps le corps est exposé aux radiations, plus l'effet est important. La plupart des téléphones cellulaires émettent un signal continu tant que la connexion est active, alors qu'un réseau sans fil est un service par à-coups qui n'est actif que quand il transmet des données. Cela signifie que la durée totale de transmission d'une carte sans fil est très inférieure à celle d'un téléphone cellulaire.

Par conséquent, le niveau total de rayonnements que votre corps reçoit d'une carte sans fil est très inférieur à ce que vous recevez d'un téléphone cellulaire. Votre santé est menacée par des choses infiniment plus dangereuses.

Alors, est-ce qu'un signal Wi-Fi est absolument sans danger ? Il est trop tôt pour dire si l'effet cumulé sur une période de vingt ou trente ans est dangereux ou non, mais tout porte à croire que ce ne sera jamais un risque majeur.

INDEX

/

1

3

8

A

B

C

D

E

F

G

H

I

J

K

L

M

N

O

P

Q

R

S

W

X

Y

Z

Achevé d'imprimer par Corlet, Imprimeur, S.A. - 14110 Condé-sur-Noireau
N° d'Imprimeur : 72592 - Dépôt légal : août 2003 - *Imprimé en France*